Alwin Schönberger
Die einzigartige Intelligenz der Hunde

Alwin Schönberger

Die einzigartige Intelligenz der Hunde

Mit 20 Abbildungen

Piper
München Zürich

ISBN-13: 978-3-492-04823-1
ISBN-10: 3-492-04823-4
© Piper Verlag GmbH, München 2006
Gesetzt aus der Stempel-Garamond
Satz: Uwe Steffen, München
Graphiken: Noa Croitoru-Weissman
Druck und Bindung: GGP Media GmbH, Pößneck
Printed in Germany

www.piper.de

Inhalt

Auf der Spur des Hundes   7

Das genetische Geschichtsbuch   20
    Die Suche nach dem Urhund   23
    Die molekulare Uhr   28
    Der wahre Vorfahre   30
    Die Heimat aller Hunde   37
    Zu neuen Ufern   46
    Der Blick ins Gehirn   50

Die Gefährten   57
    Auf dem Weg zum Hund   67
    Als sie Kontakt aufnahmen   72
    Wenn die Natur Sprünge macht   81
    Die Koevolution   87

Der Beginn eines Abenteuers   96
    Die Labormaschinen   104
    Die Goldgräber   107
    Der Vordenker   114
    Die nächste Generation   120
    Auf der Spur des Verstandes   129

Die Welt des Hundes — 134
- Mit den Sinnen eines Jägers — 143
- Raum und Zeit — 151
- Die Logik des Hundes — 159
- Hunde und die Physik — 168

Wahlverwandtschaft — 179
- Das Kind im Hund — 185
- Das Wolfsexperiment — 191
- Die Magie des Augenblicks — 198
- Tarnen und Täuschen — 202
- Eine Frage des Geistes — 210

Kopieren, Kooperieren, Kommunizieren — 215
- Hunde mit Persönlichkeit — 225
- Teamarbeit — 233
- Fast ein Mensch — 241
- Warum sie einander verstehen — 252

Der Sprachführer — 266
- Das Hundelexikon — 271
- Die Macht des Wortes — 280
- Wenn Hunde sprechen — 287

Danksagung — 295

Zum Nach- und Weiterlesen — 297

Literaturverzeichnis — 298

Personenregister — 307

Hinweis zu den Graphikquellen — 309

Auf der Spur des Hundes

Jahrelang hat die Wissenschaft ausgerechnet den Hund, den treuesten Begleiter des Menschen, völlig vernachlässigt. Doch seit einiger Zeit widmen sich Experten um so intensiver dem allererten Haustier. Dieses Buch präsentiert die neuesten Erkenntnisse der renommiertesten Hundeforscher der Welt.

Vendel zögert keine Sekunde. Mit einem Satz stürzt er sich auf den kleinen Plastikball, der vor seiner Nase über den Boden rollt. Vendel ist ein Belgischer Schäferhund, drei Jahre alt und äußerst lebendig. Momentan jagt er in einer für ihn nicht alltäglichen Umgebung nach Bällen: in einem schmalen Zimmer mit einer verspiegelten Fensterscheibe, die eine Verbindung zum Nebenraum bildet. Dort steht ein Bildschirm mit zweigeteiltem Monitor, auf den eine Videokamera Vendels Aktivitäten aus zwei Perspektiven überträgt.

Auch das Ballspiel verläuft anders, als Vendel es vermutlich gewohnt ist. Es folgt einem genau definierten Ablauf: Vor dem Hund befinden sich zwei kleine, runde Sockel auf dem Boden. Auf diesen wurden Glasbehälter plaziert, an deren Oberseite eine Schnur befestigt ist, ähnlich wie an einer Marionette. Eine der beiden Glasglocken ist durchsichtig, die andere intransparent.

Vendel hat Gesellschaft von Claudia de Rosa, einer jungen Italienerin. Claudia weckt die Aufmerksamkeit des Hundes und macht sich an den Gefäßen zu schaffen: Sie hebt mit der Hand das durchsichtige für zwei, drei Sekunden an, stellt es anschließend wieder auf den Sockel. Dann zieht sie, von Vendel unbemerkt, an der Kordel, die am anderen Glas hängt. Der Behälter schwebt ein Stück empor, und der Ball rollt heraus. Danach richtet Claudia wieder die Ausgangsposition ein: Beide Glasglocken ruhen wie zuvor auf ihren Sockeln; eine aufgrund ihrer Transparenz leicht einsehbar, die andere undurchsichtig; erstere leer, die zweite mit dem Ball bestückt, den sie vom Boden aufgehoben und zurückgelegt hat.

Was Claudia de Rosa hier veranstaltet, ist Teil eines wissenschaftlichen Experiments. Sie ist Verhaltensforscherin, und Vendel dient, obwohl er sichtlich Spaß hat, eigentlich als Versuchstier. Verknappt ausgedrückt, will Claudia wissen: Welches ist der stärkere Reiz – die Bewegung ihrer Hand oder der Ball?

Um den Hintergrund dieser Fragestellung zu verstehen, bedarf es einer kurzen Erklärung von Claudias Arbeit: Sie ist für ein Jahr Mitglied in einer rund zwanzigköpfigen Forschergruppe an der Eötvös Loránd University in Budapest. Im sechsten Stock von Ungarns größter Universität ist das Department für Ethologie untergebracht – mit perfektem Ausblick auf die Donau und die Altstadt jenseits des Flusses. Außen in satten Backsteintönen gehalten, verströmt das Innere des Gebäudes den typischen Charme moderner Bürotürme: Die ebenso nüchternen wie funktionellen Arbeitsräume, gruppiert um mit strapazierfähigem Kunststoff ausgelegte Flure, könnten sich im Prinzip auch in jedem anderen Geschäftskomplex befinden, gäbe es nicht eine augenfällige Abweichung: die Hunde.

Wer das Institut durch die gläserne Sicherheitstür betritt, darf getrost darauf wetten, zuerst von einem Hund begrüßt zu werden, der neugierig aus einem der Zimmer späht. Immer wieder tut es ihm ein Artgenosse gleich, streicht dann an den am Gang stehenden und Forschungsdaten debattierenden Menschen vorbei, beschnuppert einen Besucher, trabt schließlich vorzugsweise zur offenen Kaffeeküche am Ende des Flurs, um etwas Eßbares zu erhaschen oder um sich auf den Rücken zu rollen und sich das Fell kraulen zu lassen.

So sehen hier die Versuchstiere aus.

»Die Leute fragen immer wieder, wo wir eigentlich all unsere Hunde halten«, sagt Ádám Miklósi. »Ich antworte jedesmal: nirgends. Die gehen am Abend alle nach Hause.«

Miklósi ist wie Claudia Verhaltensforscher. Der 44jährige Assistenzprofessor scheint ständig auf Achse zu sein: Mal beantwortet er Fragen eines Studenten oder zückt den Kalender, um eine Anmeldung für ein Seminar zu notieren; mal berät er eine junge Kollegin bei der Konzeption einer Testreihe; mal beobachtet er die Auswertung einer Videoaufzeichnung und wirft ein paar Tips ein. Vor allem jedoch koordiniert er eine Vielzahl jener Studien, die hier durchgeführt werden: Er entwickelt Ideen für neue Experimente, überlegt die optimale Versuchsanordnung, kümmert sich um die Veröffentlichung der Ergebnisse.

Bloß eines tut Miklósi nicht: Er hält hier keine Hunde. Es gibt keine Labors, und es gibt keine Zwinger. Sämtliche Tiere, die an Studien teilnehmen, stammen von Hundehaltern, die Interesse an der Arbeit der Forscher haben und deshalb ein paar Stunden ihrer Zeit opfern. Sie bringen ihre Tiere ans Institut oder sind damit einverstanden, daß die Wissenschaftler sie zu Hause besuchen, um Tests im privaten Umfeld durchzuführen. Auch der Begriff »Experimente« ist irreführend: Denn fast immer handelt es sich um spielerische Situationen, bei denen die Hunde für das Lösen bestimmter Aufgaben belohnt werden.

Auf Hunde konzentrieren sich Miklósi und seine Kollegen seit rund zehn Jahren. In diesem Zeitraum haben die Experten beinahe drei Dutzend wissenschaftlicher Publikationen verfaßt – mehr als jede andere Forschergruppe auf der Welt. Die Arbeit der Wissenschaftler kreist dabei fast ausschließlich um ein Kernthema: um den Verstand des Hundes. Oder um die fachliche Terminologie zu verwenden: Sie untersuchen die kognitiven Fähigkeiten des Haushundes.

Im Speziellen geht es fast immer um das soziale Wechselspiel mit dem wichtigsten Partner des Hundes: mit dem Menschen. Die zentralen Fragen lauten: Wie kommunizieren Hund und Mensch miteinander? Welche Ausdrucksformen des Menschen versteht der Hund? Verfügt er, wie die meisten Hundebesitzer wohl nachdrücklich behaupten würden, tatsächlich über herausragende Klugheit? Denken und tikken der Mensch und sein vierbeiniger Gefährte womöglich sogar ähnlich? Was die ungarischen Verhaltensforscher mit strengen akademischen Methoden zu ergründen versuchen, ist nicht weniger als das Geheimnis der einzigartigen Beziehung von Mensch und Hund.

Auf einen Detailaspekt in diesem Zusammenhang zielte auch das Spielchen mit Vendel ab. Er konnte sich bei seiner Suche nach dem Ball an zwei konträren Hinweisen orientieren: entweder an Claudias Hand, welche das sichtbar leere Glasgefäß anhob, oder am Ball selbst, der aus dem anderen Behälter rollte. Es wurden absichtlich zwei widersprüchliche Informationen geliefert: eine irreführende, die vom Menschen kam, und eine, bei der Vendel auf seine eigene Beobachtung angewiesen war, die aber Erfolg signalisierte. Die Experten wollten auf diese Weise herausfinden, wie sehr sich der Hund auf Hinweise des Menschen verläßt.

Bei Vendel war die Sache eindeutig: Er ließ sich von Claudia nicht in die Irre führen und sprang sofort auf jene Glasglocke zu, unter welcher der Ball wirklich steckte. Doch das ist keineswegs immer der Fall: Andere Studien zeigen, daß der Mensch Hunde in hohem Maß beeinflussen kann; daß sie mitunter sogar ihrem phänomenalen Geruchssinn mißtrauen, wenn ihnen der Mensch einen Wink gibt; daß sie manchmal scheinbar unsinnige und für sich selbst nachteilige Dinge tun, wenn der Mensch sie dazu verleitet.

Das Experiment mit Vendel demonstriert zugleich, wie Miklósi und seine Kollegen arbeiten. Sie müssen sich komplizierte Szenarien einfallen lassen, ein sorgfältig ausgetüfteltes »Studiendesign«, um beweisen zu können, was viele Laien als evident ansehen: Praktisch jeder Hundebesitzer würde wohl aufgrund seiner Erfahrungen und Alltagsbeobachtungen die Ansicht vertreten, daß sein Hund ihn »versteht« und sich bei seinen Handlungen etwas »denkt«. Ein simples Beispiel: Ein Hund schnappt sich flugs ein Wurstbrot vom Küchentisch, während sein Herrchen gerade nicht aufpaßt. Was sagt dies über den Hund aus? Was mag in seinem Kopf vorgegangen sein? Hat er gezielt gewartet, bis sein Besitzer kurz unaufmerksam war? Hat er seine Missetat also geplant? Aus wissenschaftlicher Sicht sind solche Mutmaßungen blanke Spekulation, und es könnte ebensogut sein, daß das Wegsehen des Menschen und das Klauen des Wurstbrots bloß zeitlich zufällig zusammenfielen. Erst wenn eine große Anzahl von Tieren unter kontrollierten Bedingungen immer wieder die gleichen Aktionen setzt, lassen sich gewisse generelle Verhaltensmuster daraus ableiten. Die Ungarn müssen sich stets mit der Frage auseinandersetzen: Wie untermauert man eine bestimmte Theorie nach wissenschaftlichen Kriterien?

Solcher Belege bedarf es aus zwei Gründen.

Erstens: Stimmt die verbreitete Volksmeinung über Hunde und deren angebliche Schlauheit überhaupt? Oder sind die Menschen vielmehr Opfer ihres Wunschdenkens und reden sich hartnäckig eine gemeinsame Verstandesebene, eine Art der Geistesverwandtschaft mit ihren Lieblingen ein, die gar nicht existiert? Nicht selten wird Hundebesitzern schließlich eine Verklärung der Beziehung zu ihren Haustieren unterstellt, eine absurde »Vermenschlichung« des Hundes. Es bedarf schlicht deshalb wissenschaftlicher Studien, um all die geläufigen Annahmen und Einzelbehauptungen zu beweisen oder zu widerlegen. Es bedarf ausgeklügelter Testreihen, um repräsentative und allgemeingültige Ergebnisse zu erzielen – ebenso wie ein neues Medikament gegen Erkältungen zahlreiche Phasen klinischer Prüfung durchlaufen muß und es nicht genügt, wenn ein paar Anwender von positiven Wirkungen berichten.

Zweitens: Sofern es zutrifft, daß zwischen Mensch und Hund tatsächlich besondere Eintracht herrscht – was könnten die Ursachen dafür sein? Wenn sich eine rationale, eine plausible Erklärung dafür finden ließe, würde das nicht nur den Wissensstand der Fachwelt erweitern, sondern dem durchschnittlichen Hundebesitzer auch argumentative Munition liefern. Es könnte dazu beitragen, die Partnerschaft von Mensch und Hund auf ein sachliches Fundament zu stellen und zu entmystifizieren – ohne dabei deren Besonderheit zu leugnen.

Dieses Buch handelt davon, wie Wissenschaftler in aller Welt derzeit versuchen, die Hintergründe der Beziehung zwischen Mensch und Hund zu erforschen; von Miklósi und seinen Kollegen, die ermitteln, was Hunde aus Gesten, Fingerzeigen, sogar aus den Augen des Menschen ablesen können; von Juliane Kaminski und Brian Hare vom Max-Planck-Institut für evolutionäre Anthropologie in Leipzig, die Studien über das Sprachverständnis von Hunden durchführen und untersuchen, wie Hunde ihre Herrchen austricksen; von Britta Osthaus von der britischen University of Exeter, die wissen möchte, ob Hunde logisch denken können; von englischen, kanadischen und japanischen Forschern, die herausfinden wollen, ob Hunde zählen können, Gesichter erkennen oder wie lange ihr Gedächtnis währt.

Ein gutes Dutzend internationaler Wissenschaftlerteams konzentriert sich heute schwerpunktmäßig auf Kognitionsforschung bei Hunden, auf die Ergründung des hündischen Verstandes und die besondere Bindung von Mensch und Hund, wobei die Ungarn als Pioniere und zugleich als die produktivsten Experten auf diesem Gebiet gelten dürfen. Ohne Übertreibung läßt sich behaupten, daß momentan ein wahrer Boom der Hundeforschung Platz greift: Eine Dekade intensiver Studien gipfelt nun darin, daß immer mehr Fragen beantwortet und Theorien bestätigt werden, daß langjährige, etappenweise realisierte Versuchsreihen zu Ergebnissen führen, daß einst lose Fäden sinnvoll verknüpft werden können. Derzeit vergeht kaum eine Woche, in der nicht in renommierten Journalen neue Fachartikel zu dem Thema erscheinen, und oft sind auch prominent besetzte Tagungen diesem Spezialbereich gewidmet: sei es der Internationale Ethologie-Kongreß in Budapest im August 2005, dessen Vorbereitung Miklósi noch zusätzliche Überstunden bescherte, oder sei es der Weltkongreß der »World Small Animals Veterinary Association«, der im Mai desselben Jahres in Mexico City abgehalten wurde – stets befaßte sich zuletzt ein gut Teil der Referate mit neuen Erkenntnissen von Verhaltensforschern über den Hund.

Bis vor wenigen Jahren dagegen war die Forschung an Hunden eher Mittel zum Zweck. So interessierte sich zwar jenes aus mehr als vierzig internationalen Experten bestehende Genetikerteam für das erste Haustier des Menschen, das im Spätherbst 2005 den genetischen Bauplan des Hundes präsentierte. Da gaben die Forscher bekannt, 99 Prozent der 2,4 Milliarden Basenpaare im Erbgut einer Boxerhündin namens Tasha dechiffriert zu haben. Sie identifizierten in den 78 Hundechromosomen rund 19 300 Gene – ähnlich viele wie beim Menschen, der über 20 000 bis 25 000 Gene verfügt. Doch diese Daten sollen nicht zuletzt der Humanmedizin dienen: Denn anhand von Tashas Erbgut, das sie mit den schätzungsweise 400 Millionen Hunden weltweit teilt, könnten sich Erbkrankheiten studieren lassen, von denen auch der Mensch betroffen ist. Vergleichbare Motive verfolgten Wissenschaftler der Universität Pittsburgh, die im Juni

2005 vermeldeten, klinisch tote Hunde zum Leben erweckt zu haben. Die Mediziner hatten in die Venen der Tiere eine eiskalte Salzlösung injiziert, diese Stunden später durch Blut ersetzt und die Hunde mit Elektroschocks wiederbelebt. Sinn des Unterfangens war die Gewinnung neuer Erkenntnisse auf dem Gebiet der Reanimationsmedizin.

Die meisten Publikationen, die in der Vergangenheit das Licht der Öffentlichkeit erblickten, hatten indes überhaupt nur peripher mit wissenschaftlichen Grundlagen zu tun. Freilich könnte man auf den ersten Blick meinen, der Markt sei längst mit einer wahren Flut von Veröffentlichungen über Hunde überschwemmt. Der Eindruck stimmt und trügt zugleich: So ergibt zwar die Suche nach den Stichworten »Hund« und »Hunde« bei einem großen Internet-Buchhändler Ende April 2006 rund 5000 Treffer. Doch mit großer Mehrheit handelt es sich dabei um Ratgeber zu Themen wie Ernährung, Erziehung und Alternativmedizin. Viele weitere Werke dürfen der eher leicht verdaulichen Kategorie Erlebnisberichte und Anekdoten zugeordnet werden. Das Angebot an Büchern mit wissenschaftlichem Hintergrund ist dagegen nach wie vor mehr als spärlich.

Denn so erstaunlich es erscheinen mag: Der Hund wurde von der Wissenschaft relativ lange grob vernachlässigt. Zwar gab es in der Vergangenheit immer wieder Phasen, in denen sich Forscher für den *Canis familiaris*, wie der Hund in der Sprache der Experten heißt, interessierten – etwa in den zwanziger und den fünfziger Jahren des vorigen Jahrhunderts. Doch zuletzt war der älteste tierische Gefährte des Menschen aus dem Fokus der Fachwelt nahezu verschwunden. Während Nagetiere, die Fruchtfliege *Drosophila melanogaster* und der Fadenwurm *Caenorhabditis elegans* eingehend erforscht wurden, schenkte man dem Hund seit den achtziger Jahren des vorigen Jahrhunderts kaum Beachtung – jedenfalls nicht den eigentlich naheliegendsten Bereichen:

dem Verhalten, der Intelligenz, dem sozialen und mentalen Rüstzeug jenes Lebewesens, das sein Dasein seit Jahrtausenden in enger Gesellschaft mit dem Menschen verbringt als jedes andere Tier – kurz: der Basis, auf welcher das Zusammenleben der beiden Spezies, die Partnerschaft von Mensch und Hund, beruht.

Allein angesichts der Statistiken zur Hundehaltung ist dies verblüffend: Rund fünf Millionen Hunde gibt es in Deutschland. In 13,3 Prozent der deutschen Haushalte lebt mindestens ein Hund. In Österreich wird die Zahl der Hunde auf knapp 640 000 geschätzt. Im europäischen Vergleich ist die Hundedichte im deutschsprachigen Raum allerdings geradezu bescheiden: Fast 40 Prozent der Franzosen teilen den Haushalt mit einem Hund, an zweiter Stelle liegt Belgien mit 37 Prozent, gefolgt von Irland und Portugal mit jeweils ebenfalls mehr als 30 Prozent.

Laut der Branchenplattform Industrieverband Heimtierbedarf gaben die Deutschen 2005 allein für Fertignahrung und Snacks 948 Millionen Euro aus. Hinzu kamen weitere 120 Millionen Euro für Artikel wie Spielzeug. Eine Erhebung beziffert den durch den »Wirtschaftsfaktor Hund« erzielten Gesamtumsatz in Österreich gar mit rund 885 Millionen Euro. In dieser Kalkulation sind freilich auch Steuern, medizinische Versorgung, die Schaffung öffentlicher Infrastruktur, Sport-, Freizeit- und Betreuungseinrichtungen sowie Arbeitsplätze berücksichtigt.

Überdies geben Hundebesitzer keineswegs nur Geld für das Notwendigste aus. Abseits konventioneller Produkte wird eine Vielzahl teils recht absonderlicher Entwicklungen angeboten. Eine Auswahl aus der Kategorie Luxus für Hundehalter aus dem Jahr 2005: ein Designerhundemantel von Gucci um 145 Euro; eine Mütze aus selbiger Manufaktur um 45 Euro; ein rotes Plüschsofa um 128 Euro; eine Tragetasche von Louis Vuitton, Kostenpunkt 1020 Euro; eine

CD mit Beruhigungsmusik für gestreßte Hundeseelen um 14,90 Euro; eine 85 Euro teure japanische Erfindung namens Bowlingual, die Bellen angeblich in menschliche Worte übersetzen kann; ein Napf um 29,99 Euro mit der Bezeichnung Automatic Pet Feeder, der mit drei Futtersorten gefüllt, mittels Zeitschaltuhr programmiert werden und Sprachnachrichten wiedergeben kann; eine Pfotenputzmaschine, die mit 89,95 Euro in der Liste steht. Des weiteren: ein mit Schmucksteinen besetzter Napf; Laufschuhe für Hunde; ein reflektierender Hundemantel mit Blinklichtern; Powerknochen zur Energiezufuhr; ein Halsband mit GPS-Empfänger.

Derartige Kreationen werfen freilich auch ein Licht auf das manchmal ziemlich bizarre Verhältnis des Menschen zum Hund – und genau diese nicht nur innige, sondern mitunter auch recht sonderbare Beziehung war lange ein Hauptgrund, warum viele Wissenschaftler sich des Themas nicht annehmen wollten. Sie ließen den Hund paradoxerweise gerade deshalb außer acht, weil er in so enger Gemeinschaft mit dem Menschen lebt: Vielfach wurde er als »verweichlichter«, »degenerierter« Wolf, als »künstliche« Tierart geschmäht, die man nicht einmal in ihrem natürlichen Lebensraum beobachten könne und die einer näheren Erforschung nicht würdig sei. Doch allmählich setzte sich eine neue Sicht der Dinge durch.

Sie lautet: Man kann den Hund sehr wohl in seinem natürlichen Umfeld studieren. Denn sein Lebensraum ist die menschliche Familie.

Dieses Buch soll dazu beitragen, eine Lücke zu schließen. In den folgenden Kapiteln sind die aus jahrelanger Arbeit resultierenden Erkenntnisse von Verhaltensforschern, von Biologen, Psychologen, Zoologen und Genetikern zusammengefaßt. Fast alle Wissenschafter lieferten Studien und Unterlagen und standen für ausführliche Gespräche zur Verfügung – Ungarn, Deutsche, Briten, Schweden, Kanadier und Japaner. Einige gestatteten, bei Experimenten an ihren Instituten anwesend zu sein. Es darf mit einiger Sicherheit behauptet werden, daß in diesem Buch alle weltweit wichtigen Forschergruppen vertreten sind, die derzeit bedeutende Beiträge zur Ergründung des hündischen Verstandes leisten.

Was der Leser nicht erwarten darf, sind abenteuerliche Anekdoten und rührende, phantastische, verblüffende Fallgeschichten über Hunde, die, womöglich gar im Besitz eines ominösen »sechsten Sinnes«, wundersame Großtaten vollbringen – etwa Herrchens Ankunft erwartend, schon schwanzwedelnd vor der Haustür sitzen, bevor ihr Besitzer überhaupt sein 20 Kilometer entferntes Büro verlassen hat.

Was der Leser hingegen erwarten darf, sind Einblicke in die tägliche Arbeit namhafter Experten, die sich der Erforschung der Klugheit des treuesten Gefährten des Menschen verschrieben haben. Hier wird nicht nur dargestellt, welche Schlußfolgerungen die Wissenschaftler ziehen, sondern auch, wie und mit welchen Mitteln sie zu ihren Ergebnissen gelangen. Eine Vielzahl von Studien wird im Detail beschrieben, und die Forscher werden über weite Strecken bei Konzeption, Durchführung und Auswertung ihrer Tests begleitet.

Was der Leser gewärtigen muß, ist die häufige Konfrontation mit Begriffen wie »Evolution«, »Selektion«, »Domestikation« und »Kognition«. Diese mögen auf den ersten Blick sperrig und gewöhnungsbedürftig klingen. Doch sie sind für eine seriöse Auseinandersetzung mit der Materie unerläßlich – wiewohl stets versucht wird, schwer nachvollziehbares Fachvokabular in eine allgemein verständliche Form zu bringen; dies mit dem Ziel, all jenes Wissen über die Intelligenz des Hundes zu veranschaulichen, das an Universitäten rund um den Globus und in öffentlich kaum zugänglichen Archiven von Instituten und Forschungsjournalen lagert.

Was den Leser erwartet, sind Begegnungen mit Menschen, die viele Jahre ihres Berufslebens dem Hund widmen, überraschende Thesen und teils äußerst kontrovers diskutierte Meinungen dazu entwickelt haben und sehr grundsätzliche Ansagen in den Raum stellen.

»Hunde sind genetisch auf das Zusammenleben mit dem Menschen programmiert«, sagt Ádám Miklósi. »Der Hund hält den Menschen vermutlich für einen Artgenossen. Die Beziehung des Hundes zum Menschen entspricht jener zwischen Kindern und Eltern.«

»Hunde sind befähigt, menschliche Wünsche und Signale besser zu interpretieren als jede andere Spezies«, sagt Britta Osthaus.

»Der Hund kann Dinge, von denen man bisher angenommen hat, das ist es, was den Menschen ausmacht«, sagt Juliane Kaminski.

Was der Leser nicht erwarten darf, ist, daß alle denkbaren Fragen über Hunde beantwortet werden können. Zum einen würde manches schlicht den Rahmen sprengen: So wird das zweifellos wichtige Thema Aggressionen von Hunden gegenüber Menschen mit Ausnahme einzelner Passagen nicht erörtert – weil es nicht unbedingt das Kerngebiet der gegenwärtig aktiven Forscherszene ist, die eine gewissermaßen gegenteilige Richtung einschlägt: Schließlich geht es eben um die Ursachen für die mehrheitlich außergewöhnlich gut funktionierende Beziehung zwischen den beiden Spezies. Zum anderen hat die Wissenschaft zuletzt zwar enorme Fortschritte gemacht und eine Menge überraschender Erkenntnisse gewonnen, was auch der Anlaß für die vorliegende Zusammenschau war.

Doch zugleich muß man erwähnen, daß damit nach einer langen Phase, in welcher dem Hund eher wenig Interesse entgegengebracht wurde, erst ein Anfang gemacht ist: Vieles ist bereits gut belegbar, für vieles gibt es Theorien, aber noch keine Beweise, und viele Ergebnisse werfen erst recht neue Fragen auf.

Ein Resultat der derzeit intensiven Forschung ist auch, daß lange gültige Annahmen revidiert werden müssen: zum Beispiel die schöne, aber mit hoher Wahrscheinlichkeit falsche Vorstellung, daß der Mensch eine zentrale und aktive Rolle bei der Zähmung des Hundes spielte – vermutlich ist der Hund eher als solcher »entstanden« als bewußt geformt worden. Oder bestimmte in zahlreichen Büchern zitierte Angaben über Abstammung und Alter des Hundes – darüber wird in Fachkreisen bis heute heftig debattiert.

Mit der Frage nach dem Vorfahren, der Herkunft des Hundes und dessen Anschluß an die menschliche Gesellschaft beginnt auch dieses Buch. Es handelt sich dabei um eine recht komplexe Materie, um ein Feld, das in nennenswertem Ausmaß von Genetikern und Molekularbiologen bestellt wird.

Doch es ist zunächst erforderlich, mit den Methoden moderner Wissenschaft in die Geschichte einzutauchen. Um zu verstehen, wie Hunde denken, was ihre Einzigartigkeit ausmacht und wieso sie so sehr auf den Menschen fixiert sind, muß man zunächst wissen: Woher kommt der Hund eigentlich? Seit wann gibt es ihn? Und wie stieß er überhaupt auf seinen menschlichen Partner, mit dem er inzwischen seit Tausenden Jahren verbunden ist?

Das genetische Geschichtsbuch

Seit Jahrhunderten spekulieren Forscher über Abstammung, Herkunft und Alter des Hundes. Modernste Methoden der Genetik sollen nun dazu beitragen, diese Rätsel zu lösen.

Ein wenig Gehirnmasse genügte. Die Forscher entnahmen 0,1 bis 0,5 Gramm Nervengewebe aus drei verschiedenen Hirnarealen. Das organische Material, welches die Wissenschaftler bei Autopsien gewannen, stammte von zehn Hunden aus Schweden: von sieben Deutschen Schäferhunden und drei Labrador-Retrievern. Des weiteren wurde Hirngewebe von zehn Kojoten aus Texas sowie von fünf Wölfen aus Schweden, Spanien und Kanada ins Labor gebracht. Die Experten froren die Proben auf Trockeneis ein und lagerten sie bei minus 70 Grad Celsius, um sie für spätere Analysen zu konservieren.

Davon erhofften sich die Forscher nicht weniger als tiefe Einblicke ins Gehirn des Hundes: Könnte es sein, so die zentrale Frage, daß dessen Abspaltung vom Wolf dort Spuren hinterlassen hat? Gibt es Unterschiede zwischen den Hirnarealen eines in freier Wildbahn lebenden Wolfs und jenen eines domestizierten Hundes? Könnten sogar Eigenschaften wie Zahmheit und Folgsamkeit gegenüber dem Menschen im Gehirn fixiert sein?

Die Studie, die im Jahr 2004 veröffentlicht wurde, deutete tatsächlich darauf hin, daß all dies zutreffen könnte. Die Autoren notierten, »daß rasche Veränderungen genetischer Ausdrucksformen im Gehirn nicht ausschließlich bei der

Entwicklung des menschlichen Gehirns« stattgefunden hätten. »Die starke Selektion des Hundes hinsichtlich des Verhaltens während der Domestikation dürfte sich in genetischen Veränderungen« niedergeschlagen haben.

Diese Befunde markieren einen vorläufigen Endpunkt einer ganzen Reihe von Untersuchungen, die darauf abzielen, den Besonderheiten des Hundes mit modernsten Methoden der Genetik nachzuspüren. Vor allem in Schweden haben sich mehrere Teams von Wissenschaftlern auf dieses Spezialgebiet konzentriert. Zu den namhaftesten Experten zählen Carles Vilà, Elena Jazin und Peter Savolainen. Vilà ist Professor am Institut für Evolutionsbiologie der schwedischen Uppsala University, Jazin Genetikerin am selben Institut. Savolainen arbeitet als Molekularbiologe am AlbaNova University Center des Royal Institute of Technology in Stockholm.

Die Schweden befassen sich mit Evolutions- und Populationsgenetik: Sie fahnden nicht nur in labortechnisch speziell aufbereiteten Gehirnproben nach neuem Wissen über den Hund, sondern auch in der Erbsubstanz Desoxyribonukleinsäure (DNS), die in allen Körperzellen gleich ist. Und während sie sich von den Analysen der Hirnareale Aufschlüsse über das wahre Wesen des Hundes erhoffen, soll das Erbgut dessen komplette Evolutionsgeschichte verraten – und Fragen nach der Abstammung ebenso beantworten wie jene nach den Routen, auf denen sich der Hund im Lauf der Jahrtausende über den Globus ausgebreitet hat.

Ähnlich Kriminalisten, die Speichelreste von Zigarettenkippen kratzen, um einen Täter zu überführen, sammeln die Experten Haare, Blutproben und Gewebespuren von Hunden aus den verschiedensten Teilen der Welt. Darin wollen sie lesen können wie in einem Geschichtsbuch, wie in einem Tausende Jahre zurückreichenden biologischen Stammbaum: Wie alt ist der Hund? Wo kommt er wirklich her? Wer waren seine Vorfahren, und von wie vielen Familien stammt er ab?

Solche Fragestellungen sind keineswegs bloß akademische Spitzfindigkeiten: Ließe sich nachweisen, daß der Hund, wie vielfach vermutet, seit Jahrtausenden an der Seite des Menschen lebt und schon in der Steinzeit dessen treuer Begleiter war, könnte dies eine urgeschichtliche Basis für die heutige einzigartige Beziehung zwischen den beiden Arten darstellen – und den herausragenden Status des Hundes unter allen Haustieren wissenschaftlich erklären.

Erst im vergangenen Jahrzehnt ist es gelungen, die Methoden der Genetik so weit zu verfeinern, daß sich damit Zusammenhänge erforschen lassen, die traditionell der Archäologie und der Paläontologie vorbehalten waren: die Bestimmung des vermuteten Orts und Zeitpunkts der Entstehung von Tierarten. Lange war man zur Klärung solcher Fragen auf Fossilien angewiesen. So diente die Form der Zähne als Indiz dafür, ob es sich bei einem Kieferfund um den Körperteil eines Hundes oder eines Wolfs handelte. Bei letzterem sind jene »Knochenbrecher«, die dem Zerteilen von Beute dienen, deutlich ausgeprägter. Der vom Menschen versorgte Hund benötigt keine derart massiven Backenzähne.

Allerdings sind Fossilienfunde zumeist recht punktuelle Ereignisse und oft mehr oder minder Glückstreffer. Entsprechend schwierig ist es, aus ein paar Zähnen oder Knochenfragmenten ein komplettes Puzzle der Evolution zu formen. Die Genetik dagegen benötigt kaum materielle Zeugen längst verflossener Zeiten: Im genetischen Code ist die gesamte Geschichte eines Individuums und auch jene seiner Spezies gespeichert. Bloß muß er richtig gelesen werden – und weil es dabei häufig zu divergierenden Schlußfolgerungen kommt, entspinnen sich um die Arbeiten der Genetiker mitunter heftige Debatten.

Ein neues Phänomen ist dies in bezug auf die Geschichte des Hundes aber ohnehin nicht: Denn was dessen Abstammung betrifft, streiten die Gelehrten seit gut 270 Jahren.

Die Suche nach dem Urhund

Im Jahr 1735 veröffentlichte der schwedische Naturforscher Carl von Linné sein Werk *Systema naturae*. Linné, 1707 geboren, befaßte sich mit der Klassifikation von Pflanzen und später mit jener von Tieren. Derart begründete er eine neue Taxonomie, eine systematische Einteilung von Lebewesen. Linné schuf die sogenannte binäre Nomenklatur, wobei jedem Tier zwei Namen zugeordnet werden: Der erste steht für die Gattung, der zweite für die Art. Auf Linné geht auch die Bezeichnung des Menschen als *Homo sapiens* zurück.

Seine Wortschöpfung für den Hund ist ebenfalls bis heute gebräuchlich: Gattung Canis, Art Haushund, also *Canis familiaris*. Weil Linné der Erfinder dieser Definiton war, steht hinter dieser Benennung oft das Kürzel »L.«. Zudem gliederte er den Hund in 33 »Unterarten«. Als bemerkenswert darf gelten, daß Linné erkannte, daß sämtliche Hunde – vom Chihuahua bis zur Dogge – zur selben Art zählen. Später sollten sich zahlreiche Forscher von der enormen Vielfalt der Erscheinungsformen des Hundes in die Irre führen lassen.

Grundsätzlich ist Linnés System bis heute akzeptiert – allerdings sind manche Taxonomen der Ansicht, daß es sich beim Hund nicht um eine eigene Art handle, sondern bloß um die domestizierte Variante des Wolfs und damit um eine »Semispezies«. Sie gebrauchen die Bezeichnung *Canis lupus f. familiaris*, wobei der der Buchstabe »f« für »forma« steht. Demgegenüber behaupten andere Experten, der Hund zeige derart ausgeprägte und vom Wolf abweichende Verhaltensmuster, daß ihm allemal das Recht zustehe, als eigene Spezies zu gelten. Wieder andere Forscher halten die Nomenklaturdebatte überhaupt für Wortklauberei.

Auch wenn Linné ein im Grunde bis heute gültiges biologisches Koordinatensystem schuf, hielt er die Tiere dennoch für Kreationen der göttlichen Schöpfungskunst ohne evolutionäre Vergangenheit. Einen der ersten Versuche, dieser Sichtweise entgegenzutreten, unternahm der französische Naturforscher Georges Louis Leclerc Graf von Buffon. Buffon, ab 1739 Direktor des Königlichen Botanischen Gartens in Paris, glaubte an eine Art evolutionäre Stufenleiter und an die Entstehung von Leben aufgrund einer »Urzeugung« aus kleinsten Teilchen. Damit widersprach er den Dogmen der Bibel. Buffon meinte, alle Arten einer »Familie« stammten vom gleichen Vorfahren ab. Was den Hund betrifft, ging der Graf davon aus, daß eine ausgestorbene Urrasse der Stammvater aller Hunde sei: ein »Urhund«, der »Chien de berger«. Denn unter den heute lebenden Tieren sei keines, »welches dem ersten Hund oder den ersten Tieren dieses Geschlechts gleicht«.

Besonders strich Buffon die seiner Ansicht nach enorme Bedeutung des Hundes für den Menschen sowie die lange und intensive Bindung zwischen den beiden Spezies heraus: »Die Unentbehrlichkeit dieses Tiergeschlechts [...] leuchtet am deutlichsten in die Augen, wenn man einen Augenblick annimmt, er [der Hund] wäre nie vorhanden gewesen«, so der Gelehrte. »Wie hätte der Mensch ohne Beihilfe der Hunde sich anderer Tiere bemächtigen, sie zähmen [...] sollen?« Buffon meinte, der Mensch habe sich gleichsam eine »Partei unter den Tieren« gesichert, und folgerte: »Des Menschen erste Kunst war also die Abrichtung des Hundes; die glückliche Folge dieser Kunst aber war die Eroberung und der ruhige Besitz des ganzen Erdbodens.« Diese Ansicht ist insofern erstaunlich, als die These, der Mensch habe in steter Begleitung des Hundes die Welt erobert und dabei vom tierischen Gefährten in vieler Hinsicht profitiert, heute wieder debattiert wird – wenn auch differenzierter und mit weniger Pathos in der Argumentation.

Jegliche Verwandtschaft des Hundes mit dem Wolf war für Buffon zunächst undenkbar. Obwohl dem Aussehen nach ähnlich, könne das Verhalten der Tiere unterschiedlicher kaum sein: Denn während der Hund »sanft und kühn« sei, müsse der Wolf als »trotzig und furchtsam, unbeholfen und feig« gelten. »Unangenehm im ganzen« sei er, »von gemeiner Miene, wildem Anblick«, zudem von »boshaftem Naturell, unbändigen Sitten«. In Form einer »kriegerischen Zusammenrottung« und unter »scheußlichem Geheul« würden die Kreaturen arglose Tiere hinschlachten. Kurz: Der Wolf sei »hassenswert, schädlich in seinem Leben, unnütz nach seinem Tode«. Nach selbst durchgeführten Kreuzungsexperimenten von Hunden und Wölfen änderte Buffon seine Ansicht: Er könne nunmehr nicht umhin, einzuräumen, »daß Wolf und Hund zu derselben Gattung und Art gehören«.

Einen weiteren Erklärungsansatz für die Herkunft des Hundes lieferte der deutsche Biologe Johann Anton Güldenstädt, der im Auftrag der russischen Zarenfamilie verschiedene Gebiete Rußlands bereiste. Dort konnte er unter anderem Goldschakale beobachten. 1776 veröffentlichte Güldenstädt die Schrift *Schacalae historia*, in welcher er eine Verwandtschaft zwischen Hunden und Schakalen postulierte: Der Goldschakal sei der alleinige Stammvater des Hundes.

Auch ein Landsmann von Güldenstädt erforschte um dieselbe Zeit die Weiten der russischen Landschaft: Peter Simon Pallas unternahm Expeditionen nach Sibirien und ins südrussische Reich. In einem 1779 erschienenen Band seiner *Spicilegia zoologica* hielt Pallas seine Mutmaßungen hinsichtlich der Abstammung des Hundes fest: Er glaubte an verschiedene Ahnen wie Fuchs, Wolf, Schakal und Hyäne, denn die »unvermischte Nachkommenschaft des Schakals allein hätte gewiß nicht die unendlichen Mißgestalten der Hunde [...] hervorgebracht«. Nur durch die Vermischung verschiedener Tierarten seien die zahlreichen Größen und Gestalten, Farben und Formen denkbar.

Ähnlich sah dies ein paar Jahrzehnte später Charles Darwin, der Begründer der Evolutionstheorie. Während der Brite die Herkunft der Haustaube oder des Kaninchens auf jeweils eine Urform zurückführte, konnte er sich dies beim Hund nicht vorstellen. Statt dessen vermutete Darwin, daß des Menschen bevorzugtes Haustier seine Existenz vier bis fünf Wolfsarten, mehreren Schakalen, südamerikanischen Caniden sowie möglicherweise weiteren – bereits ausgestorbenen – Arten verdanke.

Im wesentlichen überdauerten alle Theorien – mit Ausnahme der kreationistischen Ansicht Linnés – bis in die jüngere Vergangenheit und wurden mit wechselnder Intensität debattiert: Manche Forscher plädierten für einen vom Erdball längst verschwundenen gemeinsamen Vorfahren, andere für den Wolf, wieder andere für den Schakal, manche für eine Kombination aus mehreren Tierarten.
Der prominenteste Vertreter der Schakaltheorie war der Wiener Verhaltensforscher und Nobelpreisträger Konrad Lorenz. Es sei wahrscheinlich, argumentierte Lorenz in seinem 1950 erschienenen Buch *So kam der Mensch auf den Hund*, daß »an verschiedenen Orten der Erde verschiedene größere und wolfsähnliche Schakalarten […] zum Haustier geworden sind«. Zumindest eine Gegenthese vermeinte er damals ausschließen zu können: »Ganz sicher aber ist der Stammvater unserer meisten Haushunde nicht der nordische Wolf.« Lorenz' Fazit: Die Mehrzahl der Hunde stamme vom Goldschakal ab, bloß einige spezielle Rassen wie der Chow-Chow oder Eskimo- und Indianerhunde seien »lupusblütig« und hätten den Wolf zum Vorfahren. Anfang der achtziger Jahren änderte Lorenz seine Ansicht. In bezug auf die Goldschakale meinte er dann: »Ja, wenn ich mir die Viecher doch angesehen hätte.«
Schließlich setzte sich jene Sicht der Dinge durch, die

heute als erwiesen gilt. Verfeinerte Beobachtungen von Anatomie und Physiologie führten dazu, daß endgültig der Wolf als Vorfahre des Hundes anerkannt wurde. Pioniere auf diesem Gebiet waren die Experten des Kieler Instituts für Haustierkunde, vor allem dessen Gründer und langjähriger Direktor Wolf Herre sowie die Zoologen Manfred Röhrs und Herwart Bohlken. In Kiel enstand ein Zentrum der Domestikationsforschung, und die Wissenschaftler führten unter anderem Kreuzungsexperimente von Pudeln mit Wölfen durch. Den Nachwuchs tauften sie »Puwos«. Über Fachkreise hinaus bekannt wurde auch der Schwede Erik Zimen, ein Mitarbeiter von Herre und Lorenz, der eine Vielzahl von Studien an Wölfen und Hunden durchführte und seine Beobachtungen in Buchform publizierte. Heute konzentriert sich in Kiel vor allem Dorit Urd Feddersen-Petersen, ebenfalls eine Schülerin Herres, auf Hunde- und Domestikationsforschung.

Mittels sorgfältiger Vergleiche von Körper- und Gehirngröße, Schädelmerkmalen, Herzgewicht, Zahnstruktur, von Paarungsverhalten und Verbreitungsgebiet waren diese Forscher allmählich sicher, sowohl Schakale als auch Kojoten als Vorfahren des Hundes ausschließen zu können. Weil etwa domestizierte Tiere üblicherweise kleinere Gehirne hätten als deren wild lebende Verwandte, scheide der Schakal als Vorfahre aus – denn dieser habe im Verhältnis zur Körpergröße ein kleineres Hirnvolumen als der Hund. Zimen folgerte: »Bleibt also nach dem Ausschlußprinzip nur der Wolf als Stammform des Hundes übrig.« Dagegen gebe es »keinen einzigen Hinweis, kein anatomisches, physiologisches, ethologisches oder ökologisches Merkmal, das nicht für den Wolf spricht«.

Die heutigen Molekularbiologen hingegen nehmen für sich in Anspruch, nicht mehr auf langjährige Beobachtungen und äußerliche Vergleiche angewiesen zu sein. Mit modernsten Methoden der Genanalyse wollen sie eindeutige und unumstößliche Beweise erbringen.

Die molekulare Uhr

In den fünfziger Jahren des vergangenen Jahrhunderts dachten Wissenschaftler über genetische Möglichkeiten der Ahnenforschung nach. Das Erbgut könnte, so der Grundgedanke, den Zeitpunkt der Aufspaltung einzelner Erblinien verraten, und man sollte aus dem Genmaterial lesen können, ob zwei Populationen miteinander verwandt sind, wann sich ihre Wege kreuzten oder trennten. Man prägte den Begriff »genetische Distanz«: Dieser sollte Aufschluß darüber geben, wie eng zwei Populationen verwandt oder wie weit sie biologisch voneinander entfernt sind. Mit der Abfolge der Generationen würde die genetische Distanz immer größer, weshalb sie als »geschichtswissenschaftliches Werkzeug« dienen könnte, um wichtige Etappen in der Entwicklung einer Spezies zu rekonstruieren. Man wollte das Erbgut als »molekulare Uhr« benutzen, als biologisches Geschichtsbuch und genetische Landkarte. Die beste Methode dafür schien in der zweiten Hälfte der achtziger Jahre gefunden: die Untersuchung der mitochondrialen DNA.

Mitochondrien sind Zellbestandteile, bei denen es sich ursprünglich um Bakterien handelte. Sie drangen vermutlich vor gut einer Milliarde Jahre in höher entwickelte Zellen ein. Heute wären die Mitochondrien ohne ihre »Wirtszellen« nicht lebensfähig, andererseits profitiert der Organismus von ihnen: Denn sie veratmen Sauerstoff und versorgen die Körperzellen derart mit Energie, weshalb sie als »Zellkraftwerke« bezeichnet werden.

Im Zusammenhang mit der genetischen Ahnenforschung ist von Bedeutung, daß Mitochondrien ihr eigenes Erbgut besitzen. Dieses wird mtDNA – mitochondriale DNA – genannt und unterscheidet sich in mehrfacher Hinsicht von der DNS in den Zellkernen.[1] Letztere ist ein wahres Meer an Daten: An die drei Milliarden Basenpaare, also genetische Lettern, umfaßt das menschliche Genom. Das Genom des Hundes, dessen Bauplan 2005 präsentiert wurde, weist mit 2,4 Milliarden Basenpaaren ähnliche Dimensionen auf. Das Erbgut der Mitochondrien ist im Vergleich dazu winzig: Es hat bloß um die 16 500 Basenpaare und kann dementsprechend rasch – und kostengünstig – dechiffriert werden.

Die mtDNA ist wie auch die Kern-DNS sogenannten Mutationen unterworfen – Veränderungen im Erbgut, wobei ein genetischer Buchstabe durch einen anderen ersetzt wird. Dabei handelt es sich um Zufallsprozesse. Über die Generationen sammeln sich immer mehr Mutationen an. Deren Zahl gibt deshalb Aufschluß darüber, seit wie vielen Generationen zwei Populationen voneinander getrennt sind, und dient damit als Gradmesser für die genetische Distanz.

Im Erbgut der Zellkerne sind Mutationen recht selten. Im Hinblick auf die Verwandtschaftsverhältnisse des Hundes sind sie deshalb nicht sonderlich hilfreich: Wenn Veränderungen im Erbgut einschneidende Ereignisse in der Entwicklung einer Spezies verraten sollen, müssen sie oft genug auftreten, um wichtige evolutionäre Schritte zu speichern – wie ein sorgfältig geführtes Tagebuch. Sind solche biologischen Wegmarken lediglich Ausnahmephänomene, gibt es auch entsprechend wenige genetische Einträge. In den Mitochondrien tickt die molekulare Uhr indes recht schnell: Mu-

---

[1] DNS ist die Abkürzung für die deutsche Bezeichnung »Desoxyribonukleinsäure«, DNA bezeichnet den englischen Begriff »deoxyribonucleic acid«. Hier wird die deutsche Schreibweise gewählt, mit Ausnahme des Mitochondrienerbguts, weil dafür stets das Kürzel mtDNA gebräuchlich ist.

tationen kommen im Schnitt zehnmal häufiger vor als in der Kern-DNS. Ein kurzer Anschnitt der mtDNA mutiert dabei besonders schnell: die sogenannte Kontrollregion.

Mitochondrien haben noch eine Besonderheit: Deren DNS wird nur mütterlicherseits vererbt, was »maternal« genannt wird. Im Zellkern hingegen vermischen sich das Erbgut von Vater und Mutter, was, vereinfacht ausgedrückt, über die Generationen zu genetischem Durcheinander führen kann. Im Gegensatz dazu sind die Mitochondrien ein fixer Block, eine Einheit, die immer von der Mutter an ihre Nachkommen weitergegeben wird.

Die Analyse der Mitochondrien ergibt demnach stets einen Stammbaum der mütterlichen Linien, und dieser führt theoretisch zurück bis zur allerersten Mutter eines Tiergeschlechts – im konkreten Fall bis zur ersten Hündin aller Zeiten.

Der wahre Vorfahre

Im Juni 1997 erschien im Wissenschaftsmagazin *Science* eine Studie eines internationalen Forscherteams. Die Arbeit hatte nur drei Seiten und trug den sperrigen Titel »Multiple and Ancient Origins of the Domestic Dog«. Doch das Papier sollte für jahrelangen Wirbel in der Fachwelt sorgen. Auch in die Medien fanden die Ergebnisse der Untersuchung Eingang. Der Expertengruppe sei ein wahrer Coup gelungen, so der Tenor der Berichte: Sie hätte das Rätsel um die Abstammung des Hundes gelöst. Vor allem eine Zahl wurde hervorgehoben: Es gebe den Hund seit mindestens 100 000 Jahren, und schon seit damals sei er offenbar treuer Gefährte des Menschen.

Auslöser der Aufregung war ein neunköpfiges Forscherteam, dem auch die schwedischen Wissenschaftler Peter

Savolainen und Carles Vilà angehörten. Federführend beteiligt war zudem Robert K. Wayne, Molekularbiologe an der University of California in Los Angeles. Die Experten konzentrierten sich bei ihrer Arbeit auf die Kontrollregion der mitochondrialen DNA – jenen Abschnitt des Mitochondrien-Erbguts, in dem besonders viele Mutationen auftreten.

Zunächst brauchten die Forscher jedoch Ausgangsmaterial für ihre Studie. Vilà klapperte Hundeshows ab und pflückte den Hunden Haare aus dem Pelz. Insgesamt sammelten die Wissenschaftler Haare sowie Blut- und Gewebeproben von 140 Hunden aus 67 Rassen und von fünf Mischlingen. Aus Datenbanken bezogen sie zudem Gensätze von 162 Wölfen aus Asien, Europa und Nordamerika. Nach dem gleichen Prinzip konnten sie auf die genetischen Profile von zwölf Schakalen und fünf Kojoten zugreifen.

Als Folge der DNS-Entschlüsselung ließen sich sogenannte Haplotypen erstellen. Dabei handelt es sich um einzelne Abschnitte in der Erbsubstanz, die sich durch signifikante Muster von anderen solchen Abschnitten, also anderen Haplotypen, unterscheiden. Ausschlaggebend für die Unterschiede sind die Zahl und die Positionen der Mutationen. Anhand dieser Mutationsanalyse konnten für alle untersuchten Hunde, Wölfe, Schakale und Kojoten typische Haplotypen definiert werden. Allerdings hat nicht jedes Individuum seine eigenen Haplotypen; vielmehr verteilt sich auf die Tiere ein begrenztes Reservoir dieser Genmuster. So ermittelten die Forscher für Wölfe insgesamt 27 Haplotypen, für Hunde 26. Diese wurden numeriert, so daß sich beispielsweise folgende Zeilen ergaben:

```
W16    ..C.........C...C.T...CAT.........A...
D15    GC...C......C.....A....A.....T........
```

»W16« bezeichnet den bei Wölfen ermittelten Haplotyp mit der Nummer 16 (Wolf 16), »D15« die Haplotypennummer 15 bei Hunden (Dog 15). Die Buchstaben innerhalb der Haplotypen stehen für die vier Bausteine des Lebens: die Basen Adenin (A), Cytosin (C), Guanin (G) und Thymin (T). Damit werden jedoch nur die identifizierten Mutationen angezeigt – unveränderte Abfolgen im genetischen Code werden mit Punkten markiert. Nach diesem Prinzip konnten die Genetiker schließlich den kompletten Haplotypensatz auflisten – »W1« bis »W27« sowie »D1« bis »D26« (siehe Graphik 1, Seite 33). Damit verfügten sie über das Rohmaterial für einen molekularbiologischen Stammbaum.

Die Haplotypen lassen sich nochmals ordnen: Je weniger sie sich in bezug auf die ermittelten Mutationen voneinander unterscheiden, desto enger sind deren Träger miteinander verwandt. Auf diese Weise formten die Wissenschaftler vier genetische Gruppen von Hundehaplotypen, »Kladen« genannt. Weil die Haplotypen innerhalb einer Klade am engsten miteinander verwandt sind, könnte man sie auch als Familie bezeichnen. Demnach lassen sich sämtliche Hunde in vier genetische Familien unterteilen – und in einen »phylogenetischen Baum« eintragen, welcher die Verwandtschaftsverhältnisse und die genetische Entfernung zum jeweiligen Vorfahren anzeigt (siehe Graphik 2, Seite 34).

Die erste Familie, »Klade I« genannt, war die größte: Sie enthielt 19 der 26 Hundehaplotypen, und in diese Gruppe fielen zahlreiche der heute weit verbreiteten Hunderassen ebenso wie zum Beispiel der afrikanische Basenji. Klade II beinhaltete unter anderem zwei skandinavische Rassen, Klade III etwa den Schäferhund und den sibirischen Husky. Die Haplotypen der Klade IV ähnelten einem bestimmten Wolfshaplotyp, woraus die Forscher schlossen, daß dieses genetische Muster Paarungen zwischen Hunden und Wölfen verrate.

W1		C	A	T		G	A
W2	G	C	A	A			G	A
W3		G		A.T	CA		G	A
W4	C.C	C	C.A		CA	C		
W5	C	C	C.A	A?		C		
W7		G		A.T	CA?			A
W8			CA	A.T		G	A
W9			CA	A.T			A
W10		C	A	A			A
W11	G	C	A	A		GC	A
W13		C	C					
W14		C	A	A		G	A
W15		C	C.T	CA?			A
W16	C		C	C.T	CAT		A
W17	C	C?	C	C.T	CAT		A
W18	G	C	A	A		GG	A
W19		C	A	CA?			A
W20			CCA.T			A.C
W21	C		A	A			A
W22		CA	CA.T			A
W23	C		A	A		G.G.A
W24	C		A	A		G	
W25	C	C.ACT.CA			A
W26		C	A.T				?
W27	G	C	A	A		G	A
W6/D6		CA	A.T	GG	A
D10	C	C	CA	A.T	GG	A
D24	G	CA	A.T	GG	A
D7	T	C	C.A	A		G	C
D19	T.T	C	C.A	A		G	C
D21	T	C	C.A	A			C
D8	C	C	A	CA.TA.CGG	
D1	G..T.C	C	A				
D2	G...?C	C	A				
D3	G	C	C	A	A		
D4	G	C	C	AC			
D5	G	C	C	AC	A	T	
D9	G	C	C	A	T		
D11	G	C	C	A		G	
D12	G	C	G.C	A	A	T	
D14	G	C	G.C	A	A		
D15	GC	C	C	A	A	T	
D16	G	C	C	A	CA	T	
D17	G	C	C	A	A	T	G
D18	G	C	C	A		A
D20	G	C	C	A	A	G.T
D22	G	C	C	A.T	A		C
D23	G..T.C	C	A			G	
D25	G	C	C	A.T	A		
D26	G	C	C	A	A	T	

W12 AT - CCTC-TAATTT - - TTGTCTTGCCGATAATATGATT

Graphik 1   Der genetische Bausatz

Die Auflistung zeigt sämtliche bei den untersuchten Hunden und Wölfen ermittelten Haplotypen. Der Buchstabe D bezeichnet »Dog«-Haplotypen, der Buchstabe W »Wolf«-Haplotypen. Mutationen sind durch die Basen Adenin (A), Cytosin (C), Guanin (G) und Thymin (T) gekennzeichnet. »W12« (ganz unten) ist der Referenz-Haplotyp. »D13« fehlt, weil nahezu identisch mit »D4«.

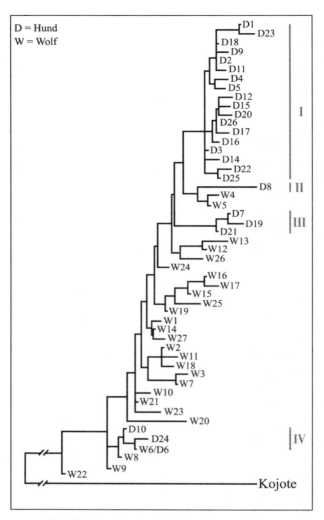

Graphik 2 Der genetische Stammbaum
Die einander ähnlichsten Haplotypen wurden zu »Kladen« zusammengefaßt, zu Familien, die hier mit den römischen Ziffern I–IV beschriftet sind. Die Forscher identifizierten also vier Hundefamilien. Die größte Familie ist die erste, und zu dieser gehören zahlreiche verbreitete Hunderassen.

Wenn nun die Mitochondrien mütterlicherseits vererbt werden und diese von den ersten Hundemüttern aus vier Familien von Generation zu Generation durch die Zeit bis in die Gegenwart gereist sind, könnte man auch sagen: Alle heutigen Hunde lassen sich auf vier weibliche Linien zurückführen.

Die vier maternalen Linien deuteten auf einen weiteren Umstand hin: Da sich vier verschiedene Familien identifizieren ließen, wurden Wildtiere vermutlich mehrmals, nämlich zumindest viermal, unabhängig voneinander domestiziert.

Damit war aus genetischer Sicht allerdings noch nicht die Frage beantwortet, von welchen Tieren der Hund nun tatsächlich abstammt: Von einem längst ausgestorbenen Vorfahren, wie teils spekuliert wurde? Vom Schakal, wie Konrad Lorenz vermutet hatte? Vom Kojoten, der ebenfalls zur Familie der Caniden zählt? Vom Wolf, wie inzwischen mehrheitlich angenommen wurde? Oder ist der Hund vielmehr eine bunte Mischung, an der verschiedene Stammväter beteiligt waren? Um eine Antwort auf genau diese Fragen geben zu können, hatten die Genetiker Proben all dieser Tiere in ihre Studie einbezogen.

Den Schlüssel bargen wieder die Mutationen in den ermittelten Haplotypen. Denn wie bei den vier Hundegruppen gilt auch für den Gesamtvergleich von Wölfen, Schakalen und Kojoten: Je ähnlicher einander einzelne Haplotypen sind, desto näher sind deren Träger miteinander verwandt. Je weiter die Mutationsmuster dagegen auseinanderklaffen, desto größer ist die verwandtschaftliche Entfernung – und desto weiter liegt die Abspaltung vom gemeinsamen Vorfahren zurück. Daß Hunde, Wölfe, Schakale und Kojoten dieselben Ahnen haben, war bereits bekannt: Die frühesten Vorfahren dieser Linie lebten vor gut 100 Millionen Jahren. Vor rund einer Million Jahre, so die – allerdings nicht allseits akzeptierte – Schätzung, trennte sich der Wolf vom Kojoten.

Um herauszufinden, wer der direkte Vorfahre des Hundes ist, muß man wissen, ob er mit dem Wolf, dem Schakal oder dem Kojoten am nächsten verwandt ist. Man muß also die Mutationen in den Haplotypen der drei untersuchten Spezies vergleichen. Wo die wenigsten Veränderungen zu finden sind, ist die genetische Distanz am geringsten und die Verwandtschaft am engsten – und die Annahme, auf Vor- und Nachfahre gestoßen zu sein, am ehesten berechtigt.

Das Ergebnis der Genetiker war eindeutig: Die Hunde unterschieden sich von den Wölfen durch maximal zwölf Mutationen, während sie von Kojoten und Schakalen durch mindestens zwanzig Mutationen abwichen – also durch beinahe doppelt so viele. Hunde sind mit Wölfen demnach deutlich enger verwandt als mit Kojoten und Schakalen.

Mit einem knappen Satz konnten die Forscher schließlich die über Jahrhunderte schwelende Debatte beenden: »Die Ergebnisse sprechen klar für den Wolf als Vorfahren des Hundes.«

Die Genetiker um Carles Vilà trafen allerdings noch eine weitere Aussage. Der Artikel enthält auch eine Antwort auf die Frage, wie alt der Hund tatsächlich sein soll. Um dies zu berechnen, führten die Forscher eine Kalkulation durch, in die sie mehrere Parameter einsetzten: die ermittelten genetischen Distanzen der untersuchten Hunde sowie jene zwischen Kojoten und Wölfen. Letzteres war nötig, um die molekulare Uhr zu kalibrieren: Die Genetiker gingen davon aus, daß sich die Wölfe von den Kojoten vor rund einer Million Jahre abspalteten und daß die genetische Distanz zwischen den beiden Spezies 7,5 Prozent beträgt.

Damit hatten sie einen Referenzwert, den sie zur Berechnung der Abspaltung des Hundes von Wölfen heranziehen konnten. Da ihren eigenen Daten zufolge die genetische Distanz innerhalb der Klade I, der größten Hundefamilie, ein Prozent betrug, konnten sie nun das Alter der darin enthaltenen Hunde schätzen: Wenn bekannt ist, wie lange es dauert, bis ein genetischer Unterschied von 7,5 Prozent eintritt, läßt sich auch errechnen, wieviel Zeit für ein Prozent genetische Differenz verstreichen muß.

Das Resultat der Kalkulation lautete: »Hunde könnten bereits vor 135 000 Jahren entstanden sein.«

»Das war schon eine ziemlich große Überraschung«, erinnert sich Vilà. »Zuerst waren wir selbst skeptisch.« In der Fachwelt wurde diese Aussage als Sensation gewertet – vorläufig jedenfalls. Bisher war man aufgrund von Fossilienfunden in Europa und im Nahen Osten davon ausgegangen, daß es den Hund seit maximal 14 000 Jahren gibt. Und nun vermeinten Forscher, diese Zeitspanne beinahe um den Faktor zehn ausdehnen zu können. Sollten die Menschen, vielleicht sogar Neandertaler, schon vor derart langer Zeit das Kunststück fertiggebracht haben, den Wolf zu domestizieren und als Haustier zu halten? Sollten Mensch und Hund bereits vor mehr als 100 000 Jahren gemeinsam die Welt erobert haben, »gleichsam beim Gassigehen«, wie das Nachrichtenmagazin *Der Spiegel* formulierte?

Fünf Jahre später befaßte sich ein Genetikerteam neuerlich mit der Abstammung des Hundes – und gelangte zu ganz anderen Ergebnissen.

Die Heimat aller Hunde

Peter Savolainen mochte, obwohl Koautor der ersten Studie, die darin postulierte Altersangabe nicht recht glauben. Deshalb nahm er eine große Studie in Angriff, die erneut die Untersuchung der Herkunft des Hundes zum Ziel hatte. Mehr als zwei Jahre investierte Savolainen allein in die Beschaffung des Probenmaterials. Auch er besuchte zunächst Hundeausstellungen und zupfte den Tieren Haare aus dem Fell. Doch er wollte ein flächendeckendes Bild schaffen und brauchte deshalb Hunde-DNS aus allen Winkeln der Welt. »Wir haben 1999 begonnen«, erinnert sich Savolainen. »Damals war der Start der E-Mail-Ära, und ohne E-Mail wäre diese Studie niemals möglich gewesen.« Savolainen machte Hundeexperten und an Hunden Interessierte in aller Welt ausfindig, schickte ihnen E-Mails, bat um Zusendung von Haaren, Blut oder Gewebe. Der Plan klappte, und allmählich trafen Hunderte Proben in seinem Labor in Stockholm ein.

Schließlich verfügte er über genetisches Material von 654 Hunden aus den wichtigsten Gebieten der Welt – aus Europa, Afrika, Indien, Sibirien, Amerika, aus Japan, Indonesien, Malaysia, Neuguinea, aus China, Korea und der Mongolei, aus Vietnam, Kambodscha und Thailand. Er hatte beinahe fünfmal so viele Proben wie bei der ersten Studie. Die Probenmenge und die breite geographische Streuung hält Savolainen für die wesentlichen Unterschiede zur ersten Studie: »Jetzt hatten wir ein besseres Datenset, und wir konnten andere Schlüsse daraus ziehen.«

Die Genetiker analysierten 582 Basenpaare der mitochondrialen DNA und teilten die ermittelten Haplotypen ebenfalls in vier Gruppen ein. Außerdem fanden sie dank der breiteren Stichprobe zwei weitere Kladen. Savolainen: »Man kann also sagen: Hunde stammen von zumindest sechs weiblichen Wölfen ab.«

Auch diesmal war die erste Familie, »Klade A« genannt, die größte. Exakt 71,3 Prozent aller identifizierten Haplotypen fielen in diese Gruppe. Insgesamt verteilte sich die überwiegende Mehrheit sämtlicher Haplotypen auf die ersten drei Kladen: Fast 96 Prozent aller heutigen Hunde stammen demnach von einer dieser Familien ab. Deshalb konzentrierten sich die folgenden Analysen vorwiegend auf diese drei Gruppen. Klade A kam in allen geographischen Regionen vor, die Kladen B und C waren ebenfalls weltweit verbreitet – mit

Ausnahme von Amerika. Die Forscher folgerten in ihrer Studie, die im November 2002 erschien: »Diese drei Kladen bilden eine gemeinsame Quelle. Des weiteren ist deren Häufigkeit in allen Regionen ähnlich.« Dies deute darauf hin, »daß die Mehrheit aller heutigen Hundepopulationen einen gemeinsamen Ursprung in einem einzelnen Genpool hatte, der die Kladen A, B und C enthielt«.

Dieser Genpool ließ sich auch geographisch zuordnen. Weil man wußte, aus welchen Ländern und Regionen das analysierte Genmaterial stammte, konnte zunächst bestimmt werden, welche Haplotypen in welchen Gegenden gehäuft auftreten. Doch es ließ sich auch eine zeitliche Komponente hinzufügen, welche wiederum darauf beruht, daß sich im Erbgut der Mitochondrien im Lauf der Generationen immer mehr Mutationen ansammeln. Je weiter man in die Geschichte einer Spezies zurückblickt, je mehr Zeit verflossen und je mehr Generationen vergangen sind, desto mehr Mutationen müssen aufgetreten sein. Und weil eine Spezies an ihrem Ursprungsort – dort, wo sich die ersten Vorfahren aufhielten – am längsten gelebt hat, herrscht dort die größte genetische Vielfalt. Jener Ort, wo die meisten Veränderungen gefunden werden, muß also die genetische Wiege sein.

Nach diesem Prinzip nahmen Savolainen und seine Kollegen eine Klade nach der anderen unter die Lupe: Sie entdeckten, daß das Genmaterial aus Ostasien mehr Mutationen enthielt als jenes aus Südwestasien oder Europa. Sie fanden in Ostasien auch eine größere Zahl an Haplotypen als in den anderen Regionen. Zudem kamen 30 von 44 ostasiatischen Haplotypen in Klade A ausschließlich in dieser Region vor – und konnten naturgemäß nur von dort stammen. In der Klade B waren es sieben von zehn.

Die Folgerung der Genetiker lautete: »Die größere genetische Vielfalt in Ostasien und die Verteilung der Haplotypen in den verschiedenen Regionen deuten darauf hin, daß

Klade A in Ostasien entstand und daß sich die Haplotypen in Europa und Südwestasien aus einer Untergruppe der ostasiatischen Typen entwickelten. In ähnlicher Weise deutet eine größere genetische Vielfalt und Anzahl von Individuen mit einzigartigen Haplotypen in Ostasien auch auf einen ostasiatischen Ursprung der Klade B hin, was bedeutet, daß mehr als 88 Prozent aller Sequenzen vermutlich in Ostasien entstanden. Die Daten für Klade C sind weniger eindeutig, aber ein ostasiatischer Ursprung ist auch hier möglich.«

Zusammenfassend konnte Savolainen behaupten, daß die Analysen auf einen »gemeinsamen Genpool für alle Hundepopulationen weltweit« hinweisen. Und der liege ganz offensichtlich in Ostasien – also zum Beispiel im heutigen China. Kurz: Die Heimat aller Hunde ist Ostasien.

Schließlich wagte sich Savolainen an die heikle Frage der Altersschätzung. Der Referenzwert für die Berechnung war derselbe wie beim ersten Mal: die vermutete Abspaltung des Wolfs vom Kojoten vor rund einer Million Jahre sowie die genetische Distanz zwischen den beiden Tieren. Doch andere Parameter unterschieden sich. So hatte Savolainen weitaus mehr Tiere untersucht und auch eine größere Zahl an Haplotypen ermittelt: 26 Hundehaplotypen waren in der ersten Studie aufgelistet, 89 waren es diesmal. Auch die Berechnungsmethode der genetischen Distanzen unterschied sich, so daß die Kalkulation letztlich ein anderes Ergebnis ausspuckte: Sie ergab ein Alter von rund 41 000 Jahren – um immerhin 94 000 weniger als bei der ersten Studie.

Mit den bisher verfügbaren – maximal 14 000 Jahre alten – Fossilien aus Europa und dem Nahen Osten läßt sich diese Altersangabe freilich noch immer nicht in Einklang bringen. Eine mögliche Erklärung könnte sein, daß die frühesten Hundepopulationen zunächst lange Zeit auf Ostasien beschränkt waren, bevor sie sich in andere Gebiete der Welt

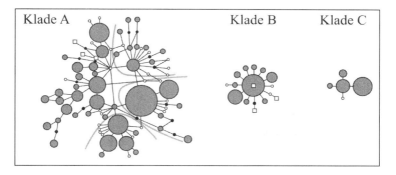

Graphik 3   Das genetische Netzwerk
Die alternative Darstellung der Haplotypen als Netzwerk: Die Kreise entsprechen den verschiedenen Haplotypen, deren Größe repräsentiert die Häufigkeit ihres Vorkommens. Je mehr Verbindungsstücke zwischen zwei Kreisen liegen, desto weiter sind die Haplotypen voneinander entfernt.

ausbreiteten. Und aus dem asiatischen Raum liegen bis heute vergleichsweise wenige Knochenfunde vor.

Trotzdem war Savolainen mit dem Resultat noch nicht zufrieden. Was wäre, fragte er sich, wenn die besonders große, genetisch überaus vielfältige und wohl älteste Klade A nicht einen, sondern mehrere Ursprünge hätte? Wenn diese Familie also nicht auf eine mütterliche Wolfslinie, sondern auf mehrere zurückgeführt werden müßte?

Zur Veranschaulichung dieses Gedankens läßt sich der genetische Stammbaum als eine Art Netzwerk darstellen, in dem die Haplotypen als Knotenpunkte eingetragen sind (siehe Graphik 3). Verbindungen zwischen den Knoten stellen Mutationen dar. Benachbarte Knotenpunkte sind einander genetisch näher als weiter entfernte, zwischen denen mehrere Mutationen liegen. Soll das gesamte Netzwerk einen einzigen Ursprung haben, liegen zwischen dessen Zentrum und den äußersten Knoten viele Verbindungsstücke respektive Mutationen – und entsprechend große Zeiträume, weil die Mutationen ja nach und nach entstehen. Gibt es indes mehrere Ursprünge, nimmt das Netzwerk seinen Ausgang von verschiedenen Zentren, wodurch die Verbindungsstücke auch an mehreren Stellen und parallel zueinander geknüpft werden.

In diesem Ansatz lag eine zweite Lösung verborgen: Aus der Netzwerkstruktur der Klade A schloß Savolainen, daß durchaus mehr als eine mütterliche Linie darin enthalten sein könnte – also mehrere weibliche Wölfe an der Entstehung beteiligt gewesen sein könnten. Er identifizierte drei »Subcluster«. Dies würde bedeuten, daß zumindest drei Wolfsmütter, die zu unterschiedlichen Zeiten lebten, an der Begründung dieser größten Hundefamilie beteiligt waren. So wurde das Netzwerk in einzelne Teilbereiche gesplittet. Savolainen gab deren Alter mit rund 26 000, 16 000 sowie 11 000 Jahren an.

In einem weiteren Schritt führte er allerdings eine mathematische Operation durch, die in Fachkreisen als eher problematisch angesehen wird: Faßt man alle drei Kladen A, B und C zusammen und ermittelte man daraus ein gemeinsames Alter, könnte man alle Hundefamilien auf rund 15 000 Jahre taxieren. Dies deckte sich plötzlich weitgehend mit den Fossilienfunden. In ihrem Artikel führten die Forscher aus: Die Zusammenschau aller verfügbaren Daten lasse »auf einen Ursprung des Haushundes in Ostasien vor rund 15 000 Jahren schließen«.

Selbst Savolainens Weggefährte Carles Vilà hielt diese Behauptung für spekulativ: Mit solchen Berechnungen könne man »jegliches Resultat produzieren, das man erhalten möchte«. Vilà wollte zudem eine plausible Erklärung für eine prinzipielle Abweichung zwischen genetischen und archäologischen Zeitangaben haben: Archäologen ordnen einen Skelettteil anhand morphologischer, also gestaltlicher, Merkmale einer bestimmten Tierart zu. Bis sich jedoch deren Abspaltung von ihren Vorfahren überhaupt in der Körperform manifestieren könne, verfließe naturgemäß einige Zeit – die genetische Trennung, auf deren Erfassung die Molekularbiologie abzielt, sei da aber längst erfolgt und deshalb zwangsläufig früher anzusetzen. Allerdings: Wie sich noch zeigen wird, sprechen neue Fakten auch gegen diese These.

Seine eigene Zeitschätzung von mehr als 100 000 Jahren mag Vilà zwar heute nicht mehr aufrechterhalten. Trotz methodischer Kritik kann er sich grundsätzlich der Altersbestimmung Savolainens anschließen, schränkt jedoch ein: »Ich glaube schon, daß es mehr als 15 000 Jahre sind.« Die zeitlichen Grenzen dürften im übrigen allein deshalb nicht zu rigide abgesteckt werden, weil man bei Fossilienfunden, die älter als 14 000 Jahre sind, sonst vorschnell die Option verwerfen würde, daß es sich um Überreste eines Hundes handeln könnte.

Experten wie der Wiener Populationsgenetiker Claus Vogl vertreten angesichts derartiger Unsicherheiten die Ansicht, daß die Mitochondrienanalyse bei der Altersbestimmung an ihre Grenzen stößt. Generell könnten damit zwar Fragen der Abstammung zuverlässig gelöst werden. An der Behauptung, der Wolf sei der alleinige Vorfahre des Hundes, gebe es deshalb nichts zu rütteln. Auch die geographische Zuordnung sei zuverlässig: »In der Praxis zeigt sich immer wieder, daß dort, wo die höchste genetische Diversität gefunden wird, tatsächlich der Ursprungsort ist«, sagt Vogl.

Die molekulare Uhr scheint indes noch fehleranfällig zu sein, und der besondere Vorteil der Mitochondrien kann unter Umständen sogar zur Falle werden: Eben weil diese Organellen eine kleine, kompakte Einheit darstellen, repräsentieren sie einen schmalen Ausschnitt der Erbsubstanz, und bestimmte Vorkommnisse sind von einer Speicherung darin ausgeschlossen: etwa genetische Einflüsse der Väter, im konkreten Fall jene der Rüden.

Vilà nahm sich einer speziellen Fragestellung in dem Zusammenhang in einer Studie an, die im April 2005 erschien: Einerseits wisse man, so Vilà, daß Haustiere wie der Hund bloß »einer Handvoll von Domestikationsereignissen« entsprängen. Andererseits steche ihre bemerkenswerte genetische Vielfalt ins Auge. Eine von mehreren Erklärungen könnten »Backcrossings« sein: Verpaarungen bereits domestizierter Tiere mit ihren wilden Verwandten. Bei Hunden könnten solche Seitensprünge mit eine Ursache für die Ausprägung unterschiedlicher Erscheinungsformen sein. Hätten sich dabei männliche Wölfe mit weiblichen Hunden eingelassen, würden dies die Mitochondrien der Haustiere, welche ja nur die mütterliche Linie dokumentieren, nicht verraten.

Genetiker Vogl plädiert dafür, weitere biologische Datenquellen anzuzapfen. Denn vergleichbar den Mitochondrien gebe es auch andere »Marker« im Erbgut, und der Abgleich mehrerer Parameter könne aussagekräftigere Resultate auf einer breiteren Ebene erbringen. Vogl hält auch nicht für ausgeschlossen, daß die Analyse weiterer Marker gänzlich neue Erkenntnisse enthüllen könnte: »Es würde mich nicht wundern, wenn es noch ein sekundäres Domestikationszentrum gegeben hat.« Dies widerspreche keineswegs der These der ostasiatischen Abstammung – bloß müsse dies noch nicht die ganze Wahrheit sein.

Diese Einschätzung könnte auch die Archäologen ein wenig versöhnen: Sie bezweifeln aufgrund der vorliegenden Fossilien nicht nur die Altersschätzungen der Genetiker, sondern auch die alleinige Lokalisierung des Ursprungs des Hundes in Ostasien. Denn die Mehrzahl aller Skelettfragmente stamme eben aus Europa sowie Eurasien, und stets würden die Knochen jenen von Wölfen ähneln, die noch heute in der jeweiligen Gegend leben – dies lege verschiedene regionale Domestikationen nahe.

Trotz aller Widersprüche lassen sich aus den bisherigen Forschungen der Genetiker zentrale Aussagen ableiten, mit denen einst hitzige Fachdebatten endgültig beendet werden konnten:

Es ist erstens erwiesen, daß der alleinige Vorfahre aller Hunde der Wolf ist. »Je mehr Sequenzen man untersucht, desto sicherer ist man«, sagt Savolainen. Es sei zwar nicht auszuschließen, daß sich irgendwann der eine oder andere Schakal mit Wölfen oder Hunden gepaart habe, »aber es waren mit Sicherheit sehr wenige«. So wenige jedenfalls, daß dies keine genetischen Spuren hinterlassen hat.

Zweitens sind sämtliche heute lebenden Hunde nach gegenwärtigen Erkenntnissen der Genetik auf zumindest sechs Wolfslinien zurückzuführen, wobei mehr als 95 Prozent aller Hunde zu drei Hauptfamilien gehören, die zu verschiedenen Zeiten in Ostasien lebten. Dies bedeutet auch, daß die Domestizierung des Wolfes kein singuläres Ereignis war: Offensichtlich schlossen sich Wölfe mehrmals dem Menschen an. Obwohl alle Hunde grundsätzlich denselben genetischen Bauplan teilen, herrscht innerhalb der größten ostasiatischen Hauptfamilie eine hohe genetische Vielfalt. Heute ist der Hund das äußerlich vielfältigste Säugetier überhaupt – und viele Forscher ließen sich einst bei der Klärung der Abstammungsfrage von den zahlreichen Erscheinungsformen irritieren.

Die Schätzung des tatsächlichen Alters des Hundes beruht momentan allerdings noch auf vielen Spekulationen. Den vorliegenden Daten zufolge gibt es Hunde seit mindestens 15 000 Jahren, der zeitliche Rahmen reicht jedoch bis zu 40 000 Jahren. Denkbar ist auch die Variante, daß die älteste Hundefamilie der Welt von mehreren weiblichen Wölfen begründet wurde. Die erste Wolfsmutter hätte in diesem Fall vor etwa 26 000 Jahren gelebt.

Zu neuen Ufern

Trotz aller Unschärfen der verfügbaren Methoden wagten sich die Genetiker inzwischen auch an die Lösung weiterer, noch detailreicherer Rätsel. Im August 2004 erschien, wieder unter Federführung Peter Savolainens, eine Studie, die sich mit dem Ursprung des australischen Dingos befaßte. Lange Zeit war über die Herkunft dieses verwilderten hellen Hundes spekuliert worden, der in loser Gemeinschaft mit dem Menschen lebt.

Schon bald nach Beginn der Kolonisierung Australiens in der zweiten Hälfte des 18. Jahrhunderts war der Dingo den Europäern aufgefallen. Doch worum handelte es sich bei diesem Tier, welches die einst dominierenden Beutelwölfe verdrängte? Um eine auf diesen Kontinent beschränkte spezielle Rasse? Um Haushunde, die eine Umkehrung der üblichen Entwicklung durchlebt hatten – von der Domestikation zur Verwilderung? Hatte man überhaupt einen richtigen Hund vor sich? Oder eine Art »Prototyp« des Haushundes? Hatte man gar ein »Missing link« zwischen Wolf und Hund gefunden?

Und wie war dieses Tier nach Australien gekommen? Um den Kontinent zu erreichen, müssen aus jeder Richtung weite Strecken offener See überwunden werden. Kein großes Landsäugetier würde dies ohne die Hilfe des Menschen schaffen. Und wenn der Dingo das Meer in Begleitung des Menschen überquerte – wann war dies geschehen, und wo hatte die Reise begonnen? Als eine Möglichkeit kam Indien in Betracht, weil die Dingos äußerliche Ähnlichkeit mit den sogenannten Pariahunden Indiens aufweisen. Doch auch Ostasien wäre aufgrund der geographischen Nähe zu Australien denkbar.

Savolainen und seine Kollegen untersuchten genetische Proben von 211 Dingos und verglichen deren mitochondriale

DNA mit jener von Hunden und Wölfen. Sie fanden heraus, daß die Mehrheit der Dingos über einen »zentralen« Haplotyp verfügt, »A 29« genannt. Dieser müsse aufgrund seiner Dominanz der »einzige Gründertyp« sein. Er wurde auch bei konventionellen Haushunden gefunden – allerdings ausschließlich bei solchen aus Ostasien, nicht jedoch bei Hunden aus allen anderen Teilen der Welt. Deshalb müsse der Dingo zwangsläufig aus Ostasien stammen, womit Indien ausschied. Auch den Zeitpunkt der Einwanderung bestimmten die Wissenschaftler: Die Dingos erreichten Australien demnach vermutlich vor 4600 bis 5400 Jahren.

Bei aller Vorsicht gegenüber der Zuverlässigkeit der molekularen Uhr würde das Ergebnis im wesentlichen zu jener Theorie passen, wonach sich eine Generation von Seefahrern vor rund 6000 Jahren von Südchina auf den Weg machte, um zunächst die südasiatische Inselwelt zu erobern. In ihren Booten führten sie vermutlich domestizierte Tiere wie Schweine und Hühner mit – und wohl auch Hunde, die in der ursprünglichen Heimat der Seefahrer bereits den Status von Haustieren gehabt hatten. Es gebe »starke Beweise, daß Dingos von domestizierten Hunden abstammen«, konstatierte Savolainen. Erst in Australien, ihrem neuen Lebensraum, hätten sich die Bande zwischen Mensch und Hund gelöst, und allmählich sei die heutige Wildform entstanden. Zudem deute der identifizierte zentrale Haplotyp darauf hin, »daß die Dingopopulation entweder von sehr wenigen Hunden oder theoretisch sogar von einer einzigen trächtigen Hündin abstammt«.

Carles Vilà wiederum ging der Frage nach, woher die amerikanischen Hunde stammen. Wurden dort Wölfe eigenständig und unabhängig von jenen Asiens und Europas domestiziert? Oder gelangten Haushunde irgendwie von der Alten in die Neue Welt? Sicher ist jedenfalls, daß es Hunde in den USA nicht erst seit der Ankunft der Europäer im 15. Jahrhundert gibt: Diese trafen auf einen Kontinent, der nicht nur längst mit Menschen besiedelt war, sondern auch mit deren Hunden. Funde wie in der »Danger Cave« im Bundesstaat Utah belegen, daß in Nordamerika schon vor 9000 bis 10 000 Jahren Hunde lebten.

Um das Geheimnis zu lüften, extrahierte Vilà zunächst DNS aus den Knochen von 37 Hunden, die bei archäologischen Grabungen gefunden worden waren. Er mußte altes Material verwenden: Die Analyse heutiger Hunde hätte aufgrund inzwischen jahrhundertelanger Vermischung mit den Tieren von Einwanderern nichts darüber aussagen können, woher die ersten Hunde stammten. Und wieder deutete das Ergebnis in dieselbe Richtung: »Unsere Daten stützen in hohem Ausmaß die Hypothese, daß amerikanische und eurasische Hunde einen gemeinsamen Ursprung in der Alten Welt haben.« Die Resultate würden nahelegen, daß schon frühe Menschen, die Amerika einst kolonisierten, mehrere Linien bereits domestizierter Hunde mitgebracht hätten.

Diese Einwanderer hätten Amerika erreicht, indem sie die Beringstraße überquerten. Auch der Zeitpunkt dieser Expedition läßt sich einigermaßen präzise eingrenzen: Der große Marsch muß vor 12 000 bis 14 000 Jahren stattgefunden haben. Denn damals bot die großräumige Vereisung der allmählich ausgehenden Eiszeit eine solide Landbrücke und erlaubte die Überquerung. Unter anderem auf diese Daten stützt Vilà seine Vermutung, der Hund müsse wohl doch älter sein als 15 000 Jahre: Wenn die Menschen gegen Ende der Eiszeit bereits mit domestizierten Hunden die Beringstraße überwanden, könne – gemessen an evolutionärem Tempo – nicht erst kurz davor die Partnerschaft zwischen Wolf und Mensch begonnen haben.

Innerhalb des amerikanischen Kontinents konzentrierte sich Vilà auf eine weitere vergleichbare Frage: Woher stammt der Mexikanische Nackthund, der auch den nahezu unaussprechlichen Namen Xoloitzcuintle trägt? Bei dieser Rasse, so lautete die Vermutung, könnte es sich um einen Sonderfall handeln: Eingeborene hatten diese Hunde in Bergdörfern versteckt, um sie vor Kreuzungen mit anderen Hunden zu bewahren – etwa mit jenen, welche die spanischen Konquistadoren mitgebracht hatten. Selbständig hatten sich die Tiere wohl auch nicht davongeschlichen, um sich auf amouröse Abenteuer mit fremden Artgenossen einzulassen: Aufgrund des mangelnden Haarkleids hätten ihnen die Temperaturen des mexikanischen Klimas schwer zu schaffen gemacht. So fügten sie sich wohl in die vom Menschen verordnete genetische Isolation.

Könnte es sich daher zumindest beim Xoloitzcuintle um die Einzigartigkeit einer separaten, vom Rest der Welt losgelösten Domestikation von rein amerikanischen Wölfen handeln? Die Analyse von 394 Basenpaaren der Mitochondrien-DNS von 19 Mexikanischen Nackthunden belegte jedoch auch in diesem Fall: Das genetische Erbe stammt von Hunden aus der Alten Welt, und trotz langjähriger geographischer Isolation ist es äußerst vielfältig. Vilà konnte keinen einzigen Haplotyp finden, der ausschließlich bei diesen Hunden vorgekommen wäre.

Letztlich ergibt sich daher folgendes Bild: Egal, welche Erscheinungsformen von Hunden man analysiert, und einerlei, welche Region dieser Erde man untersucht – stets gelangt man mit den zur Zeit verfügbaren genetischen Methoden zu dem Ergebnis, daß alle Hunde dieser Welt denselben Ursprung haben: Sie alle, wie exotisch sie auch immer aussehen und in welch entlegenen Winkeln sie leben mögen, entstammen offenbar jenen Populationen, die vor mindestens 15 000 Jahren in Ostasien begründet wurden.

Mittlerweile beschränken sich die Genetiker allerdings nicht mehr lediglich auf die Abstammungsgeschichte. Sie versuchen auch, Verhaltensunterschiede zwischen wildlebenden und domestizierten Tieren nachzuweisen – in jener Körperregion, die alle mentalen Prozesse steuert: im Gehirn.

Der Blick ins Gehirn

Elena Jazin ging erst mal fischen. So nennt die Expertin für Verhaltensgenetik am Institut für Evolutionsbiologie der Uppsala University ihre Vorgangsweise: Sie warf die Netze aus und wartete ab, was hängenblieb. »Es war ein Versuch«, sagt Jazin, »es war der erste Schritt.« Sie meint damit die Konzeption jener im Frühjahr 2004 erschienenen Studie, für welche sie Gehirnareale von Hunden, Wölfen und Kojoten verglich. Ein neunköpfiges Forscherteam machte sich derart auf wissenschaftlichen »Fischzug«: Die Experten beschafften Gehirnmasse von zehn Hunden, zehn Kojoten und fünf Wölfen. Alle Tiere waren eines natürlichen Todes gestorben, mußten also ihr Leben nicht für die Experimente lassen.

Die Methode war diesmal allerdings eine andere: Basierten die bisherigen Studien auf DNS-Untersuchungen, konzentrierte sich Jazin nun auf die Ribonukleinsäure (RNS), die zweite wichtige Substanz für die Umsetzung von Erbinformation, die eine zentrale Rolle bei der Herstellung von Proteinen spielt – jenen Eiweißmolekülen, die für die Regulierung vieler Körper- und Organfunktionen verantwortlich sind. Die Gene enthalten gewissermaßen Baupläne für die Proteine, und mit Hilfe von RNS wird Erbinformation von der DNS zu den Proteinen übertragen. Die DNS selbst ist zwar in jeder Körperzelle gleich, und in jeder Zelle sind auch Gene zur Konstruktion sämtlicher Proteine vorhanden, doch »exprimiert« keine Zelle jedes Gen – was, vereinfacht ausgedrückt, bedeutet, daß die Gene nicht überall im Körper gleich aktiv sind. Es gibt diesbezüglich Unterschiede zwischen einzelnen Körperregionen oder Organen, die sich in Form sogenannter »Expressionsmuster« beschreiben lassen – zum Beispiel in bezug auf das Gehirn. Die »Genexpression« bezeichnet dabei den Gesamtprozeß der Übersetzung genetischer Information aus DNS in RNS und Proteine.

Die Genetiker konzentrierten sich auf drei Gehirnareale, die bei Tieren im Prinzip dieselben Funktionen haben wie beim Menschen: erstens auf den Hypothalamus, eine Steuerzentrale, die an der Regelung und Überwachung von Körpertemperatur, Hormonhaushalt, Nahrungs- und Flüssigkeitsaufnahme beteiligt ist; auch die Entstehung von Wut und Aggression dürfte vom Hypothalamus beeinflußt sein. Die zweite untersuchte Hirnregion war die Amygdala, auch Mandelkern genannt. Dieser Teil des limbischen Systems spielt eine wichtige Rolle bei der emotionalen Zuordnung von Informationen und bei der Signalverarbeitung, weshalb auch von einem »Gefühlszentrum« gesprochen wird. Die Amygdala trägt zur Entwicklung von Angst, Wut und Fluchtverhalten bei. Das dritte analysierte Hirnareal war der Frontallappen, der unter anderem die Ausführung von Bewegungen steuert und kognitive Prozesse kontrolliert.

Ausgangspunkt der Studie war, daß genetischer Wandel auch Verhaltensänderungen bewirken kann. Kaum jemand würde behaupten, daß sich Menschen und Menschenaffen – trotz fast deckungsgleicher genetischer Baupläne – besonders ähnlich benehmen. Beim Menschen hat sich auf dem Weg zu einem seßhaften, der Sprache, Kunst und Technik kundigen Lebewesen das Gehirn rasant weiterentwickelt, wodurch er sich deutlich von seinen Vorfahren aus dem Primatenreich unterscheidet. Hat womöglich die Domestikation des Wolfs vergleichbare Effekte bewirkt? Könnten sich Zahmheit und die Akzeptanz humaner Hierarchien im Gehirn des Hundes widerspiegeln? Wenn dem so wäre, handelte es sich jedenfalls um eine flotte mentale Wandlung: Ob der Wolf nun vor 15 000 oder vor 40 000 Jahren zum Hund wurde – nach den Maßstäben der Evolution wäre beides bloß ein flüchtiger Moment.

Die Forscher untersuchten 7762 Gene in den Hirnarealen von Hunden, Wölfen und Kojoten. Zunächst ermittelten sie Unterschiede zwischen den drei Gehirnregionen, sogenannte »regionenspezifische Expressionsmuster«. Sie fanden heraus, daß im Hypothalamus Gene besonders stark ausgeprägt waren, die dem Übertragen von Nervenimpulsen dienen. Sie stellten fest, daß das »Expressionsprofil« des Hypothalamus eindeutig von jenem der Amygdala und des Frontallappens abweicht. Schritt zwei bestand darin, Unterschiede zwischen den drei Tierarten zu identifizieren, und die Forscher bestimmten 114 Gene, die verschieden ausgeprägt waren.

Schließlich wurden die Ergebnisse untereinander abgeglichen. Besonders fiel dabei auf, daß die genetischen Muster im Hypothalamus der Wölfe und Kojoten gleichsam starr und unveränderlich erschienen – ganz im Gegensatz zu jenen der Hunde. Dies würde auch Sinn ergeben, denn die beiden in freier Wildbahn lebenden Tiere existieren seit langem in ihrer heutigen Erscheinungsform und benötigen eine weitgehend gleichbleibend solide mentale Steuerzentrale, um den Bedingungen der Natur begegnen zu können. Auf den evolutionär jungen Hund, der in einer vom Menschen geschaffenen Umgebung lebt, treffen diese Anforderungen nicht in gleicher Weise zu. Die Forscher vermuteten: »Dies deutet darauf hin, daß die Domestikation des Hundes Abweichungen bei der Genexpression im Hypothalamus enorm beschleunigt hat.« Der Hypothalamus, eine Schlüsselregion für Emotionen und überlebenswichtige Reaktionen, ist beim Haushund demnach nicht mehr derselbe wie bei seinem wilden Vorfahren.

Des weiteren konzentrierten sich die Genetiker auf vier Gene mit den Bezeichnungen AQP4, CALCB, NYP und CRYM. Sie bemerkten, daß es bei dreien davon signfikante Unterschiede zwischen den Tierarten gab. Die Gene NPY und CALCB fielen durch besondere Ausprägung im Hypothalamus des Hundes auf, und von beiden wird vermutet, daß sie an der Steuerung von Abläufen wie Energiekontrolle und Nahrungsaufnahme mitwirken. Auch bei Angst und Streß sollen diese Gene eine Rolle spielen – Eigenschaften, in denen sich Wölfe und Hunde deutlich unterscheiden. Angenommen wird, daß sich ursprünglich jene Wölfe den Menschen näherten, die weder hohe Dominanz noch besondere Scheu zeigten und nicht beim geringsten Anzeichen einer vermeintlichen Gefahr flüchteten. Diese Charakteristika dürften eine Basis für das Zusammenleben von Mensch und Hund dargestellt und sich in der Folge immer stärker ausgeprägt haben.

Allerdings: Daß es tatsächlich die Domestikation war – der evolutionäre Wandel des Wolfs zum Hund –, die das Gehirn des zahmen Hausgenossen für immer verändert hat, darf aufgrund der Studie noch nicht behauptet werden. Denn Jazin und ihre Kollegen können daraus nicht ableiten, ob die Unterschiede zwischen den Hirnarealen auf genetisch dauerhaft in der Spezies Hund fixiertem Wandel beruhen – oder bloß auf Einflüssen jener speziellen Umwelt, in der die untersuchten Tiere lebten. Doch genau diese Differenzierung ist per definitionem nötig, um behaupten zu können, daß die Domestizierung Hirnzentren für Fühlen und Verhalten geprägt hat: daß also das Leben in der menschlichen Gesellschaft seine Spuren im Gehirn des Hundes hinterlassen hat.

Im Herbst 2005 veröffentlichte Jazin mit einem Team schwedischer Forscher deshalb einen weiteren Vergleich von Gehirnregionen. Diesmal konzentrierten sich die Wissenschaftler allerdings nicht auf Hunde, sondern auf Füchse –

und zwar auf ganz spezielle: In einer russischen Pelztierfarm war mit Silberfüchsen ein besonderes Zuchtexperiment durchgeführt worden. Über rund 40 Generationen durften sich stets nur jene Tiere fortpflanzen, die sich durch umgängliches Verhalten gegenüber den Menschen, durch geringe Scheu und wenig Aggressivität auszeichneten. Mit der Zeit stellte sich wie von selbst ein verblüffender Effekt ein: Die Füchse wurden über die Generationen immer zahmer und begannen sich wie Hunde zu benehmen – vor den Augen der Züchter spulte sich quasi ein Stück Domestikationsgeschichte im Zeitraffer ab.[2]

Mitte der neunziger Jahre waren einige Nachkommen dieser Tiere an eine norwegische Universität gebracht worden, wo sie fortan gemeinsam mit anderen Füchsen lebten, deren Vorfahren keiner Selektion auf zahmes Verhalten ausgesetzt gewesen waren. Jazin und ihren Kollegen bot sich dadurch eine einzigartige Chance: Sie konnten zwei Populationen von Tieren vergleichen, von denen eine unter domestikationsähnlichen Bedingungen entstanden war, während es sich bei der anderen um konventionelle Füchse handelte. Doch beide lebten nun in derselben Umgebung: in menschlicher Obhut an der Universität. Dadurch konnte das Problem der ersten Studie, nämlich der Faktor unbekannte Umwelteinflüsse, ausgeräumt werden. Somit sollte sich ermitteln lassen, ob es wirklich die Domestizierung ist, welche das Gehirn von Tieren entscheidend verändert.

Die Forscher lenkten ihren Blick auch diesmal auf die Hirnareale Hypothalamus, Amygdala und Frontallappen – und wurden neuerlich fündig. Wie zwischen den Hunden, Wölfen und Kojoten wichen auch die Genmuster der ge-

---

[2] Die Fuchsstudie ist für die Hundeforschung in mehrfacher Hinsicht von enormer Bedeutung und wird im nächsten Kapitel ausführlich dargestellt.

zähmten Füchse eindeutig von jenen der Vergleichsgruppe ab. Damit verfügen die Experten über einen Beleg dafür, daß die menschliche Gesellschaft nachweisbare genetische Spuren im Gehirn dieser Tiere hinterließ.

Allerdings: Die Genetiker stellten ihre Daten überdies den molekularbiologischen Gehirnprofilen von gänzlich in freier Wildbahn lebenden Füchsen gegenüber, betrachteten nun also drei Populationen: eine über Generationen auf Zahmheit gezüchtete, eine ohne solch menschliches Zutun entstandene, die ihr Dasein jetzt aber in steter Nähe des Menschen fristete, und drittens eine Gruppe wirklicher Wildtiere. Und deren genetische Muster unterschieden sich noch deutlicher von denen der an der Universität gehaltenen Tiergruppen als jene der beiden letzteren untereinander. Jazin führt dies darauf zurück, daß in diesem Fall Umwelteffekte wohl zusätzlich zum Tragen gekommen waren, welche vermutlich für die größere genetische Diskrepanz verantwortlich seien. Nun schienen die Forscher im Detail bestimmen zu können, was ihnen bei der ersten Studie verwehrt geblieben war: das Ausmaß von Umwelteinflüssen und jenes echten genetischen Wandels. Letzterer trage, sobald man ihn von anderen Faktoren bereinigt, offenbar eben nur begrenzt zu Veränderungen im Gehirn bei.

Jazin findet jedenfalls, daß die vorliegenden Ergebnisse »wirklich aufregend sind«. Zwar beziehen sich die jüngsten Daten auf Füchse und nicht auf Hunde. Doch auch wenn man bei letzteren noch nicht beweisen könne, warum zentrale Hirnbereiche anders aussehen als jene von Wölfen, so wisse man zumindest, daß auffällige Unterschiede bestünden – und immerhin handle es sich um Areale, die eine Schlüsselrolle im Zusammenhang mit dem Verhalten spielen. Jedenfalls meint Jazin: »Man geht sicher nicht zu weit, wenn man annimmt, daß die Unterschiede im Gehirn für Verhaltensänderungen verantwortlich sind.«

Und letztlich bestünden auch wenig Zweifel daran, wer wesentlichen Anteil daran hatte, daß diese Adaptionen in den Zentren des Denkens und Fühlens Platz griffen: der Mensch.

Die Gefährten

Wie Mensch und Wolf in der Steinzeit Kameraden wurden, warum sie ihre einzigartige Partnerschaft eingingen – und was der Mensch vom Hund gelernt haben könnte.

Ein gemütliches Leben hatten die beiden Tiere wohl nicht. Sie fristeten ihr Dasein im unwirtlichen Klima der ausgehenden Eiszeit.

Ihr Heimatort Eliseeviči [Jelissejewitschi] liegt im Bekken des Flusses Dnjepr am 53. nördlichen Breitengrad, etwa in der Mitte zwischen Moskau und Kiew. Die Tiere teilten sich die Tundra der zentralrussischen Ebene mit Mammuts, Rentieren und Polarfüchsen. Wie alt sie wurden, ist ungewiß, doch mit einiger Wahrscheinlichkeit starben sie eines gewaltsamen Todes. Ein Loch in der Schädeldecke eines der beiden deutet darauf hin, daß ihm das Gehirn entnommen wurde, vermutlich zu kulinarischen Zwecken.

Statt in einem Grab ruhen die Überreste in einer spartanischen Kiste. Nicht einmal die Namen, die man den Kreaturen für die Ewigkeit verpaßte, klingen sonderlich liebevoll: Die beiden Schädel sind heute unter den Bezeichnungen »MAE 447/5298« und »ZIN 23781/24« abgelegt. Dies ändert allerdings nichts an der Bedeutung der Objekte: Für Archäologen stellen sie eine kleine Sensation dar.

Denn die beiden Artefakte sind rund 14 000 Jahre alt, und sie stammen eindeutig von Hunden. Damit handelt es sich um die ältesten jemals entdeckten Hundeschädel, die vollständig erhalten sind.

Michail Sablin fand sie um das Jahr 2000. Der Wissenschaftler am Zoologischen Institut der Russischen Akademie der Wissenschaften in Sankt Petersburg arbeitete damals an seiner Dissertation, durchstöberte dafür die archäologische Sammlung in einem Museum der Stadt und sichtete Gebeine von verschiedensten Geschöpfen des Eiszeitalters. Die Skeleletteile waren in Schachteln verstaut, und Sablin öffnete eine Box nach der anderen. Beim Blick in eine der Kisten bemerkte er »einen sehr, sehr seltsamen Schädel«, wie er sagt. Über Jahrzehnte war das Stück inmitten all der anderen Knochen gelegen, doch niemand hatte ihm Beachtung geschenkt.

Bereits in den dreißiger Jahren des vorigen Jahrhunderts hatten Archäologen begonnen, das Areal um Eliseeviči freizulegen. Bei mehreren Grabungen wurden 694 Quadratmeter an Fundschichten untersucht. Die Forscher entdeckten Behausungen aus Mammutknochen, kleine Tierskulpturen aus Kalkstein und verziertes Elfenbein. Der erste Hundeschädel kam 1935 zum Vorschein. Er war 1,48 Meter tief in Feuerstellenmaterial vergraben und befand sich in der Nähe einer Ansammlung von Mammutschädeln. Die Nase wies nach Südosten. Ein Jahr später entdeckten die Ausgräber den zweiten Schädel, sieben Meter in südwestlicher Richtung von der Feuerstelle entfernt. Sie verfrachteten die Fundstücke in die archäologische Sammlung nach Sankt Petersburg – wo sie in Vergessenheit gerieten. »Seit mehr als sechzig Jahren hat sich die Objekte niemand näher angesehen«, sagt Sablin.

Er und sein Kollege Gennadi Khlopačev (Chlopatschew) veranlaßten Analysen der Schädel. Mittels Radiokarbondatierung konnte deren Alter auf 13 905 Jahre bestimmt werden, plus/minus 55 Jahre. Ein Schädel war 24 Zentimeter lang, der andere 25,6 Zentimeter. Beide stammten von ausgewachsenen Hunden. Der Widerrist der Tiere maß rund 70 Zentimeter. Sie könnten Sibirischen Huskys geähnelt haben, müssen jedoch ein gutes Stück größer gewesen sein.

Im Gegensatz zu vielen anderen Funden besteht bei den Schädeln von Eliseeviči kein Zweifel, daß es sich tatsächlich um Hunde handelte und nicht um Wölfe. Zwischen dem Eckzahn und dem ersten Prämolar, dem ersten Bakkenzahn, fehlt die bei Wölfen übliche Zahnlücke. Zudem ist die Schnauze kürzer und der Gaumen breiter als bei Wölfen. Dieses Faktum, hielten die russischen Forscher in ihrer im Jahr 2003 publizierten Studie über die Schädelanalysen fest, würde »als überzeugendes Merkmal für ein domestiziertes Tier gewertet. Die kurze Schnauze ist das derzeit nachhaltigste Einzelkriterium für eine Unterscheidung von Wolf und Hund.« Die Ergebnisse seien »hochsignifikant«.

Doch was fing man im Jungpaläolithikum, in der ausgehenden Altsteinzeit, mit Hunden an? Hatten in Felle gehüllte Menschen, die mit groben Waffen Mammuts nachstellten und aus deren Knochen Hütten bauten, ein paar Wölfe gezähmt und deren Nachkommen als Haustiere gehalten? Immerhin waren die als hocheffiziente Jagdgemeinschaften organisierten Wölfe damals ernsthafte Nahrungskonkurrenten des Menschen. Hatten die Menschen dies möglicherweise erkannt? Nutzten sie die besonderen Fähigkeiten der Wölfe, um Beutetiere effizienter zu erlegen?

Sablin hält zumindest eine vergleichsweise profane Nutzung des Hundes für naheliegend: als Nahrungsquelle, jedenfalls in Mangelzeiten. Er ist überzeugt, daß durch das Loch in der Schädeldecke das Gehirn eines der Hunde von Eliseeviči extrahiert und anschließend an einer Feuerstelle für den Verzehr zubereitet wurde. Doch Sablin hat noch eine weitere Vermutung: Sowohl der Eingriff ins Gehirn als auch Schnittspuren am Schädel könnten auf rituelle Handlungen hindeuten. Hunde könnten deshalb schon damals im

Zusammenhang mit religiösen Praktiken eine Rolle gespielt haben.

Wenn es schon vor 14 000 Jahren Hunde gab und diesen womöglich gar spirituelle Bedeutung zukam – konnte dann die Domestizierung des Wolfs gerade erst begonnen haben? Oder mußte bereits einige Zeit verflossen sein, um ein Stadium zu erreichen, in dem die Tiere eindeutige körperliche Merkmale von Hunden aufwiesen und die Menschen eine besondere Beziehung zu ihnen entwickelt hatten? Tendenziell würde dies zur Ansicht des Genetikers Carles Vilà passen, wonach der genetische Ursprung einer Spezies – im Fall des Hundes der Beginn der Domestikation – deutlich vor jenem Zeitpunkt liegen muß, zu dem sich eine äußerliche Veränderung einstellt.

Die bisherigen archäologischen Befunde stützen eine solche Vermutung nicht: Diese Belege für die Existenz von Hunden reichen exakt jene 14 000 Jahre zurück, nicht weiter (siehe Tabelle Seite 61). Und die Schädel von Eliseeviči sind hinsichtlich der Aussagekraft bereits die große Ausnahme: Kaum ein anderer Fund läßt sich so eindeutig dem Hund zuordnen und ist derart gut erhalten. Bei vielen anderen Fossilien handelt es sich indes entweder bloß um Knochenfragmente oder um Artefakte, deren Alters- oder Speziesbestimmung strittig ist.

Ein ähnliches Alter wie die Schädel von Eliseeviči dürfte ein Fund aus Oberkassel bei Bonn haben. Neben anderen Gebeinen wurde ein Unterkiefer geborgen, der nach heutiger Sicht einem Hund gehörte. Das Alter wird ebenfalls auf rund 14 000 Jahre taxiert, und die Entdeckung des Objekts ähnelte jener in Rußland.

Hundefunde
Die ältesten bisher entdeckten Überreste von Hunden weltweit

Fundstelle	Körperteile	Alter (in Jahren vor heute)
Bonn-Oberkassel, Deutschland	Skeletteile	~ 14 000
Eliseeviči I, Rußland	Schädel zweier Hunde	13 905 ± 55
Hayonim, Israel	komplette Skelette	~ 12 500
Kniegrotte, Deutschland	Schädelfragment	12 280 ± 90
Ein Mahalla, Israel	Welpenskelett	~ 12 000
Uschki-I, Rußland	komplette Skelette	10 860 ± 40 10 360 ± 45
Saint-Thibaud, Frankreich	Schädel und Oberschenkel	10 050 ± 100
Bedburg-Königshoven, Deutschland	Schädel	~ 10 000
Nanzhunangtou, China	Unterkiefer	~ 10 000
Danger Cave, Utah, USA	Unterkiefer und Schädelfragmente	~ 9000–10 000
Starr Carr, England	Schädelfragmente	9559 ± 210 9490 ± 350
Natsushima Shell, Japan	nicht eindeutig bestimmt	~ 9300
Jiahu, Nordchina	komplettes Skelett	~ 9000–7000
Kamikuroiwa, Japan	komplettes Skelett	~ 8500–8000
Koster, Illinois, USA	komplette Skelette	8480 ± 110 8130 ± 90

± = mögliche Abweichung der Altersbestimmung; ~ = ungefähre Datierung
Quelle: Susan Janet Crockford, Mai 2005

Am 18. Februar 1914 stießen Arbeiter in einem Basaltsteinbruch bei Oberkassel auf menschliche Skelette. Archäologen untersuchten den Fund. Es handelte sich um ein Doppelgrab. Darin waren ein Mann, etwa 50 Jahre alt, und eine Frau, 21 bis 30 Jahre alt, bestattet worden. Die Ausgräber legten weitere Tierknochen und Feuersteinartefakte frei. Sie entdeckten den Unterkiefer eines Raubtiers, ordneten ihn einem Wolf zu und vergaßen ihn wieder.

Mehr als 60 Jahre später besah sich der Bonner Zoologe Günter Nobis das Knochenstück. Er wunderte sich über die geringe Größe der Zähne. Späteiszeitliche Wölfe in der Gegend hatten Zähne, die bis zu 33 Millimeter lang waren. In dem Unterkiefer steckte jedoch ein Reißzahn mit bloß 25,8 Millimeter Länge. Nobis glaubte, daß er die Überreste eines Hundes vor sich hatte – und stieß auf teils heftige Kritik der Kollegenschaft, weil damals noch niemand an ein derart hohes Alter des Hundes glauben mochte.

Ebenfalls in einem Grab wurden Hinweise auf frühe Beziehungen zwischen Menschen und Caniden im heutigen Israel gefunden: in Ein Mahalla, einem kleinen Dorf nahe der Mittelmeerküste, das aus einer Ansammlung runder Hütten bestand. In dieser Siedlung entdeckte der Archäologe Simon Davis 1979 eine Grabstätte, in welcher das Skelett einer Frau lag. Die Hand der Toten ruhte auf dem Brustkorb eines vier bis fünf Monate alten Welpen. Das Alter der Knochen wurde auf 12 000 Jahre geschätzt.

Ob die Tiergebeine zu einem Hund oder einem Wolf gehören, ist ungewiß, doch jedenfalls scheint der Fund nahezulegen, daß die Menschen in dieser Region schon damals eine gewisse Bindung zu ihren Tieren hatten: Möglicherweise war der Welpe nach dem Tod seiner Besitzerin geopfert und mitbestattet worden. Man verfüge damit zumindest über Indizien für »eine enge emotionale Beziehung«, meint der Berliner Archäozoologe Norbert Benecke. Vermutlich sei es

»kein Zufall, daß viele der ältesten Hunde aus Gräbern beziehungsweise grabähnlichen Fundzusammenhängen stammen«, argumentiert Benecke in seinem Buch *Der Mensch und seine Haustiere*. Dies treffe nicht nur auf das Welpenskelett von Ein Mahalla und den Unterkiefer in Oberkassel zu, sondern auch auf Funde von Hunden in Schweden und Sibirien.

Sonst gibt es gerade noch ein paar weitere fossile Belege mit derart hohem Alter – zum Beispiel in anderen Gebieten des Nahen Ostens, in der Kniegrotte in der ehemaligen DDR und im schweizerischen Hauterive-Champréveyres am Neuenburger See, wo Hundeknochen aus dem Magdalénien entdeckt wurden, einer Kulturepoche, die vor etwa 11000 Jahren endete.

Doch auch für die folgenden Jahrtausende, die Zeit bis vor etwa 8000 Jahren, ist die archäologische Ausbeute in bezug auf Hunde spärlich. Gefunden wurden unter anderem Fragmente von Hundeschädeln in Starr Carr, Großbritannien; Unterkiefer und Schädelfragmente in der Danger Cave, US-Bundesstaat Utah; Hundeskelette in Koster, Illinois, in Nordchina und im japanischen Kamikuroiwa.

Ein ähnliches Alter haben auch die frühesten Bildnisse von Hunden – zugleich die ersten Zeugnisse für deren damaliges Aussehen. Eine vor 8000 bis 9000 Jahren entstandene Wandmalerei im türkischen Catal Hüyük zeigt eine Jagdszene, die einen Menschen mit Pfeil und Bogen, zwei verfolgte Wildtiere und einen dackelbeinigen kleinen Hund darstellt. Kaum jünger sind Felsmalereien aus Jordanien, die Jäger mit Hunden porträtieren, welche Steinböcken nachstellen.

Aus späteren Zeichnungen lassen sich bereits Hinweise auf Beeinflussung von Form und Farbe durch den Menschen und damit auf frühe Züchtungen ableiten. Auf einem ägyptischen Krug, der aus dem 4. Jahrtausend v. Chr. stammt, wurden vier große, schlanke Hunde mit Stehohren und Ringelschwänzen abgebildet, die an der Leine geführt werden. Diese »Tesems« ähneln heutigen Windhunden, und sie waren in Ägypten und Mesopotamien weit verbreitet. Nicht minder beliebt dürfte eine nur wenig später herausgebildete Hunderasse gewesen sein. Dabei handelte es sich um deutlich massigere Tiere mit hängenden Ohren – um die Mastiffs, die unter anderem von den Babyloniern als Wach- und Kriegshunde eingesetzt wurden.

Wirklich reichhaltiges Material stammt erst aus späteren Kulturepochen. Sowohl Knochenfunde als auch Abbildungen und Schriftquellen verraten einiges über Körperbau, Verwendungszweck und die Bedeutung, welche den Hunden beigemessen wurde. So hieß es von einem Assyrerkönig, er sei »sorgfältig wie ein junger Hund« erzogen worden. In eine rund 4000 Jahre alte ägyptische Stele sind drei Hunde eingemeißelt, von denen zwei Greyhounds ähnlich sehen und einer an einen Terrier erinnert. Sie sind mit Namen bedacht und tragen Halsbänder. Für das Mittlere Reich Ägyptens im 2. Jahrtausend v. Chr. läßt sich bereits eine recht beachtliche Formenvielfalt belegen. Es gab Jagdhunde mit Steh-, Kipp- und Hängeohren, es gab mittelgroße Tiere und auch Winzlinge, die als Palast- oder Schoßhunde gehalten wurden. Pharao Tutanchamun ließ sich darstellen, wie er mit großen und kräftigen Tieren ins Feld zog. Funde mumifizierter Hunde deuten darauf hin, daß diese zu Lebzeiten hohen Stellenwert genossen haben müssen.

Rund 300 bis 500 Jahre nach Tutanchamuns Tod befaßten sich die Menschen in einem ganz anderen Winkel der Welt ebenfalls intensiv mit ihren Hunden. Bis zu 3000 Jahre alt sind jene Knochen und Keramikfiguren, die am bolivianischen Hochplateau im Umfeld des Titicacasees gefunden wurden. Archäologen glauben, daß die Tiere geopfert wurden, sonstige Bedeutung im Zusammenhang mit rituellen Handlungen hatten oder schlicht verspeist wurden. Auch in China muß es schon vor langer Zeit enge Beziehungen zwischen Mensch und Hund gegeben haben: In der Provinz Henan wurden in 339 Gräbern 439 mitbestattete Hunde entdeckt, die aus der Ära der Shang-Dynastie im 2. Jahrtausend v. Chr. stammen. Vielen dieser Tiere hatte man Bronzeglöckchen um den Hals gelegt.

Während sich die Gelehrten im antiken Griechenland für die Anatomie und Fortpflanzung ihrer Hunde interessierten und Schriften wie den *Kynegetikos* anfertigten, den etwa 400 v. Chr. von dem Sokrates-Schüler Xenophon verfaßten ersten »Hundeführer«, konzentrierten sich die Römer auf die gezielte Zucht von Rassen. Sie schufen Wach- und Hirtenhunde, Wind- und Stöberhunde, massige Kampfhunde für Gladiatorengemetzel und Schoßhündchen für die bessere Gesellschaft, welche Bildchen ihrer Kuscheltiere anfertigen ließ. Die Erscheinungsformen der römischen Hunde müssen extrem vielfältig gewesen sein – die Körperhöhe variierte je nach Rasse von 18 bis 72 Zentimeter.

Besondere Bedeutung hatten die Hausgenossen offenbar als Wachhunde, wie Mosaike, etwa aus Pompeji, belegen. Vielfach fand sich an den Häusern der bekannte Schriftzug »cave canem«. In späteren germanischen Siedlungen wurden bei Ausgrabungen Hundeskelette nahe oder unter Türschwellen freigelegt. Die Tiere waren sorgfältig bestattet worden, was darauf schließen läßt, daß es sich um kultische Beisetzungen handelte und die Hunde symbolisch das Heim beschützen sollten. Von Schoßhunden hielten die Germanen wenig: Sie züchteten große, wuchtige Tiere, die sich dafür eigneten, die Krieger zu begleiten.

Beim verbreiteten Versuch, heutige Hunderassen auf Züchtungen der Römer oder Ägypter zurückzuführen und derart traditionsreiche Stammbäume zu konstruieren, handelt es sich freilich um bloßes Wunschdenken: Im Mittelalter zerfielen in Europa viele kulturelle Errungenschaften vergangener Epochen, und auch die systematische Hundezucht kam weitgehend zum Erliegen. Statt dessen liefen Streuner durch Städte und Dörfer. Zu gezielten Züchtungen kam es gerade dann, wenn regionale Herrscher willkürlich einzelne Tiere auswählten, die ihnen gefielen, und dafür sorgten, daß sich diese fortpflanzten. Eine Kontinuität der Rassen seit der Römerzeit gibt es jedenfalls nicht.

Die Vielfalt der modernen Züchtungen ist vielmehr ein äußerst junges Phänomen: Die meisten der heute gut 400 Hunderassen enstanden erst in den vergangenen 150 Jahren – samt all den bizarren Erscheinungsformen, welche die Tiere beim Atmen behindern oder anfällig für bestimmte Krankheiten machen. Rund 350 erbliche Leiden konnten Genetiker bei Rassehunden inzwischen nachweisen.

Im Prinzip soll dies die ganze Geschichte sein, und so wird sie in fast allen Hundebüchern erzählt: Beginn des Zusammenlebens von Mensch und Hund vor 12 000 bis maximal 14 000 Jahren, erste Hochblüten der Hundezucht bei Ägyptern und Römern, Entwicklung der modernen Rassenzucht im 19. Jahrhundert. Und bis auf einige für die bisherige Literatur zum Zeitpunkt ihres Erscheinens noch nicht verfügbare Fossilien wie die Schädel in Eliseeviči sind es stets dieselben Fundstücke, die als älteste Belege für die Domestikation des Wolfs herangezogen werden: der Unterkiefer aus Oberkassel sowie das Welpenskelett im israelischen Ein Mahalla.

Hundeforscher wie der amerikanische Biologe Raymond Coppinger lehnen deshalb alle Versuche, die mögliche Existenz des Hundes über maximal 14 000 Jahre hinaus zu verlängern, als unzulässige Spekulation kategorisch ab – dafür fehlten schlicht die Beweise. Coppinger glaubt, daß die Haustierwerdung des Wolfs ein Phänomen sei, das ungefähr zeitgleich mit einer neuen Epoche auftrat: mit dem Mesolithikum, jener Übergangsphase zwischen Alt- und Jungsteinzeit, in der die Eismassen zurückwichen und das Klima wärmer wurde.

Dieser Mittelsteinzeit folgte das Neolithikum, die Jungsteinzeit, verbunden mit der »neolithischen Revolution«: mit der Seßhaftigkeit des Menschen und einem Schwenk zur produzierenden Lebensweise. Aus Jäger- und Sammlergesellschaften wurden Verbände in losen Siedlungen niedergelassener Menschen. Sie erfanden Wirtschaftsformen wie Ackerbau und Viehzucht und änderten ihr Leben radikal. Nun erst, meint Coppinger, hätte der Mensch die Mittel und den Willen zur Haustierhaltung in größerem Umfang entwickelt, und sein erstes Haustier sei der Hund gewesen.

Doch das ist noch nicht die ganze Wahrheit.

Auf dem Weg zum Hund

Im Sommer des Jahres 1930 führten Archäologen am Wachtberg bei Krems in Niederösterreich Grabungen durch. Eine Woche lang legten sie in der hügeligen Region an der Donau ein kleines Areal von 15 Quadratmetern frei. Sie fanden die bis dahin ältesten Tierfiguren aus gebranntem Ton. Sie entdeckten 219 Tierknochen und Knochenfragmente. Sie untersuchten die Gebeine und bestimmten, zu welchen Tieren sie gehörten: zu vier Rotfüchsen, einem Eisfuchs, zwei Rentieren, einem Rothirsch, zwei Steinböcken, acht Mammuts, einem Moschusochsen, drei Exemplaren vom Vielfraß und sechs Wölfen.

Die Forscher begutachteten die Überreste der Wölfe näher und stellten einige Besonderheiten fest. Sie bemerkten die »hohe Häufigkeit von Zahnanomalien und die geringe Schnauzenverkürzung«. Beide Merkmale – die Fehlstellungen der Zähne und die kürzere Schnauze – könnten »mit einer hypothetischen Zähmung von Wölfen in einem frühen

Domestikationsstadium« erklärt werden. Vermutlich hatten die Wölfe unter für sie »unnatürlichen Umweltbedingungen« gelebt: in einer vom Menschen geschaffenen Umgebung. Weil die Wölfe vom Menschen versorgt wurden, mußten sie ihre Beute nicht mehr selbst erlegen, und allmählich fixierte sich dieser Wandel der Lebensweise auch im Knochenbau.

Dies wäre im Grunde noch nichts Besonderes, sondern ein Prozeß, wie er unter Bedingungen der Domestikation üblicherweise auftritt – wäre da nicht das Alter der gefundenen Knochen: Sie ruhten seit mehr als 27 000 Jahren in der Erde des Kremser Wachtbergs.

Aus dem Gebiet der Tschechischen Republik liegen ähnliche Befunde vor. An den aus dem Jungpaläolithikum – der späten Altsteinzeit – stammenden Fundorten Dolní Věstonice und Předmostí wurden 20 000 bis 25 000 Jahre alte Wolfsunterkiefer entdeckt, welche ebenfalls jene Zahnanomalien aufweisen, die als typische Domestikationsmerkmale gelten. Zwar gehören die Unterkiefer, wie der Berliner Archäozoologe Norbert Benecke erläutert, »morphologisch alle eindeutig zum Wolf. Es ließ sich aber zeigen, daß Zahnstellungsanomalien auch sehr häufig bei Wölfen auftreten, die unter Gefangenschaftsbedingungen aufwachsen und leben«. Bei Zoowölfen könne man diese Veränderungen des Gebisses, die aus dem Leben in unnatürlichem Umfeld resultieren, bei mehr als 45 Prozent der Tiere nachweisen. Bei den archäologischen Funden in Tschechien betrug die Rate dieser Anomalien immerhin zwischen 18 und knapp 30 Prozent.

Benecke folgert aus den Daten: »Dieser Befund spricht wohl dafür, daß zumindest ein Teil der auf den genannten Wohnplätzen nachgewiesenen Wölfe unter künstlichen, das heißt vom Menschen geschaffenen Bedingungen gelebt haben muß. Das kann bei Berücksichtigung der Wohn- und Lebensverhältnisse der Menschen jener Zeit nur heißen, daß diese Tiere offenbar gezähmt waren.«

Im Gebiß der Wölfe wurde noch eine weitere Besonderheit entdeckt: Sogenannte Oligo- und Polydontien – das Fehlen oder Doppelausbildungen einzelner Zähne – traten zwei- bis dreimal häufiger auf als bei in freier Wildbahn lebenden Wölfen. Und dies, so Benecke, sei mehr als bloß eine körperliche Anpassung an neue Lebensbedingungen: Es handle sich um eine klare genetische Veränderung. Benecke hält diese Beobachtung für einen Hinweis darauf, »daß sich die gezähmten Wölfe bereits in einem gewissen Grad isoliert von der Wildpopulation fortpflanzten. Möglicherweise sind hierin bereits erste Ansätze in Richtung Wolfsdomestikation zu erkennen.«

Muß man die Uhr doch weiter zurückdrehen? Begann die Geschichte der Beziehung zwischen Mensch und Hund in der Tat deutlich früher, als die sonstigen Fossilien glauben machen? Nähert man sich derart gar den jüngsten Daten der Genetiker, die den Ursprung des Hundes vor 26 000 oder sogar vor bis zu 40 000 Jahren ansetzen? Sind all die widersprüchlichen Ergebnisse der verschiedenen Forschungsdisziplinen letztlich doch in Einklang zu bringen?

Allerdings proklamieren die Molekularbiologen Ostasien als einzige Wiege aller Hunde, während die ältesten Fossilien von Hunden aus dem Nahen Osten und Europa stammen und die Überreste von vermutlich zahmen Wölfen vor allem aus Mitteleuropa. Und die passen stets ziemlich gut zu den heute noch in diesen Regionen lebenden Wölfen. Ein Widerspruch? Nicht unbedingt: Im ostasiatischen Raum wurden bislang schlicht weniger Grabungen durchgeführt als in Europa, künftige Funde in Asien wären alles andere als eine Überraschung.

Und außerdem: Nicht zum erstenmal würde man den bisherigen Wissensstand korrigieren müssen. Noch vor drei Jahrzehnten hatte sich Günter Nobis dem Gespött der Kollegenschaft ausgesetzt, als er den 14 000 Jahre alten Unterkiefer aus Oberkassel einem Hund zuordnete. Überdies gibt es auch in Europa weiße Flecken in der Archäologie: Aus einer klimatisch äußerst unwirtlichen Phase der Eiszeit im Zeitraum von vor 22 000 bis etwa 15 000 Jahren liegen kaum Funde vor. »Hier bestehen für weite Teile Europas Überlieferungslücken«, sagt Benecke. »In der Zeit kann aber viel passiert sein.«

Zur Zeit wird die Forschung in allen beteiligten Disziplinen vorangetrieben: Die schwedischen Molekularbiologen arbeiten permanent an der Fertigstellung mehrerer Studien zugleich, und in Gebieten Asiens, wie etwa in China, blüht nicht nur die Ökonomie auf, sondern auch die Wissenschaft, archäologische Aktivitäten eingeschlossen.

Vorerst darf immerhin festgehalten werden, daß das Zusammenleben von Mensch und Wolf nicht erst vor 14 000 Jahren seinen Anfang genommen haben kann. Tatsächlich beweist diese Altersangabe nur eines: Seit einer derart langen Zeit gibt es definitiv Hunde. Doch damals kann der Prozeß der Domestikation nicht erst begonnen haben, sondern muß bereits ein gewisses Stadium erreicht haben – wenigstens so weit, daß aus Wölfen eindeutig erkennbare Hunde geworden waren. Das ist spätestens seit Michail Sablins Wiederentdeckung der beiden Schädel von Eliseeviči bewiesen. Versuche, den Wolf zum Haustier zu nehmen, gab es dagegen offensichtlich bereits viel früher: vor annähernd doppelt so langer Zeit. Auf diesen Umstand deuten unter anderem die mehr als 27 000 Jahre alten Funde vom niederösterreichischen Wachtberg hin.

Sehr viele Spuren einer derart frühen Annäherung von Mensch und Wolf gibt es aber andererseits auch nicht. Eine mögliche Erklärung könnte sein, daß die Menschen damals einfach mal ein wenig herumprobierten: Sie könnten versucht haben, Wölfe in ihre Gemeinschaft zu integrieren, verfolgten dieses Ziel eine Zeitlang, gaben es dann aber wieder auf – weil sich die undankbaren Tiere irgendwann einfach aus dem Staub machten, weil es an Nahrung mangelte, weil die menschliche Gemeinde an jenem Ort zerfiel. Andere Menschen könnten das Experiment der Wolfszähmung anderswo ihrerseits betrieben haben. »Es hat wohl immer wieder Versuche gegeben, eine Beziehung aufzubauen«, sagt Benecke. »Der eigentliche Umschlag ist aber offenbar lange nicht erfolgt.«

Irgendwann, vielleicht erst nach Tausenden Jahren, muß die Kontaktanbahnung doch geglückt sein. Nach und nach mag sich diese Innovation durchgesetzt und gleichsam Kreise gezogen haben. Möglicherweise begann die »Hundwerdung« zunächst in Asien – wofür die genetischen Daten sprechen, jedoch vorerst archäologische Befunde fehlen –, nahm dann ein wenig zeitversetzt andernorts ebenfalls ihren Anfang, im Nahen Osten, in den Weiten Rußlands, in Mitteleuropa – worauf vereinzelte Fossilienfunde hindeuten, jedoch nicht jene evolutorischen Informationen, welche die Mitochondrien archivieren. Zwar begibt man sich mit derartigen Mutmaßungen zwangsläufig aufs Feld der Spekulation. Die aktuellsten Befunde lassen ein solches oder ähnliches Szenario jedoch zumindest nicht gänzlich abwegig erscheinen.

Die Frage, wie lange es den Hund tatsächlich gibt und seit wann er mit dem Menschen zusammenlebt, hat auch für das vielleicht spannendste Thema im historischen Kontext Bedeutung: Wie fanden die beiden eigentlich zueinander, und warum gingen sie ihre nunmehr seit Jahrtausenden erfolgreiche Partnerschaft ein? Kam der Mensch buchstäblich auf den Hund? Oder wählte der Wolf den Klügsten unter den Primaten zum ewigen Kumpanen?

Als sie Kontakt aufnahmen

»Wie es gewesen sein könnte«, lautet der Titel des ersten Kapitels in Konrad Lorenz' Buch *So kam der Mensch auf den Hund*. Der 1989 verstorbene Verhaltensforscher entwickelte darin ein Szenario, wie seiner Ansicht nach die Kontaktaufnahme zwischen Hominiden und Caniden verlaufen sein könnte. Er tat dies am Beispiel der Goldschakale, die er damals für die Vorfahren des Hundes hielt. Lorenz stellte sich vor, wie Steinzeitmenschen – »wilde Gestalten«, deren Benehmen noch »tierhaft anmutet« – auf der Suche nach Beute und einem nächtlichen Lager durchs hohe Gras der Steppe pirschten. Plötzlich habe einer der Menschen, vermutlich der Anführer, etwas Unerhörtes getan: Er habe ein Stück Fleisch auf den Pfad geworfen, damit es einer jener Schakale fände, welche den Jägertrupp in angemessener Distanz umschlichen. Der Mann streute noch weitere Häppchen aus – vermutlich mehr aus einer spontanen Laune heraus als aufgrund einer konkreten Absicht. Dies sei ein »bedeutendes Ereignis« gewesen, glaubte Lorenz: »Die erste Fütterung eines nützlichen Tieres durch den Menschen.«

Denn in weiterer Folge hätten die Schakale vermutlich die Schlafstatt der Menschen umlagert – und den Jägern derart eine von potentiellen Angreifern ungestörte Ruhe garantiert. Viel später, nach mehreren Generationen, könnten die inzwischen zu halbzahmen Begleitern gewordenen Schakale die Menschen auf ihren Jagdzügen begleitet und ihnen aufgrund ihrer ausgeprägten Sinnesorgane beim Aufstöbern mancher Beute geholfen haben.

Schließlich könnte sich Lorenz zufolge jener historische Moment ereignet haben, in welchem die vierbeinigen Jagdhelfer endgültig zum Haustier wurden: Ein Kind, wohl eine »puppenspielende« Steinzeittochter, könnte einen verwaisten Welpen gefunden und in die Behausung ihrer Familie mitgenommen haben. Dieses Tier sei weitergezüchtet worden, was den Beginn einer isolierten Population von Haushunden markiert habe.

Diese Darstellung entspricht in groben Zügen einer von zwei Thesen über die Domestizierung des Wolfs, die heute noch in Konkurrenz zueinander stehen. Die Kernfrage lautet: Basiert die Domestikation auf »künstlicher« Selektion, also auf vorsätzlichen und zielgerichteten Handlungen des Menschen? Oder, weniger schmeichelhaft für das Selbstbild des Menschen als zentraler Akteur in richtungsweisenden Prozessen: Hat sich der Wolf quasi selbst domestiziert? Verbunden damit ist die Überlegung, welche Form von sozialer Beziehung die Partnerschaft mit dem Hund eigentlich darstellt – ein Bündnis zum Vorteil beider Spezies, von Fachleuten »Mutualismus« genannt, oder ein recht einseitiges »kommensalistisches« Verhältnis, bei dem lediglich der Wolf im übertragenen Sinn beschlossen hat, sich in die Obhut des Menschen zu begeben und es sich gutgehen zu lassen. Demnach wäre der Hund nichts als ein schlauer Profiteur, der es seit Tausenden Jahren versteht, seine menschlichen Pflegeeltern schamlos auszunutzen.

Zur ersten Sichtweise, wonach die Initiative zur Domestikation vom Menschen ausging, tendiert Archäozoologe Benecke. Er vertritt die Auffassung, daß sich »eine Zähmung von Wölfen über die Aufzucht von Jungtieren vollzog, die man von Jagdzügen mitgebracht hatte«. Beneckes Argument: Niemals hätte es gelingen können, erwachsene Wölfe in die menschliche Gemeinschaft zu integrieren, ergo habe das Experiment bei Welpen seinen Ausgang genommen. Nicht anders als heute hätte der Anblick knuddeliger Jungtiere wohl den Pflege- und Fürsorgetrieb des Menschen geweckt.

Ähnlich sieht dies Dorit Urd Feddersen-Petersen, eine renommierte Hunde- und Wolfsforscherin am Institut für

Haustierkunde der Universität Kiel. »Gut vorstellbar wäre der hypothetische Fall«, argumentiert sie, »daß mutterlose Wolfswelpen vom Menschen aufgezogen wurden und sich dann der menschlichen Gemeinschaft anschlossen.« Sie meint, man könne durchaus sagen, »daß der Mensch die Haushunde formte und sogar schuf – für ein Zusammenleben mit ihm in seiner Umwelt«. Schon Charles Darwin hatte sich vorgestellt, die Menschen hätten ein Wolfsjunges aus einer Höhle geholt, es gezähmt und für allerlei praktische Verrichtungen eingesetzt.

Andere Experten halten diese Variante für schlichtweg zu romantisch – und wenden sich vor allem gegen mitunter kursierende Vorstellungen, wonach Steinzeitfrauen Wolfswelpen gar an ihrer Brust genährt haben könnten. Die Protagonisten dieser anderen Sichtweise glauben nicht, daß der Mensch die Schalthebel der Evolution betätigte. Ihr Argument: Egal, wann der Prozeß der Domestizierung wirklich begann – niemals hätten die Menschen damals gezielte Züchtungen über Generationen fertiggebracht. Vermutlich hätten sie es nicht einmal geschafft, einen einzigen Wolf auf Dauer an sich zu binden. Ein einzelnes Tier, einen Welpen, gezähmt, eine Zeitlang bei sich behalten und eine gewisse Verhaltensänderung bewirkt – durchaus denkbar. Doch das Fundament für eine genetische Abspaltung von der Wildpopulation begründet – niemals.

Um diesen Unterschied zu verstehen, muß berücksichtigt werden, daß Zahmheit nur wenig mit Domestizierung zu tun hat: Ein Wolf wird sich nie wie ein Hund verhalten, wie all jene Experten wissen, die mit Wölfen arbeiten. So berichtet Biologe Coppinger, wie er einst ein Gehege mit als »zahm« bezeichneten Wölfen betrat. Er solle die Tiere einfach wie Hunde behandeln, war ihm zuvor von einem Freund geraten worden. Coppinger tat, wie ihm geheißen, und klopfte einem der Wölfe kräftig auf die Flanke – eben genauso, wie er seine Hunde streichelte. Dann rannte er um sein Leben. »Raus hier, sie werden dich töten«, brüllte sein Freund, der wohl nicht geahnt hatte, daß Coppinger seine Empfehlung so wörtlich nehmen würde. Kein Wolfsforscher, weiß Coppinger heute, »käme je auf die Idee, erwachsene Wölfe als Haustiere zu betrachten.«

Anderen Berichten zufolge warten Wölfe geeignete Momente ab und schicken sich dann an, die Führungsposition zu erobern – und attackieren plötzlich einen längst vertrauten Menschen, wenn er etwa eine Beinverletzung hat und deshalb hinkt. Derart auf ein scheinbares Gebrechen hingewiesen, versucht der Wolf die Situation zu nutzen und sich an die Spitze des »Rudels« zu kämpfen. Und wie Ethologen inzwischen herausgefunden haben, lassen sich auch in breit angelegten Studien signifikante Verhaltensunterschiede zwischen zahmen Wölfen und Hunden nachweisen: Selbst geschulte und jahrelang in der Obhut des Menschen aufgewachsene Wölfe bringen ihren Herrchen niemals jene Aufmerksamkeit entgegen, wie dies bereits wenige Wochen alte Hundewelpen tun – letztere müssen als domestizierte Tiere gewisse Verhaltensmuster gar nicht lernen, sie sind von Geburt an genetisch einprogrammiert.

Experten wie Coppinger halten es aus diesen Gründen für ausgeschlossen, daß die Menschen vor vielen tausend Jahren diesen nachhaltigen Wandel hätten bewerkstelligen können. Sie befürworten eine gänzlich andere These der Wolfsdomestizierung. Ihr Schlagwort lautet »natürliche Selektion«.

Nach dieser Ansicht verlief die Geschichte etwa so: Die Menschen ließen sich nieder, nicht zwingend in festen Siedlungen, lose oder saisonale Lager genügten. Sie gingen auf die Jagd, erlegten Beute, bereiteten sie zu, aßen. Sie produzierten Abfälle. Sie entsorgten den Müll außerhalb des Lagers.

Irgendwann fanden Wölfe die Abfallhaufen. Sie entdeckten die Essensreste als bequem nutzbare Nahrungsquelle. Einige wagten sich näher heran.

Entscheidend ist dabei, welche Wölfe sich wohl trauten, diese Ressourcen zu erschließen: Denn darin könnte der Schlüssel für das spätere – dem Menschen angepaßte – Verhalten liegen. Der Wolf ist prinzipiell ein scheues, bei Anzeichen der Gefahr oftmals sofort fliehendes Tier. Exemplare mit derartigem Charakter wären allerdings wenig geeignet, sich an menschlichen Abfällen gütlich zu tun: Sonderlich komfortabel wäre es nicht, ängstlich und übernervös nach Futter zu stöbern, jederzeit bereit zur Flucht. Derartiges Verhalten verdirbt die beste Mahlzeit und kostet bloß Nerven und Energie. Bessere Kandidaten wären eindeutig Wölfe mit geringer »Fluchtdistanz« – solche, die sich nicht zu leicht stören lassen und nicht beim geringsten Verdacht einer Bedrohung das Weite suchen.

Der Zoologe Erich Pucher, Leiter der Archäologisch-Zoologischen Sammlung des Wiener Naturhistorischen Museums mit einem Forschungsfokus auf Domestikationsgeschichte, glaubt, daß es sich bei den wagemutigen Individuen nicht um Alpha- oder Leittiere handelte. »Es waren wohl eher rangniedere Wölfe, die sich den Menschen genähert haben«, vermutet Pucher. »Denn die sind meist weniger nervös und haben eher die Bereitschaft, sich unterzuordnen.« Mit der Zeit könnten immer mehr ähnlich veranlagte Tiere hinzugekommen sein. »So formten sich neue Rudel mit bestimmten Eigenschaften. Es kam sozusagen zu einer sozialen Siebung«, glaubt Pucher.

Auf diese Weise könnte in einer ersten Etappe eine Vorauswahl stattgefunden haben: Die weniger ängstlichen Tiere waren beim Aufspüren von Futter auf menschlichen Müllhalden erfolgreicher, gelangten bequemer an Nahrung – und verbrauchten zudem weniger Energie. Wer sich nicht leicht schrecken läßt und genüßlich weiterfrißt, verbrennt weniger Kalorien, weil er sich die Fluchtwege erspart.

Parallel zu den Verhaltensänderungen dürfte sich auch das Äußere der Tiere an die neue Form des Broterwerbs angepaßt haben. »Die Siebung betrifft gekoppelte psychisch-somatische Effekte«, sagt Pucher, »deswegen sind die Haushunde auch äußerlich als solche erkennbar.« Die Tiere wurden kleiner, adaptierten ihre Beißwerkzeuge an die neuen Nahrungsquellen, kamen auch mit weniger Gehirnvolumen aus, weil sie, anders als bei der Jagd im Rudel, nun nicht mehr das gesamte Repertoire ihrer ursprünglichen Sinne und mentalen Fähigkeiten benötigten. Auch dies ist, evolutionär betrachtet, günstig: Weniger Hirn braucht weniger Energie, was sich neuerlich positiv auf die Nahrungsbilanz auswirkt.

Allmählich könnten sich all diese Entwicklungen intensiviert und weiter ausgeprägt haben, so daß sich jene Gruppen, die sich an die Müllberge wagten, nach und nach von den scheuen Vertretern ihrer Spezies trennten – und ihren wilden, starken und jagderprobten Verwandten in gewisser Hinsicht sogar überlegen waren. »In diesem Fall ist Zahmheit eine erfolgreiche genetische Anpassung an die Nahrungssuche auf der Müllhalde«, meint Coppinger. In diesem »Populationstyp stieg die Häufigkeit der genetischen Veranlagung zur Zahmheit, und diese Population entwickelte sich vermutlich zu einer neuen Spezies weiter«. Also klassische Evolution: Ein gewisses Verhalten verhilft einer Spezies zu konkreten Vorteilen in einem bestimmten Umfeld, weshalb jene, die dieses Verhalten am effizientesten verinnerlichen, die höchsten Überlebenschancen haben.

Mit der Zeit hätten einige Wolfspopulationen derart eine neue Nische erschlossen: die Welt des Menschen. Sie bildeten, erläutert Pucher, »in der ökologischen Nische der menschlichen Umgebung eine neue Fortpflanzungsgemeinschaft«. Im Grunde waren damit bereits jene Charakterzüge verankert, die auch als typisch hündische Eigenschaften gelten: Die meisten Hunde gehen ohne Scheu auf den Menschen zu, lassen sich von ihm bei ihren Aktivitäten nur schwer stören, zeigen auch gegenüber Fremden kaum Mißtrauen. So gesehen, meint Pucher, wäre der Hund an seiner heutigen Abhängigkeit vom Menschen »quasi selbst schuld. Er hat ja an die Tür geklopft.«

Die Menschen brauchten in dieser Geschichte jedenfalls vorerst nicht mehr zu tun, als die Wölfe gewähren zu lassen. Erst später, nachdem sich im Zuge natürlicher Selektion bereits an die menschliche Gesellschaft vorangepaßte Gruppen herausgebildet hatten, werden die Menschen aktiv ins Geschehen eingegriffen haben: Durch Auswahl jener Tiere, die ihren Vorstellungen am ehesten entsprachen, werden sich bei diesen günstige Eigenschaften immer stärker ausgeprägt haben. Die rauhen, unverträglichen und widerspenstigen Kerle wurden wohl zugunsten der sanften, zutraulichen, gemächlichen, duldsamen Kumpel ausgesiebt. So entstand allmählich eine Gemeinde braver Tiere, die man irgendwann ohne allzu große Anstrengung auch abrichten konnte. An diese Reihenfolge glauben zahlreiche Experten: zunächst freiwillige Annäherung des Wolfs und »Selbstdomestikation« im Zuge evolutionärer Adaption ans menschliche Umfeld, dann eine Feinabstimmung durch die Auswahl vorangepaßter Tiere, schließlich die Möglichkeit der Abrichtung, fußend auf all diesen Vorleistungen.

Pucher meint zudem, daß schon früh eine Selektion in bezug auf äußerliche Merkmale stattgefunden haben könnte – freilich ohne daß sich die Menschen dessen bewußt waren. Pucher öffnet einen Schrank in einem Raum im nicht öffentlich zugänglichen Trakt des Naturhistorischen Museums. Die Regale sind mit Tierschädeln vollgeräumt, Fuchsköpfe lagern neben winzigen Katzenköpfen, darunter ein mächtiger Bärenschädel. Pucher legt einen Wolfsschädel neben den eines Schäferhundes und weist auf einen markanten Unterschied in der Gesichtspartie der beiden Tiere hin: Bei Wölfen verläuft, im Profil betrachtet, die Stirn bis zur Nase in Form einer ziemlich geraden Linie. Die Augen liegen deshalb relativ flach im Kopf, was dem Wolf – nach menschlich-klischeehaften Maßstäben – den Ausdruck von Verschlagenheit verleiht. Anders bei Hunden: Bei ihnen läßt sich am Übergang von der Stirn zur Nase eine Einbuchtung, zumeist eine deutliche Delle, beobachten, wodurch die Partie über den Augen hervortritt. Bei manchen Hunden wird dieser Effekt zusätzlich durch die Fellfarbe an dieser Stelle verstärkt. Derart verfügen viele Hunde, so Pucher, über eine Art »Kunstaugenbraue« – ein dem menschlichen Gesicht nachempfundenes Merkmal. Pucher vermutet, daß die Menschen intuitiv jene Tiere weiterzüchteten, die ihnen in gewisser Hinsicht ähnlich sahen.

Andere Vermutungen wie jene, daß die Menschen in der Vorzeit vor allem die ausgeprägten Jagdfähigkeiten des Wolfs erkannten und ihn deshalb nach Art einer prähistorischen Arbeitsteilung als Gehilfen beim Beutefang einsetzten, gelten heute als höchst unwahrscheinlich. Ziemlich sicher ist zwar, daß dieser Verwendungszweck irgendwann hinzukam, wie auch die türkischen Höhlenmalereien nahelegen – doch den Beginn der Partnerschaft stellte dies kaum dar. Eine weniger anspruchsvolle Nutzungsform als die Jagd wird es dagegen schon bald gegeben haben: jene als Nahrungsquelle, wie Biß- und Nagespuren an fossilen Wolfsknochen belegen. Auch die Felle der Wölfe werden die Menschen wohl geschätzt haben.

Gesetzt den Fall, die These einer Selbstdomestikation des Wolfs trifft zu, wäre die Wandlung zum Haustier in nur geringem Maß von der jeweiligen Kulturstufe des *Homo sapiens* abhängig gewesen – deutlich weniger zumindest, als wenn dieser Prozeß auf der lenkenden Hand des Menschen beruht hätte. Dieser Umstand liefert wieder Argumente zur möglichen Beantwortung der Frage, wie lange das Zusammenleben von Mensch und Hund bereits dauern könnte. Und selbst die vehementesten Kritiker aller Versuche, diese Partnerschaft über das Alter der vorliegenden Fossilienfunde hinaus auszudehnen, lassen vor diesem Hintergrund Interpretationsspielraum zu: So hält Biologe Raymond Coppinger den Hund zwar für ein Phänomen der Seßhaftigkeit des Menschen, die vor etwa 15 000 Jahren ihren Anfang nahm. Denn genau aus jener Zeit, als die Menschen Dörfer zu errichten begannen, wird Coppinger nicht müde zu betonen, datieren eben auch die Knochen der frühesten echten Hunde.

Doch zugleich räumt er ein, daß es nicht »fester«, sondern bloß »beständiger« Siedlungen bedurft hätte, um Wölfe anzulocken. Entscheidend war also nicht, ob die Menschen dauerhafte Behausungen aus solidem Material errichteten, sondern daß sie sich über längere Zeit an einem Ort aufhielten und dort ihre Essensreste entsorgten. Und solche ständigen Siedlungen gab es laut Coppinger vor bereits 20 000 bis 35 000 Jahren. Wäre es also möglich, fragt er, daß schon Neandertaler ein nettes Plätzchen entdeckten, es zur Wohnstätte erkoren, Knochen und Sehnen auf den Müll warfen und derart die Aufmerksamkeit hungriger Wölfe auf sich zogen? Coppingers Antwort: »Warum nicht?«

Nun könnte man noch die Frage stellen, wie lange es – unabhängig vom Zeitpunkt des Beginns der Partnerschaft – wohl gedauert haben mag, bis aus dem Wildtier Wolf der Haushund wurde. Neue Studien vertreten eine erstaunliche These: Es könnte theoretisch blitzschnell gegangen sein.

Wenn die Natur Sprünge macht

Brian Hare ist ein weitgereister Mann. Der amerikanische Anthropologe machte seinen Abschluß an der renommierten Harvard University und absolvierte Forschungsaufenthalte in den verschiedensten Winkeln der Welt: im Kibale National Park in Uganda, an der National Academy of Russian Science, im italienischen Istituto di Psicologia am Consiglio Nazionale delle Ricerche. Zur Zeit arbeitet er am Max-Planck-Institut für evolutionäre Anthropologie in Leipzig.

Im Jahr 2004 begab sich Hare wieder auf eine größere Reise. Er fuhr ins sibirische Nowosibirsk und führte am dortigen Institut für Zytologie und Genetik eine Reihe von Experimenten mit Silberfüchsen durch. Es handelte sich allerdings nicht um gewöhnliche Füchse, sondern um die Nachfahren einer ganz besonderen Gruppe dieser Tiere, die schon seit Ende der fünfziger Jahre des vergangenen Jahrhunderts für Verblüffung in der Fachwelt sorgen: Denn diese Füchse benehmen sich wie Hunde.

Im Jahr 1959 hatte der russische Genetiker Dmitri Beljajew eine Idee. Der Mann konzentrierte seine Forschung auf eine Fuchspelzfarm in Nowosibirsk. Er stand vor der Situation, daß die Tiere – obwohl viele Generationen von ihnen über einen Zeitraum von 80 Jahren in Gefangenschaft lebten – immer noch schwierig zu halten waren. Sie scheuten die Nähe des Menschen, attackierten die Pfleger, gerieten rasch in Panik und verletzten sich in ihren Käfigen oft selbst.

Beljajew startete ein Experiment, das heute in Fachkreisen berühmt ist: Er wählte jene rund zehn Prozent der Silberfüchse aus, die von Natur aus relativ wenig Aggression und Ängstlichkeit zeigten, und züchtete diese Tiere weiter. Nach realtiv wenigen Generationen war eine erstaunliche Veränderung eingetreten: Die Füchse gingen neugierig auf die Menschen zu, fraßen ihnen aus der Hand und ließen sich streicheln. Sie wedelten mit dem Schwanz. Sie begannen sogar zu bellen. Sie veränderten auch ihr Aussehen: Plötzlich gab es scheckige Tiere und solche mit Hängeohren. Form und Größe der Schädel sahen ebenfalls anders aus. Sie wurden, wie Hunde, zweimal pro Jahr läufig. Die Füchse waren in wenigen Jahren ganz offensichtlich zahm geworden. Sie verhielten sich wie Hunde, sahen aus wie Hunde, kläfften wie Hunde.

Mehr als 45 Jahre nach Beginn dieses Experiments wollte Hare diesem außerordentlichen Wandel in einer kontrollierten Studie auf den Grund gehen. Er führte an den Nachkommen der Originalzucht von Beljajew mehrere Tests durch, deren Ergebnisse im Februar 2005 veröffentlicht wurden.

In einem ersten Experiment wollte Hare herausfinden, ob und wie gut die Füchse Signale menschlicher Kommunikation verstehen. Dazu wurden zwei kleine Behälter aufgestellt, wobei einer davon ein Stück Futter enthielt. Der folgende Test wurde an elf der außergewöhnlichen Füchse und, zu Vergleichszwecken, an elf Hundewelpen durchgeführt. Die Tiere wurden 1,5 Meter vor den Behältern plaziert. Ein Forscher deutete mit dem Finger auf jenen Topf, der mit Futter gefüllt war. Zugleich richtete er auch seinen Blick auf diesen Behälter. Von Hunden wußte Hare längst, daß sie solche Gesten richtig interpretieren und Blicken und Fingerzeigen folgen. Die Frage war nun: Würden dies auch die Silberfüchse verstehen?

Tatsächlich schnitten Hundewelpen und zahme Füchse beim Test praktisch gleich gut ab. In gut 15 von 18 Versuchen wandten sie sich stets jenem Behälter zu, auf den gedeutet wurde. Die Leistung sowohl der Füchse als auch jene der jungen Hunde liege »signifikant über der Zufallswahrscheinlichkeit«, konstatierten die Forscher. Eine Kontrollgruppe, bestehend aus konventionellen Füchsen einer zweiten Kolonie der Farm, konnte mit den Gesten der Menschen merklich weniger anfangen. Vergleichbare Resultate erbrachten auch andere Experimente: Wenn die Tiere zusehen konnten, wie Hare und seine Crew mit Spielsachen hantierten, waren es stets die zahmen Füchse, die schneller Interesse an den Objekten entwickelten und rascher darauf zusteuerten als die Kontrollgruppe.

Die Forscher faßten zusammen: Die nach Kriterien der Zahmheit gezüchteten Füchse seien genauso gut »im Umgang mit menschlichen Gesten wie Haushunde, wenn sie nach verstecktem Futter suchen«. Zudem »nähern sie sich auch fremden Menschen und unbekannten Objekten schneller als die Kontrollgruppe«. Auch zeigten sie »mehr Interesse daran, mit Spielsachen zu spielen, auf die ein Mensch kurz davor gedeutet« habe.

Um die Bedeutung dieser Resultate nachvollziehen zu können, ist es wichtig festzuhalten, warum Beljajew begonnen hatte, seine Füchse zu selektieren: Er hatte bloß die widerspenstigen Bengel in den Griff bekommen und erreichen wollen, daß sie keinen Ärger machten und das Geschäft nicht beeinträchtigten. Er wollte, daß Ruhe im Stall herrschte. Keineswegs jedoch war der Plan gewesen, die kommunikativen Talente der Silberfüchse zu fördern und sie dahin gehend zu formen, mit Menschen zu interagieren. Auch die Beeinflussung der Fellfarbe lag kaum im Interesse der Züchter: Scheckige Pelzmäntel mit schlappohrigen Fuchsköpfen sind üblicherweise eher kein kommerzieller Renner.

Daß die Tiere dennoch Fähigkeiten entwickelten, die gar nicht auf den Intentionen der Züchter beruhten, gewährt neue Einblicke in die Prinzipien der Domestikation. Die Fuchsfarm im tiefsten Sibirien öffnete in gewisser Hinsicht ein Fenster in die Vergangenheit: Sie bot die einmalige Gelegenheit, ein Stück lebendige Evolutionsgeschichte vor Augen zu haben. Hare konnte beobachten, daß man Tiere nicht auf ein bestimmtes Verhalten – in diesem Fall das Verständnis menschlicher Gesten – züchten muß, um genau dieses Verhalten hervorzurufen. Er bemerkte, daß sich solche Wesenszüge offenbar von selbst entfalten können. Er folgerte, daß all die Leistungen der Füchse ein »Nebenprodukt« einer bloßen Selektion hinsichtlich der Zahmheit waren. Anscheinend genügt es, Tiere dahin gehend zu beeinflussen, daß sie Ängstlichkeit, Nervosität und Aggression abbauen, und ganz nebenbei entstehen auf den Menschen ausgerichtete mentale Fähigkeiten.

Doch warum trat der verblüffende äußerliche Wandel ein? Des Rätsels Lösung könnte in biochemischen Prozessen liegen. Die Domestikation geht mit der Beeinflussung von Botenstoffen wie Serotonin einher – eines Neurotransmitters, der unter anderem Streßreaktionen reguliert. Die Substanz Melanin wiederum ist in der komplexen Choreographie der Neurochemie für äußerliche Merkmale verantwortlich und steht indirekt auch in Zusammenhang mit der Steuerung von Verhaltensweisen: Denn Melanin, im Prinzip für die Haut- und Haarpigmentierung und deshalb auch für die Fellfarbe zuständig, wird von denselben Aminosäuren gebildet wie das Streßhormon Adrenalin. Wird im Wege der Domestizierung in dieses sensible Regelwerk eingegriffen, benehmen sich die Tiere nicht nur anders, sondern sehen offenbar auch anders aus.

Nun drängt sich die Frage auf: Warum sollte all dies beim Hund anders gewesen sein als bei den russischen Füchsen? Wenn die Ausprägung der hündischen Verhaltensmuster ähnlich verlief, würde dies jene These stützen, wonach der Anteil des Menschen bei der Domestikation des Wolfs nicht allzu groß gewesen sein muß – und die Leute der Steinzeitära jedenfalls keinen ausgeklügelten Masterplan ersinnen mußten, um den Wolf zum Haustier zu machen. Sie mußten bloß die eher zutraulichen Individuen bei sich behalten, und der Rest geschah mehr oder minder von selbst.

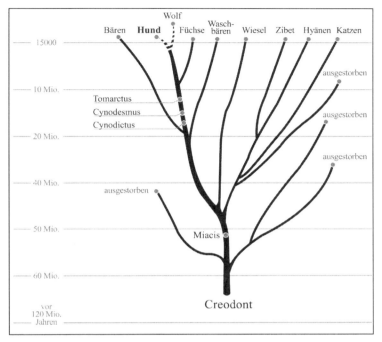

Graphik 4 Die Ahnengalerie
Vom Creodont über Miacis und Cynodictus bis zum Wolf: Die Geschichte des Hundes begann vor rund 100 Millionen Jahren und führte über zahlreiche Zwischenstufen, auf denen sich unter anderem Katzen, Bären und Wiesel abspalteten, zum jetzigen Haushund. Viele Linien sind längst ausgestorben.

Das sibirische Fuchsexperiment brachte noch eine zweite wichtige Erkenntnis, die einer Annahme der klassischen Evolutionslehre völlig widerspricht. »Die Natur macht keine Sprünge«, lautet eine ihrer Maximen. Das Beispiel der Silberfüchse scheint zu beweisen, daß das Gegenteil zumindest möglich ist: In wenigen Jahren entstand eine zahme Sippe einer vormals wilden Spezies. In Anbetracht der sonstigen Entwicklung der Caniden ist dies mehr als außergewöhnlich.

Vor mehr als 100 Millionen Jahren schlich eine Kreatur namens Creodont über den Erdball, die den Vorläufer sämtlicher Raubtiere darstellte – den der Bären, Wiesel, Hyänen und Waschbären ebenso wie jenen der Katzen- und Hundeartigen. Gut 50 Millionen Jahre sollte es dauern, bis aus diesem Vorfahren ein Geschöpf hervorging, das Miacis genannt wird und einen langen Körper und kurze Beine hatte. Weitere rund 30 Millionen Jahre verflossen, bis mit dem Cynodictus und in der Folge mit dem Tomarctus die Linie der Caniden endgültig ausgeprägt wurde – die Katzenartigen, Felidae genannt, hatten sich schon zuvor abgespalten (siehe Graphik 4, Seite 85). Das ist Evolution, wie Charles Darwin sie sich vorstellte: Stets mußten Jahrmillionen verstreichen, bis die Tiere sich veränderten: bis sie größer wurden, nicht mehr durchs Geäst der Bäume turnten, sondern sich am Boden bewegten, bis die Caniden die heutige Vielfalt von rund 40 Arten erreichten, bis der Hund zum – nach dem Menschen – verbreitetsten und erfolgreichsten Säugetier wurde.

Doch bei letzterem verlief die Anpassung an seine ökologische Nische offenbar im Zeitraffer. Schon die Debatte, ob der Hund 14000, 40000 oder gar 130000 Jahre alt ist, verliert im Lichte üblicher zeitlicher Dimensionen der Evolution an Gewicht. Und dann das Phänomen der Füchse in Nowosibirsk: Plötzlich konnten Forscher beobachten, daß nach einigen Generationen aus einer Wildform ein Tier entstanden war, das sich benahm wie domestiziert. Diese Erkenntnis stellt auch eine These des schwedischen Genetikers Carles Vilà in Frage: Gesetzt den Fall, der Wolf wurde nur annähernd so schnell zum Hund, mußte die genetische Abspaltung keineswegs Tausende Jahre vor jenem Zeitpunkt gelegen haben, zu dem er auch äußerlich die Merkmale eines Haustiers aufwies – womit freilich den zahlreichen widersprüchlichen Indizien in bezug auf das Alter des Hundes ein weiteres hinzugefügt wäre.

Drittens wirft das sibirische Experiment die Frage auf: Hätte der Mensch praktisch jedes beliebige Tier zum Hausgenossen wählen können? Könnten wir heute ebensogut Füchse, Schweine oder Ziegen an der Leine führen? Beziehungsweise: Wäre alles anders gekommen, wenn ein anderes Tier die Vorzüge von Müllhalden entdeckt hätte?

Die Koevolution

Manche Forscher, etwa jene am Leipziger Institut für evolutionäre Anthropologie, glauben genau das. Andere Experten erheben an diesem Punkt heftigen Einspruch. Sie vertreten die Ansicht, daß es keineswegs Zufall ist, daß ausgerechnet Wolf und Mensch zusammenfanden – von wem auch immer die Initiative dabei ausging. Sie begründen dies mit der besonderen Sozialordnung des Wolfs. Die menschliche »Sozietät gleicht der wölfischen in vielen Punkten«, argumentiert die Kieler Wolfs- und Hundeforscherin Dorit Urt Feddersen-Petersen. »Eine zentrale Rolle spielte wohl das ausgeprägte Sozialverhalten der Wölfe.«

Der Wolf, bis zu 60 Kilogramm schwer, mit 150 bis 170 Kubikzentimeter Gehirnvolumen ausgestattet und auf Kurzstrecken 70 Stundenkilometer schnell, lebt nach komplexen Regeln. Meist formen sieben bis acht Individuen ein Rudel, dessen Revier eine Ausdehnung von 300 Quadratkilometern erreichen kann. Im Verlauf von etwa drei Wochen durchstreift das Rudel das komplette Areal. Die Wölfe müssen dabei in der Lage sein, eine präzise Landkarte im Kopf zu behalten: Sie kennen die Plätze und Pfade ihres Territoriums und auch dessen Grenzen – dort bildet eine Art Niemandsland die Trennlinie zum Hoheitsgebiet des nächsten Rudels.

Das Leben des Rudels besteht aus Arbeitsteilung: Die Jagd

ist ebenso ein kooperatives Unterfangen mit verteilten Aufgaben wie die Versorgung mit Nahrung und die Aufzucht der Jungen. Nicht nur die Eltern kümmern sich um den Nachwuchs, fast alle Mitglieder des Rudels sind gemeinsam daran beteiligt. Erbeutetes Futter wird nicht nur an die Welpen weitergegeben, sondern auch an jene erwachsenen Tiere, welche die Jungen zwischenzeitlich bewacht haben. In der Fachliteratur ist überliefert, wie Wölfen in einem Gehege gefrorene Hühner zugeworfen wurden. Der Leitwolf schnappte sich die Brocken, fraß die ersten jedoch nicht selbst. Das erste Hähnchen reichte er an seine Partnerin weiter, die nächsten beiden an andere Tiere – stets der Rangordnung im Rudel folgend. Erst das vierte Huhn verspeiste der Chef. Als typische Merkmale gelten des weiteren faires Verhalten beim Spiel oder der Umstand, daß Wölfe über lange Zeiträume monogam leben. »Ein Großteil der Verhaltensweisen von Wölfen mag als eine Präadaption, eine Voraussetzung für die Anpassung an das Leben mit dem Menschen, für die Koexistenz mit ihm gelten«, meint Feddersen-Petersen. Es sei daher »sicher kein Zufall, daß der Wolf zum Haushund wurde«.

Vilmos Csányi, der frühere Vorstand des Lehrstuhls für Ethologie an der Budapester Eötvös Loránd University, entwickelt in dem 2005 erschienenen Buch *If Dogs Could Talk*, das die jahrelange Hundeforschung an seinem Institut zusammenfaßt, auch ein Szenario, aus welchen Motiven Mensch und Hund seiner Ansicht nach zusammenfanden – und warum es sich um eine logische, naheliegende Verbindung handelt.

Vor mehr als 100 000 Jahren beherrschte der Wolf die nördliche Hemisphäre. Dann kam ein anderes Raubtier: der Mensch. Künftig teilten sich die beiden Spezies den Lebensraum. Sie kamen einander vorerst nicht in die Quere. Noch war die Zahl der Menschen verhältnismäßig gering, und es war genug Nahrung für alle da. Doch sie werden einander wohl beäugt haben, vermutet Csányi. Sie waren einander nicht unähnlich: Sie jagten. Sie bildeten Gemeinschaften. Die Wölfe lebten in Rudeln, die Menschen in Gruppen. Beide waren gewohnt, zu kooperieren, um zu überleben.

Irgendwann, glaubt auch Csányi, fand jenes Ereignis statt, das den Beginn der Partnerschaft markierte: Einzelne – möglicherweise aus dem Rudel verstoßene – Wölfe plünderten menschliche Misthaufen. Sie betätigten sich als Müllabfuhr. Sie minimierten derart das Risiko von Krankheiten im Umfeld menschlicher Niederlassungen. Sie fungierten als Lagerpatrouille. Sie dienten vielleicht als lebendige Heizdecken, wenn sich die Menschen in kalten Nächten an ihren Pelz kuschelten. Im Bedarfsfall wurden die Wölfe auf die Speisekarte gesetzt.

Allmählich wurden die Wölfe zahm und blieben bei den Menschen. Sie lernten dazu, denn mit ihren angestammten Formen der Kommunikation fanden sie in der neuen Nische nicht ihr Auskommen. Die Gesten und Mimiken des Wolfs sind zwar äußerst vielfältig und akzentuiert, aber zugleich auch relativ starr und unflexibel – wie eine komplexe Sprache mit strenger und eindeutig definierter Grammatik. Der schwedische Hunde- und Wolfsforscher Erik Zimen katalogisierte einst 362 spezifisch wölfische Verhaltensweisen. Hunde haben viel von diesem Reichtum eingebüßt, sich dafür jedoch variablere Ausdrucksformen angeeignet. Schon Konrad Lorenz schwärmte, daß »der Abbau des starren Angeborenen neue Möglichkeiten zu frei erfundenen, anpassungsfähigen Verhaltensweisen gewährt«. Lorenz sprach beim Hund von einem »Freiwerden von den starren Bahnen des instinktiven Verhaltens, das ihm, gleich dem Menschen, neue Handlungsmöglichkeiten eröffnet«. Folglich seien »die am weitesten domestizierten Hunde in ihrem Verhalten am freiesten«. Und genau deshalb sei »dieser Ausdruck tatsächlich unserer menschlichen Sprache näher verwandt als alles, was die wilden Tiere einander zu sagen haben«.

Csányi hält es für denkbar, daß die Basis dafür schon in frühen Tagen der Partnerschaft geschaffen wurde: Eben weil die Wölfe mit den ursprünglichen Formen der Mitteilung in der Nähe des Menschen nicht mehr auskamen, wäre es vorteilhaft gewesen, Signale menschlicher Kommunikation interpretieren zu können. Die Wölfe könnten derart gleichsam aufgesogen haben, was Csányi den »menschlichen Verhaltenskomplex« nennt. Mentale und kommunikative Eigenschaften des Menschen hätten gewissermaßen ihre spiegelbildliche Entsprechung im Hund gefunden. Dazu zählt auch das Bellen: Junge Wölfe tun dies, erwachsene hingegen extrem selten. Daß der Hund sein ganzes Leben häufig bellt, könnte eine Beibehaltung juveniler Eigenschaften des Wolfs darstellen – ebenso wie der lebenslange, vom Menschen zumeist erwünschte Spieltrieb.

Csányi nennt noch ein weiteres, vermeintlich banales, Beispiel: Er lebe mit zwei Hunden in einer mit zahlreichen kleinen Gegenständen vollgeräumten Wohnung, doch nie würden seine beiden Hausgenossen etwas umwerfen oder zu Bruch gehen lassen. Die Tiere hätten ganz offensichtlich wesentliche Regeln der menschlichen Gesellschaft verinnerlicht und würden diese wie selbstverständlich respektieren. Hunde betrachten den Menschen sogar als Artgenossen, glaubt Csányi, und die wesentlichen Grundzüge ihres Verhaltens seien wohl schon vor Tausenden Jahren geformt worden, eben weil die beiden Spezies ähnliche Sozialstrukturen gleichsam als Mitgift in ihre Ehe einbrachten.

Erst in einer reiferen Phase dieses Zusammenlebens, vermuten die meisten Experten, habe der Mensch schließlich vom besonderen Talent der Wölfe bei der kooperativen Jagd nach Beutetieren profitiert. Die Wölfe könnten sich beim

Verfolgen, Aufstöbern, beim Stellen und Anzeigen der Position der Beute bewährt haben, der Mensch trug mit seinen Waffen zu gesteigertem Jagderfolg bei. Möglicherweise forcierten auch äußere Umstände das Zustandekommen dieser Teamarbeit – zum Beispiel eine Knappheit der Nahrungsressourcen in einer besonders grimmigen Etappe der Eiszeit.

Zimen vermutete zudem, daß auf diese Weise nicht nur momentaner Profit generiert wurde, sondern der Mensch dank des Hundes sogar dauerhaft zu Leistungen angespornt wurde, die ihn heute besonders auszeichnen: zur Innovation und zum Willen, die Natur zu beherrschen. Zimen stellte sich dies etwa folgendermaßen vor: Wölfe und Menschen gingen gemeinsam auf die Jagd. Über die Zeit verfeinerten sie ihre Kooperation, wurden immer erfolgreicher – bis die Zahl der Beutetiere allzusehr dezimiert wurde. Sie stießen an Kapazitätsgrenzen. Sie störten das ökologische Gleichgewicht. Sie standen vor einer frühen Form übermäßiger Ausbeutung der Natur.

Nun hätten sich die Menschen den Zwängen beugen und auf eine bescheidenere Lebensweise umschwenken können. Doch sie beschlossen, fortan nicht mehr dem Diktat der Natur zu gehorchen, sondern sie unter Kontrolle zu bringen. Statt durch die Wälder zu laufen und Pflanzen zu sammeln, bauten sie diese auf nahen Flächen an. Statt Tiere meilenweit durchs Unterholz zu verfolgen, errichteten sie Zäune und sperrten sie ein. Dies war der Beginn der »neolithischen Revolution« – jener Phase nach der Alt- und der mittleren Steinzeit, in welcher die Menschen wirklich seßhaft wurden und Ackerbau und Viehzucht erfanden.

Zimen hielt es durchaus nicht für abwegig, dem Hund entscheidenden Anteil an dieser Entwicklung beizumessen: »Auf die systematische Ausnutzung ihrer Umwelt vorbereitet waren die Menschen womöglich nicht zuletzt durch den

Hund, den sie alle kannten und zu ihrem Vorteil nutzten.« Es sei nicht auszuschließen, daß der Hund »allein durch seine Existenz als ein Stück bereits gezähmter Natur, als erster Prototyp des Haustieres« die damalige und auch spätere Innovationskraft des Menschen »mit induziert habe«, und zwar »als Anstoß, als Auslöser für eine neue Vision des Menschen«.

Noch einen Schritt weiter geht der Wiener Zoologe und Verhaltensforscher Wolfgang Schleidt, der Assistent von Konrad Lorenz war und später gut zwei Jahrzehnte in den USA forschte. Schleidt möchte wissen, wieviel vom Hund im Menschen steckt. Oder, anders gesagt: Wer hat eigentlich wen domestiziert? »Die lange gemeinsame Geschichte von Hunden und modernen Menschen«, schreiben Schleidt und sein langjähriger Mitarbeiter Mike Shalter in einer 2003 erschienenen Abhandlung zu dem Thema, werfe die Frage »nach dem Anteil des Hundes beim Bemühen des Menschen auf, die Kontrolle über die Welt zu erlangen, und führt zur Formulierug einer hypothetischen Lupifikation des Verhaltens, der Gewohnheiten und sogar ethischer Maßstäbe des Menschen«. Fand demnach eine »Verwolfung« des Menschen statt?

Schleidt, ein Anhänger jener Denkschule, welche die Beziehung von Mensch und Hund für deutlich älter als 14 000 Jahre hält, geht von folgendem Ansatzpunkt aus: Als die beiden Spezies zueinander fanden, lebte der Mensch mehrheitlich als jagender Nomade, nicht aber in Häusern, also »Domizilen« – war deshalb, im Wortsinn, nicht »domestiziert«. Als sich seine schicksalhafte Bindung mit dem Wolf anbahnte, nahmen folglich zwei zunächst noch »wilde« Lebewesen Kontakt auf.

Schleidt bietet ein Alternativszenario für das auslösende Moment an: Die in Rudeln organisierten Wölfe seien gewohnt gewesen, Herden von Ren- oder anderen Huftieren über weite Distanzen zu folgen. Nun könnte es ein stilles Abkommen zwischen Wölfen und Menschen gegeben haben, um die verfügbare Beute zu teilen: Die vierbeinigen Räuber schnappten sich die schwächlichen, kranken, alten Tiere, den zweibeinigen blieb die Luxusware. »Die eurasischen Wölfe können als die ersten wirklichen Hirten betrachtet werden«, argumentieren Schleidt und Shalter, »indem sie die Schwachen aus den Herden eliminierten und Raubkatzen, Bären und Hyänen fernhielten.«

Die besonderen Fähigkeiten der Rudeljäger könnten durchaus auf den Menschen abgefärbt haben – das hohe Maß an Kooperation; die diffizile Rollenverteilung; die verblüffende Kenntnis einzelner »Persönlichkeiten« innerhalb der Gemeinschaft; die Bereitschaft zum Risiko, basierend auf der Gewißheit, im Falle einer Jagdverletzung von den Kollegen versorgt zu werden. »In gewisser Weise übernehmen Wölfe Verantwortung füreinander«, sagt Schleidt.

Er will zumindest diskutieren, woher der Mensch eigentlich seine soziale Kompetenz hat, seine prinzipielle Begabung, in komplexen gesellschaftlichen Systemen zu leben, Gesetze und Konventionenen zu akzeptieren. Vom Schimpansen, seinem nächsten Verwandten, habe er dies jedenfalls nie und nimmer geerbt: Denn Schimpansen sind, etwas überspitzt formuliert, Egoisten. Wenigstens sind sie extreme Individualisten und keine Rudeltiere. Zwar kümmern sie sich um ihren Nachwuchs, auch um Geschwister und nähere Angehörige der eigenen Sippe, doch damit erschöpft sich ihre soziale Neigung. Sonst sind sie vorwiegend kompetitiv veranlagt und mehr oder minder ständig auf ihren Vorteil bedacht. Mit Gesten wie Zeigen oder Blicken, welche die sibirischen Füchse so vorzüglich verstanden, fangen Schimpansen dagegen vergleichsweise wenig an – weil derartige Kommunikation einfach nicht zu ihrem Repertoire zählt, weil sie eben kaum kooperieren und solche Signale nicht wirklich benötigen.

»Sie halten ständig Ausschau danach, wie sie andere ausstechen können«, schrieb die berühmte Schimpansenforscherin Jane Goodall in einem Brief an Schleidt. »Sie tendieren zum Opportunismus.« Goodall hält es für »schwer, wenn nicht für unmöglich, daß ein Schimpanse mit Menschen lebt und zu ihnen nur eine ansatzweise so gute Beziehung hätte wie unsere Hunde. Das hat nichts mit Intelligenz zu tun, sondern mit dem Verlangen zu helfen, gehorsam zu sein, unsere Bestätigung zu erlangen.«

Haben wir die Bildung komplexer gesellschaftlicher Strukturen in Wahrheit vom Wolf gelernt? Ist Sozialverhalten, mithin auch Menschlichkeit, also hündisch? Ganz bestimmt, glaubt Schleidt: »Unsere Kultur ist sicher vom Hund beeinflußt.«

Diese Argumentation geht vielen Forschern indes zu weit. Sie wenden ein, daß der Mensch den Wolf nicht benötigt hätte, um soziale Gefüge zu etablieren – schließlich hätten die Menschen schon in Gruppen gelebt, bevor sie den Wolf überhaupt trafen. Allerdings stimmen auch viele Kritiker zumindest darin überein, daß die Domestikation des Wolfs kaum auf der Planung des *Homo sapiens* beruhte, daß nicht der Mensch die treibende Kraft war, sondern daß die beiden einander aufgrund von harmonierenden sozialen Grundmustern fanden; daß sie gleichsam als Partner ihrer gemeinsamen Frühzeit entwuchsen; daß sie wohl eine »Koevolution« durchlebten, die bis heute andauert.

Der Hund hatte in dieser Geschichte jedenfalls Tausende von Jahren Zeit, sich in sein Leben an der Seite des Menschen zu fügen; hatte ausreichend Gelegenheit, menschliche Verhaltens- und Kommunikationsformen zu erlernen – insofern müssen die heute einzigartige Beziehung und die Tatsache, daß uns der Hund offenbar wirklich zu verstehen scheint, eigentlich nicht verblüffen. Schließlich absolvierte er eine wahrhaft lange, solide Ausbildung und alles andere als einen Schnellkursus.

Die konkreten Auswirkungen dieser Koevolution im täglichen Zusammenleben mit dem Hund versuchen Verhaltensforscher schon seit langem zu ergründen.

Der Beginn eines Abenteuers

Bei der Ergründung der Klugkeit des Hundes schwankte die Forschung oft zwischen sentimentaler Schwärmerei und dessen Degradierung zum bloßen Bioautomaten. Nun enträtselt eine junge Expertengeneration die hündische Intelligenz.

Mr. Jacob Herbert aus Detroit, Michigan, hatte sich alle Mühe gegeben. Er hatte es zu seinem Hobby gemacht, seinen Hund »Fellow« zu unterrichten. Schon von frühestem Welpenalter an sprach Herbert mit Fellow, einem Deutschen Schäferhund mit beeindruckendem Stammbaum, wie zu einem kleinen Kind. Er brachte ihm nicht bloß einzelne Kommandos bei, sondern redete beständig und in ruhigem Tonfall mit ihm. Als Fellow vier bis fünf Jahre alt war, behauptete Herbert, der Hund verstünde mehr als 400 Begriffe und zeige stets die passende Reaktion auf ein bestimmtes Wort.

Die Psychologen Carl J. Warden und Lucien Hynes Warner wollten den Wortschatz des Hundes überprüfen. Sie trafen Jacob Herbert an einem Spätseptembertag im Pasadena Hotel, New York City. Herbert war nervös aufgrund der Anwesenheit der Forscher. Er erklärte, Fellow sei kein »trick dog«, der auf Stunts oder Kunststücke trainiert sei. Der Hund sei allerdings in Tierfilmen wie *Chief of the Pack* aufgetreten.

Im Hotelzimmer führten die Psychologen ein paar Tests durch. Sie sahen eine halbe Stunde lang zu, wie Herbert Konversation mit dem Hund führte und ihm Kommandos erteilte. Sie stellten fest, daß Herbert nicht versuchte, zu mogeln oder Fehler des Hundes zu beschönigen. Sie gelangten zur Ansicht, daß Herbert aufrichtig daran interessiert war, Fellows Fähigkeiten nach objektiven Kriterien zu ermitteln. Sie räumten ein, die »Leistung des Hundes war perfekt«.

Anschließend baten die Forscher Mr. Herbert, ins Badezimmer zu gehen und durch die geschlossene Tür mit Fellow zu reden. Auf diese Weise wollten sie verhindern, daß er seinem Hund versteckte Zeichen gab und die Experten austrickste. Warden und Warner konstatierten: Auch ohne direkten Kontakt mit seinem Besitzer sei die Leistung des Hundes »obwohl nicht perfekt, so doch insgesamt ziemlich zufriedenstellend«.

Später organisierten die Psychologen noch weitere Experimente mit Fellow. Sie entwickelten eine sorgfältig durchdachte Versuchsanordnung. Sie stellten Herbert hinter einen Paravent und ließen ihn von dort seine Befehle aufsagen, um jede Beeinflussung des Hundes auszuschließen. Sie teilten die Kommandos in zwei Kategorien und nannten diese Typ I und Typ II. Die erste Gruppe enthielt 53 Begriffe, die Änderungen der Körperhaltungen des Hundes bewirken sollten – von »sitz« über »dreh deinen Kopf« und »schließ deinen Mund« bis »mach das noch mal«. Auf der zweiten Liste waren 15 Anweisungen vermerkt, die dem Hund abverlangten, ein Objekt zu holen oder sich zu einem bestimmten Ort zu bewegen. Etwa: »Geh und such meine Schlüssel« oder »sieh nach, wo der Koch ist«. Die Prüfungen dauerten jeweils ein bis zwei Stunden, und schließlich meinten die Forscher, daß die »Resultate der Testserie in Anbetracht der Schwierigkeit der Aufgaben ziemlich ermutigend« seien.

Es wäre nicht ganz zutreffend, die Arbeiten der amerikanischen Psychologen als neue Erkenntnisse zu bezeichnen. Die Studien an Fellow stammen aus dem Jahr 1927 und wurden im März 1928 in der Zeitschrift *The Quarterly Review of Biology* veröffentlicht. Doch sie sind noch heute in mehrfacher Hinsicht aufschlußreich: Zum einen demonstrieren sie, daß Experten schon vor Jahrzehnten ausgeklügelte Verfahren entwickelten, um die besonderen Talente des Hundes zu prüfen. Nach einigen Phasen, in denen solchen Forschungsinitiativen eher mißtraut wurde, konzentrieren sich vornehmlich Ethologen gerade heute wieder verstärkt auf ähnliche Fragestellungen. Zweitens verdeutlicht die Methodik von Warden und Warner, daß stets eine gewisse Skepsis gegenüber vermuteten intellektuellen Höchstleistungen von Tieren bestand. Denn oft hatte es sich bei solchen Berichten um Einzelfälle oder bloß anekdotische Überlieferungen von allerlei phänomenalen Künsten gehandelt, die jedoch einer fachlichen Kontrolle meist unzugänglich und schon gar nicht repräsentativ waren.

Um ihren wissenschaftlichen Anspruch hervorzuheben, verfaßten Warden und Warner eine Art Manifest. Darin schrieben sie, daß Fellow, »der berühmte Filmdarsteller«, zwar ein »in mehrfacher Hinsicht höchst bemerkenswerter Hund« sei: Man dürfe als gesichert ansehen, daß er »Kommandos durch die menschliche Stimme mit bemerkenswerter Geschwindigkeit und Geschicklichkeit« befolge. Zugleich warnten die Forscher aber ausdrücklich davor, von einem Wortverständnis im menschlichen Sinne auszugehen. Sie postulierten die Meinung, »daß der Hund eher gelernt hat, Assoziationen zu bestimmten Klängen herzustellen, als Wörter im menschlichen Sinne« zu interpretieren. Dennoch müsse die Leistung von Fellow als »außergewöhnlich« gelten. Gezeichnet: Professor C. J. Warden und Dr. L. H. Warner.

Sie hielten damit für hinlänglich dokumentiert, daß man keineswegs etwa Vergleiche zwischen der Intelligenz von Fellow und jener eines Kindes anstellen wolle. Ein derartiges Unterfangen sei schlicht »absurd«.

Es nützte wenig: Als die Presse von einer Testreihe mit Fellow vor Psychologiestudenten in Columbia Wind bekam, wurden die Forscher fünf Tage lang von Reportern belagert. Die Schlagzeilen lauteten sinngemäß: Die Experten hätten herausgefunden, daß Fellow so intelligent sei wie ein sechs- bis achtjähriges Kind.

Dieses Dilemma zieht sich wie ein roter Faden durch all jene Forschungen an Tieren, die auf die Ergründung von Intelligenz, absichtsvollem Agieren, Emotionen und »bewußten« Handlungen im weitesten Sinn abzielen – bis heute mühen sich die Experten, solche Untersuchungen vom Geruch des Fragwürdigen zu befreien. Denn allzuoft hatte es in der Vergangenheit Vorfälle gegeben, bei denen Vorführungen angeblich genialer Tiere letztlich als blanke Bluffs enttarnt wurden, mit denen trickreiche Zeitgenossen die Wissenschaft oder zahlendes Publikum genarrt hatten.

So erwähnt der Wiener Wissenschaftstheoretiker Erhard Oeser in einem 2004 publizierten Buch, das der Frage tierischen Bewußtseins nachgeht, den Fall eines »sprechenden« Hundes, über den im Jahr 1706 berichtet wurde: Der drei Jahre alte Hund könne rund 30 deutsche Begriffe aufsagen, darunter die Wörter »Tee«, »Kaffee« und »Schokolade«. Knapp 50 Jahre später wurde in Danzig ein Artgenosse vorgeführt, der die Kunst des Lesens beherrscht haben soll – und auf die Frage, wer Rom erbaut habe, bewegliche Buchstaben zum Wort »Romulus« zusammengefügt haben soll. Ein halbes Jahrhundert später verblüffte in Paris ein Pudel namens »Munito« die Öffentlichkeit, dem man dabei zusehen konnte, wie er scheinbar Rechenaufgaben löste.

Besonnene Wissenschaftler hegten schon damals Zweifel an solchen Fähigkeiten und setzten dem Aberglauben nüchterne Experimente entgegen. Ein früher derartiger Versuch stammte gegen Ende des 19. Jahrhunderts vom Briten John

Lubbock, der seinem schwarzen Pudel »Van« beibrachte, einzelne Wörter zu erkennen – was jedoch naturgemäß nicht auf echtem Sprachverständnis beruhte, sondern auf intensivem Training. Das Kunststück gelang, indem Lubbock Begriffe wie »food« auf Papptafeln schrieb und deren korrektes Apportieren mit Leckerbissen belohnte. Allmählich lernte Van, beschriebene Tafeln von solchen ohne Schriftzug zu unterscheiden und auch einzelne Termini mit bestimmten Kärtchen zu assoziieren. Lubbock ging nach durchaus beachtlichen Kriterien wissenschaftlicher Sorgfalt vor: So wechselte er die Tafeln immer wieder aus, um zu vermeiden, daß sich der Hund am Geruch orientieren konnte.

Die Geschichten vermeintlich superintelligenter Tiere lassen sich trotzdem nicht ausrotten. Vilmos Csányi, der langjährige Vorstand des Budapester Instituts für Ethologie, berichtet, wie ein Anrufer empört auflegte, weil Csányi ihn mit einer gehörigen Portion Skepsis fragte, was der Mann denn mit der Behauptung meine, sein Hund könne »lesen«. In Hundebüchern wiederum kursieren Anekdoten wie jene des britischen Airdaleterriers »Ruff«, der angeblich, weil von Bienen zerstochen, ohne Begleitung seiner Besitzer den weiten Weg zu einem Tierarzt namens D. G. Shaw fand und dort unaufgefordert auf den Behandlungstisch hüpfte. Beweisen lassen sich die wundersamen Schilderungen praktisch nie: Ob ein Hund namens »Roger«, über den im Jahr 1907 berichtet wurde, er könne 15 Spielkarten auseinanderhalten, oder ein eher berüchtigt als berühmt gewordenes Pferd namens »Kluger Hans«, von dem behauptet wurde, buchstabieren, zählen und mathematische Aufgaben lösen zu können – stets stellte sich heraus, daß es sich um Täuschung des Auditoriums handelte.

Hans gehörte einem Mathematiklehrer namens Wilhelm von Osten und wirkte seine Wunder zu Beginn des 20. Jahrhunderts. Hans konnte addieren, subtrahieren, multiplizieren, dividieren. Hans stampfte stets die Lösung mit einer entsprechenden Zahl an Hufschlägen auf den Boden. Die Gelehrten waren ratlos. 1904 setzten sie eine Kommission aus 13 wissenschaftlichen Kapazitäten ein. Den Vorsitz führte ein renommierter Berliner Psychologe. Die Experten fanden nichts Verdächtiges. Hans trommelte selbst dann die richtigen Antworten auf die Erde, wenn ihn wildfremde Personen prüften.

Das Geheimnis wurde schließlich von dem Psychologen Oskar Pfungst gelüftet. Er hatte Hans nochmals rechnen lassen, und für seinen Geschmack war das Pferd ein wenig zu klug: Denn Pfungst beließ es nicht bei den Grundrechenarten, sondern steigerte den Schwierigkeitsgrad der Fragen. Doch Hans löste selbst komplizierteste Aufgaben wie Exponentialrechnungen und Wurzelziehen. Es klappte praktisch immer. Es funktionierte nur in bestimmten Fällen nicht: wenn jener Mensch, welcher die Rechenaufgabe stellte, das Ergebnis selbst nicht kannte. Dann versagte Hans völlig.

Pfungst enthüllte, daß die Anzahl der Huftritte rein gar nichts mit Mathematik zu tun hatte. Vielmehr stieg bei den Prüfern in gespannter Erwartung des jeweiligen Resultats, welches das Pferd verkünden würde, das Erregungsniveau – exakt bis zu jenem Augenblick, in dem die richtige Zahlensumme auf den Boden geklopft war. In diesem Moment entspannten sich die ob Hans' Bravourleistung erfreuten Tester merklich, und das Pferd – das die feinen Emotionsschwankungen der Menschen registrierte – brach sein Stampfen jäh ab. Bei jenen Menschen, welche die jeweils korrekte Lösung selbst nicht kannten, konnte mangels dieses Wissens auch kein Entspannungseffekt eintreten, und Hans fehlte die Orientierungshilfe. Das Hufstampfen selbst beruhte auf Dressur.

Die Episode ging als »Clever-Hans-Effect« in die Literatur ein – und als gewaltige Pleite, welche die Wissenschaft der Lächerlichkeit preisgab und nachhaltig diskreditierte. Oeser spricht gar von einem »Trauma der Tierpsychologen«, das »bis zum heutigen Tag« nicht vollends überwunden sei. Zugleich ist der Fall ein anschauliches Beispiel dafür, wie sich zunächst übernatürlich erscheinende Fähigkeiten – wie sie auch heute von Hundebesitzern immer wieder berichtet werden – letztlich ganz rational erklären lassen.

Die Psychologen Warden und Warner, denen die Ressentiments der Fachwelt in bezug auf Überinterpretationen tierischer Intelligenz wohl bewußt waren, wollten gleich in den ersten Absätzen ihrer Studie über den Hund Fellow jegliche Vermutung ausräumen, sie selbst könnten sich auf anekdotisch vermintes Terrain begeben. Sie erinnerten daran, daß die »Haltung des modernen vergleichenden Psychologen jene eines gesunden Skeptizismus gegenüber Fällen genialer Tiere und menschenähnlicher Ebenen tierischer Intelligenz« sei. Es liege schließlich nicht lange zurück und sei in »gewissen Zirkeln« immer noch üblich, fragwürdige Geschichten aufzugreifen. In der Folge verwendeten die Experten einen Terminus, der bis heute als üble Beleidigung gilt und als Totschlagargument benutzt wird, wenn man die Arbeit eines Tierforschers herabwürdigen will: »Anthropomorphismus« – die Vermenschlichung tierischen Verhaltens.

Zugleich hielten Warden und Warner aber auch ein Plädoyer für eine intensivere Erforschung des Hundes: Kein Tier habe ein »reicheres Erbe an Überlieferung, Empfindsamkeit und Erhabenheit«, und es sei »für jeden von uns schwierig, diesem traditionellen Einfluß gänzlich zu entkommen«. Der Hund sei schlicht das ideale Laborsubjekt und zweifellos »sensitiver gegenüber den Launen eines Menschen, dessen Vertrauen er gewonnen hat, als jeder andere Fleischfresser«. Und man könne ihn allein mit ein paar netten Worten und Streicheleinheiten zur Teilnahme an Experimenten motivieren. Das Bestrafen von Hunden – bei heutigen Studien ohnehin längst verpönt – bezeichneten die Forscher explizit als überflüssig.

Diese Sätze dürfen als mutig gelten: Denn Warden und Warner standen nicht nur unter dem Eindruck dubioser Tiergeschichten, sondern auch unter jenem einer jungen und bald dominierenden Disziplin: des Behaviorismus. Seine Vertreter hielten sämtliche Versuche, Phänomene wie Gefühl, Intelligenz und Verstand, Seele und bewußtes Erleben zu untersuchen, für sentimentalen Humbug. Sie traten dafür ein, Geist und Bewußtsein überhaupt aus dem Vokabular der Fachwelt zu streichen. Denn die Annahme höherer mentaler Fähigkeiten sei mit objektiven Meßkriterien und Laborgeräten nicht verifizier- und erforschbar. Freude, Schmerz, Trauer, Wut, Zuneigung – alles diffuse Projektionen menschlicher Vorstellungen. Nachzuweisen gelte es statt dessen bloße Verhaltensäußerungen: Man könne zum Beispiel sagen, ein Hund beginne angesichts eines Stückes Wurst mit dem Schwanz zu wedeln und Speichel abzusondern, nicht jedoch, daß sich das Tier darauf »freue« oder die Wurst »wolle«. In der Welt der Behavioristen wurde jegliches Verhalten auf eine schlichte Verkettung von Reizen und darauf folgenden Reaktionen reduziert. Gültigkeit hatte lediglich, was strenger Naturwissenschaft und deren Apparaturen zugänglich war.

Ganz neu war dieser Ansatz nicht – dessen neuerliches Aufleben im Zuge des Behaviorismus demonstrierte jedoch, daß die Erklärungsmodelle für tierisches Verhalten immer schon zwischen zwei Extremen angesiedelt waren: zwischen einer rein mechanistischen Sichtweise, der zufolge Tiere biologische Maschinen sind, die reizgesteuert und unfreiwillig auf ihre Umwelt reagieren, und einer entgegengesetzten Denkschule, welche den Lebewesen planvolles Agieren, mithin auch Geist und Bewußtsein zubilligt. Und im Lauf der Jahrhunderte schwang das Pendel mehrfach zwischen diesen Polen hin und her.

Die Labormaschinen

Der griechische Gelehrte Platon ging noch von einer »philosophischen Natur« des Hundes aus und attestierte ihm, »lernbegierig« zu sein. Aristoteles stellte Beobachtungen über Verhalten und Fortpflanzung von Hunden an, und im 2. Jahrhundert n. Chr. verfaßte der griechische Historiker und Philosoph Arrian eine Abhandlung, in der er seinen Hund »leutselig« nannte und beschrieb, wie dieser seine »Anhänglichkeit« zeigte. In späteren Epochen vertraten namhafte Denker eine gänzlich andere Sicht der Dinge. Für René Descartes zum Beispiel waren Tiere Automaten, willen- und absichtslose Kreaturen ohne jedes Bewußtsein ihrer selbst. Ähnlich sah dies sein Landsmann Nicolas Malebranche, der behauptete, »Tiere fressen ohne Vergnügen, weinen ohne Schmerz, handeln, ohne es zu wissen«. Dem schottischen Aufklärer David Hume indes erschien es in der ersten Hälfte des 18. Jahrhunderts offensichtlich, »daß Tiere ebenso mit Gedanken und Vernunft ausgestattet sind wie der Mensch«. Mehr als 100 Jahre später stellte Charles Darwin die Leugner tierischen Bewußtseins vor ein kniffliges Rätsel – und nun handelte es sich nicht mehr um philosophische Betrachtungen, sondern um Argumente der Naturwissenschaft. Denn die Evolutionstheorie führt zwingend zur Frage: Wenn alle Lebewesen gemeinsame Vorfahren haben, wie sollte es dann kommen, daß zwar der Mensch über Geist und Seele verfügt, seine Ahnen und nächsten Verwandten im Tierreich jedoch nicht? In bezug auf Hunde mutmaßte Darwin explizit, er könne sich bei ihnen einen bewußten Geist vorstellen.

Wissenschaftliche Experimente an Hunden waren bis ins 20. Jahrhundert dennoch mehrheitlich darauf beschränkt, an ihnen herumzuschneiden, um die Funktion von Organen oder sonstige physiologische Abläufe zu studieren. In der ersten Hälfte des 17. Jahrhunderts führte der Holländer Jan de Wale Vivisektionen an Hunden durch, um die Theorie des Blutkreislaufs zu prüfen. Er band lebende Hunde auf einem Labortisch fest und legte die Blutgefäße der Hinterextremitäten frei. Durch systematische Verletzungen demonstrierte de Wale, wie das Blut vom Herzen ausgehend durch die Arterien weggepumpt wird und durch die Venen wieder zurückfließt. Als Indikator diente der Umstand, ob bei einem Schnitt Blut herausspritzte oder nicht, der Hund also verblutete oder nicht.

Auch der Initiator des wohl bekanntesten Hundeexperiments ging nicht zimperlich mit seinen Versuchstieren um. Der russische Mediziner Iwan Pawlow befaßte sich in seinem Labor im damaligen Leningrad unter anderem mit Reaktionen auf extremen Streß und quälte seine Hunde dafür mit elektrischen Reizen, Nahrungsentzug und führte Magenstörungen herbei. Er gestand: »Wenn ich einen Versuch beginne, der letzten Endes zum Tod des Tieres führt, empfinde ich ein tiefes Gefühl des Bedauerns, daß ich ein blühendes Leben unterbreche.« Allerdings: »Ich ertrage das im Interesse der Wahrheit, zum Nutzen des Menschen.«

Der Anstoß zu seinem berühmtesten Versuch beruhte auf einer eher zufälligen Beobachtung. Pawlow hatte sich zunächst mit dem Verdauungssystem beschäftigt und für seine Arbeiten auf diesem Gebiet 1904 den Nobelpreis für Medizin erhalten. Derart mit ansehnlichen Ressourcen ausgestattet, konnte er ein neues Forschungsprojekt realisieren: Pawlow war an jenen Hunden, die er für seine physiologischen Studien in Zwingern hielt, aufgefallen, daß sie schon in Erregung verfielen, wenn sie die Schritte der Tierbetreuer hörten – obwohl noch gar kein Futter in Sicht war. Pawlow vermutete, daß allein das Geräusch der Schritte genügte, um die Hunde Nahrung erwarten zu lassen. In der Folge startete er jenes Experiment, das als »Pawlowscher Hund« in die Geschichte einging: Er kombinierte das Verabreichen von Futter stets mit dem Erklingen einer Stimmgabel. Irgendwann stellte er fest, daß der Ton genügte, um bei den Hunden Speichelfluß anzuregen. Derart gelangte Pawlow zur Überzeugung, daß Verhalten allein auf Reflexe gegenüber bestimmten Reizen zurückzuführen sei. Dieses Prinzip der Steuerung durch bloße Stimuli nannte Pawlow »klassische Konditionierung«, und es stellte den wichtigsten Anstoß für das Gedankengebäude der Behavioristen dar.

Im Lauf der Jahrzehnte erfuhr der Behaviorismus – der Begriff wurde 1913 von dem amerikanischen Psychologen John B. Watson geprägt – zwar Weiterentwicklungen und Modifikationen, etwa in Form von Strömungen wie dem Neobehaviorismus oder dem in den fünfziger Jahren von Burrhus Frederic Skinner begründeten radikalen Behaviorismus. Doch das prinzipielle Dogma, wonach wissenschaftlich nur akzeptabel sei, was auch im Labor gemessen werden könne, und daß Verhalten ausschließlich in diesem Rahmen beschrieben werden müsse, blieb aufrecht – trotz vielfach laut werdender Kritik, daß dieses Konzept allzusehr simplifiziere. Auch die in den dreißiger Jahren vor allem in Europa aufkeimende Ethologie, die vergleichende Verhaltensforschung, hatte in den USA aufgrund der lange währenden Übermacht des Behaviorismus zunächst einen schweren Stand. Erst in den sechziger und siebziger Jahren schlug das Pendel wieder in die Gegenrichtung: mit dem Kognitivismus, der sich vermehrt der Erforschung mentaler und intellektueller Prozesse zuwandte.

In bezug auf die Tierforschung war es vor allem ein Mann, der den Bann brach und die Kollegenschaft ermutigte, nicht länger um ihre Reputation zu fürchten, wenn sie sich Themen wie tierischem Bewußtsein näherte: Donald Redfield Griffin, der in Harvard Zoologie studiert hatte, war ein Wissenschaftler von untadeligem Ruf und hatte sich mit der Erforschung des Navigationssystems von Fledermäusen einen Namen gemacht.

In den siebziger Jahren übte Griffin Kritik daran, daß Forscher sofort in Mißkredit gebracht wurden, wenn sie es wagten, Tieren Geist und Verstand zu attestieren. »Viele vergleichende Psychologen«, bemerkte Griffin, würden »bei dem Gedanken, daß Tiere ein Bewußtsein haben könnten, buchstäblich versteinern«. Griffin wagte indessen die Behauptung, bewußtes Denken sei schlicht das, »was Gehirne tun, auch tierische Gehirne«. Und er argumentierte: »Tiere wollen das eine und fürchten das andere. Und sie erwarten, daß bestimmte Verhaltensweisen zu vorhersehbaren Ergebnissen führen.« Derart begründete Griffin, der im November 2003 im Alter von 88 Jahren verstarb, die »kognitive Ethologie«. In gewisser Weise machte Griffin damit die Bahn frei für die heute deutlich unbeschwertere Analyse kognitiver Prozesse und mentaler Leistungen im Tierreich – auch und besonders bei Hunden.

Die Goldgräber

Bis dahin waren es eher einzelne Psychologen oder Ethologen gewesen, die sich um Kognitionsforschung bei Hunden verdient gemacht hatten, und ähnlich wie Warden und Warner hatten sie sich lange Zeit stets ins Spannungsfeld zwischen Behaviorismus und der verpönten »Seelenkunde« begeben müssen. Als einer der europäischen Pioniere auf diesem Gebiet gilt der Deutsche Werner Fischel, ein früher Vertreter der Verhaltensforschung und Inhaber der ersten deutschen Dozentur für Tierpsychologie. In den dreißiger Jahren des vergangenen Jahrhunderts beschrieb Fischel eine Reihe von Experimenten an Hunden, die bis in die Gegenwart von jungen Ethologen eifrig studiert werden.

Fischel befaßte sich beispielsweise mit dem Erinnerungsvermögen von Hunden und publizierte eine Abhandlung mit dem Titel *Über das Innenleben der Hunde*. Gleich im ersten Satz zielte er programmatisch auf die kühle Mechanistik der Behavioristen: »Die Zeit ist vorbei, in der man aus Scheu vor übertriebener Vermenschlichung jede Rücksicht auf seelische Regungen vermied«, meinte Fischel und fragte: »Sollte jede Spur eines auch noch so schlichten Denkens höheren Tieren fremd sein?«

Doch Fischel beschränkte sich nicht auf Pathos und Schwärmerei über das seiner Ansicht nach »ausgezeichnete Gedächtnis« des Hundes, sondern ging akribisch und systematisch ans Werk. Gemeinsam mit dem Holländer Frederik Jacobus Johannes Buytendijk verfaßte Fischel Mitte der dreißiger Jahre die Studie *Über die Reaktionen des Hundes auf menschliche Wörter*. Das Papier war unter anderem als Antwort auf Arbeiten des Griechen Emanuel Georg Sarris gedacht, der sich 1931 ebenfalls für das Wortverständnis des Hundes interessiert hatte. Doch Sarris, so ließen Fischel und Buytendijk dezent anklingen, war offenbar von schierem Wunschdenken übermannt worden und hatte der Versuchung nachgegeben, dem Hund ein allzu weitreichendes Sprachverständnis zu attestieren. Dies jedoch sei »übereilt«: Echtes Verstehen käme nicht mit bloßen Reaktionen auf Schlüsselwörter aus, sondern fordere sinnvolles Reagieren »auch auf neue Wortkombinationen«.

Fischel und Buytendijk konterten mit einem sorgfältig arrangierten Experiment. Sie wählten einen weißen Spaniel namens »Ammy« aus. Sie trainierten ihn drei Wochen lang. Sie brachten ihm Befehle und knappe Sätze bei. Anschließend begannen sie mit Leistungstests, wobei insgesamt 50 Versuche durchgeführt wurden. Die Forscher hielten jeden Schritt penibel fest: Sie fertigten Tabellen und Photos an und fügten dem Artikel Skizzen bei, die den Testraum und die Positionen der darin plazierten Objekte schematisch darstellten. Sie listeten die Begriffe auf, die sie Ammy beigebracht hatten: »in den Korb«, »auf den Stuhl«, »spring«, »runter«, »komm«. Sie ermittelten, wie gehorsam der Hund die Kommandos befolgte, die stets von einer Versuchsleiterin erteilt wurden.

Dann änderten sie die Testbedingungen, um die Frage echten Wortverstehens zu ergründen. Zunächst ließen sie die Versuchsleiterin statt »spring« zum Beispiel »sing« sagen, wenn Ammy motiviert werden sollte, von einem Sessel zu hüpfen. Diese sanfte Abwandlung des Wortes an offenbar jedoch kritischer Stelle, so die Experten, »hat der Hund bemerkt und ist nicht gesprungen«. Auch in weiterer Folge waren Fischel und Buytendijk ziemlich kreativ: Sie stellten die Versuchsleiterin hinter einen Vorhang und ließen sie von dort ihre Befehle aufsagen, um »optische Zeichengebung« zu unterbinden; Ammy war kurz verwirrt, hatte aber schon beim dritten Versuch den Dreh raus. Dann wurden die Kommandos von einer dem Hund fremden Person ausgesprochen; nach einer kurzen Gewöhnungsphase folgte er auch in diesem Fall, »so daß wir annehmen müssen, daß er das Wort wohl erkannt« habe. Schließlich ertönten die Anweisungen aus einem Lautsprecher; damit konnte Ammy allerdings nur wenig anfangen – er inspizierte eher neugierig den Lautsprecher oder bewegte sich zu jener Tür, durch welche die Menschen zuvor den Raum verlassen hatten.

Die anspruchsvollste Aufgabe bestand letztlich darin, daß der Hund, der auf Befehl zwischen zwei nebeneinanderstehenden Stühlen hin und her springen konnte, an diesem Manöver gehindert wurde, indem die Forscher ein Gitter zwischen die Sessel stellten. Um seinen Platz zu wechseln, hätte er nun zunächst vom ersten Stuhl auf den Boden hüpfen und das Gitter umgehen müssen. Dann erst hätte er seine Position auf dem zweiten Stuhl einnehmen können. Damit jedoch tat sich Ammy schwer, was für Fischel und Buytendijk den Schluß nahelegte: Der Hund konnte zwar zuverlässig eine konkrete Aktion ausführen, jedoch nicht so weit abstrahieren, daß er mit einem Befehl die Erfüllung eines komplexeren Zieles verbunden hätte – nämlich in diesem Fall einen Umweg einzuplanen, um die ihm erteilte Anweisung korrekt zu Ende zu führen.

In den Vereinigten Staaten wurde eineinhalb Jahrzehnte später ebenfalls Pionierarbeit geleistet, wenn auch mit anderen Schwerpunkten. Im Jahr 1947 starteten der Zoologe John Paul Scott und der Psychologe John L. Fuller eine der wohl aufwendigsten Studien der Tierforschung. Über einen Zeitraum von 13 Jahren etablierten sie, unterstützt von einem Stab an Assistenten, eine Zucht mit rund 500 Hunden aus fünf Rassen: Basenjis, Beagles, Cockerspaniels, Shelties und Drahthaar-Foxterrier. Scott und Fuller selbst bezeichneten ihren Hundezoo im Jackson Laboratory in Bar Harbor, US-Bundesstaat Maine, als »School for dogs«. Die ersten fünf Jahre vergingen allein damit, dieses Unternehmen in Schwung zu bringen und es so zu organisieren, daß brauchbare Resultate generiert werden konnten. Die zentrale Fragestellung lautete: Inwiefern beeinflußt Vererbung das Verhalten?

Eigentlich wollten die Forscher Ergebnisse über das Ausmaß der Auswirkung genetischer Faktoren auf das menschliche Verhalten gewinnen, doch der Hund erschien ihnen dafür das ideale Lebewesen: Denn viele im Hinblick auf den Menschen zu untersuchende Effekte, glaubten Scott und Fuller, hätten ihre Entsprechung bei seinem besten Freund. »Um dies ein wenig enthusiastischer auszudrücken«, formulierten die Wissenschaftler in ihrem Buch *Genetics and the Social Behavoir of the Dog*, könne man getrost sagen, »der Hund ist eine veritable genetische Goldmine«. Zugleich schränkten sie ein, daß Hunde keineswegs als menschenähnliche

Wesen mit vier Beinen und einem Fellkleid betrachtet werden dürften. Und sie notierten, daß der Hund immer noch »ein in vieler Hinsicht wissenschaftlich unbekanntes Tier« sei. Mit dieser Bemerkung sollten sie noch für lange Zeit recht behalten.

Scott und Fuller erarbeiteten eine akkurate experimentelle Matrix. Sie achteten darauf, daß alle Tiere gleich und in nahezu identischem Umfeld aufwuchsen. Nur manche transferierten sie bewußt in menschliche Obhut, um später Vergleiche zu deren im Zwinger gehaltenen Artgenossen anstellen zu können. Die Forscher vereinheitlichten die Ernährung, prüften kontinuierlich das Gewicht der Tiere, schlossen durch ihr Studiendesign alle nur erdenklichen unerwünschten Einflüsse aus oder wollten sie zumindest unter Kontrolle bringen. So sollte die Bedeutung genetischer Faktoren möglichst unverfälscht bleiben.

Sie entwickelten Versuchsanordnungen, bei denen Hunde zum Beispiel in einem kleinen Labyrinth mit variabel verschließbaren Öffnungen den Ausgang finden mußten, wobei beobachtet wurde, ob sie sich dabei an bestimmten Hinweisen orientieren konnten. Auf diese Weise sollte die Problemlösungskompetenz von Hunden der einzelnen Rassen ermittelt werden. In anderen Versuchen mußten die Hunde Barrieren umgehen oder sich an einer abgedeckten Schüssel zu schaffen machen, um an darin befindliches Futter zu gelangen. Viele der Tests gelten heute als Standards, die – wenn auch zumeist in abgewandelter Form – immer noch zum Einsatz kommen.

Die wichtigste Etappe im Leben der Hunde war für Scott und Fuller stets die Phase von der Geburt bis zum Ende des ersten Lebensjahres. Dieser Maxime gehorchend, wollten sie Schritt für Schritt eruieren, ob etwa genetisch bedingte Rassenunterschiede bestünden und zum Beispiel die Verhaltensweisen von Basenji »Gyp«, Beagle »George« und Sheltie »Silver« merklich differierten.

Sie fanden heraus, daß die Vererbung beinahe alle untersuchten Merkmale beeinflußt; daß beispielsweise das Geschlecht für Aggression mitverantwortlich ist; daß dagegen das Ausmaß der Trainierbarkeit davon kaum berührt wird; daß trotz aller Unterschiede bei keiner Rasse eine Überlegenheit hinsichtlich der Fähigkeit zur Problemlösung vorliegt. Die Forscher untersuchten Basenjis und Cockerspaniels näher, weil diese beiden Rassen sowohl in bezug auf ihre Geschichte als auch auf ihr Verhalten besonders verschieden erschienen. Zum Beispiel stellten sie vergleichende Beobachtungen über die Bereitschaft zum Bellen an – welche bei einem Spaniel prinzipiell deutlich stärker ausgeprägt ist als bei einem Basenji. Auch wußten sie, daß es üblicherweise genügt, Welpen rund fünf Wochen lang mit Futter zu versorgen, um sie an Menschen zu gewöhnen. Bei den Basenjis, den ursprünglichen afrikanischen Buschhunden, traf dies nicht zu: Selbst wenn sie deutlich intensiver als andere Hunde betreut wurden, blieben sie zunächst relativ scheu. Erst nach sieben Wochen menschlicher Zuwendung glichen sie ihr Verhalten jenem anderer Rassen an.

Scott und Fuller folgerten, daß sich die genetische Differenz zwischen Basenjis und anderen Rassen zwar nicht an Eigenschaften wie Schüchternheit oder Wagemut festmachen läßt, wohl aber an der erforderlichen Betreuungsintensität. Die Erkenntnisse der Forscher wirken bis heute in der Hundehaltung nach: Auf ihre Arbeiten geht zum Beispiel die Empfehlung zurück, Welpen acht bis zwölf Wochen lang bei der Mutter zu belassen und sie erst dann der menschlichen Obhut zu überantworten.

Insgesamt resümierten die Forscher: »Generell zeigen die Ergebnisse, daß die Vererbung eine wichtige quantitative Determinante für das Verhalten von Hunden ist und daß die genetischen Verhaltensunterschiede ebenso verläßlich gemessen und analysiert werden können wie erbliche Unterschiede der physischen Größe.« Dennoch müßten zugleich stets »die komplexen Interaktionen mit der Umwelt« berücksichtigt werden. Außerdem seien bestimmte Eigenschaften kaum exklusiv für einzelne Rassen, vielmehr würde jede Rasse ein ganzes Bündel spezieller Verhaltensweisen zeigen.

Dem Forscherteam im Jackson Laboratory gehörte auch der junge Veterinärmediziner Michael W. Fox an, der es bald selbst zu einiger Bekanntheit bringen sollte: Ab 1963 veröffentlichte Fox Arbeiten über die Verhaltensweisen von Hunden. Er untersuchte Phänomene wie Aggression, Einflüsse der Domestikation, aus nachteiligen sozialen Bedingungen resultierende Verhaltensstörungen, stellte Vergleiche zwischen Hunden und Wölfen an – und sparte bei letzteren nicht mit Begriffen wie Loyalität, Ehrlichkeit, Offenheit oder der Bereitschaft zu verzeihen.

Einer von Fox' Schülern, der heute als Professor für Biologie an der University of Colorado in Boulder tätige Marc Bekoff, repräsentierte die nächste Generation an US-Forschern, die sich intensiv für die Hintergründe des Zusammenlebens von Mensch und Hund interessierten und ebenfalls kaum mehr Berührungsängste mit der Thematisierung mentaler Prozesse bei Tieren zeigten. Bekoff studierte zum Beispiel das Spielverhalten von Hunden, Wölfen und Kojoten und gelangte zu der Ansicht, daß sich Tiere beim Spielen spezielle Verhaltenskodizes aneignen. Beim Hund seien diese Muster in nennenswertem Ausmaß vom Menschen geprägt. Es käme daher gewissermaßen zu speziesübergreifendem Lernen, wodurch Hunde eine vielfältigere und auch ausgereiftere Form des Spielens entwickelt hätten. Diese Überlegungen sind nach wie vor Gegenstand empirischer Forschung.

Ab Anfang der achtziger Jahre leistete ein weiterer Amerikaner wichtige Beiträge zur Erforschung von Hunden, und seine Gedanken sollten zwei Jahrzehnte später die heute aktiven Ethologen maßgeblich inspirieren. Harry Frank war Psychologe an der University of Michigan-Flint. Der Hauptteil seiner Arbeit begann im Jahr 1980, als er in der deutschen *Zeitschrift für Tierpsychologie* ein Thesenpapier veröffentlichte, das seine Experimente für die nächsten zehn Jahre bestimmten und zu einer bedeutenden Wegmarke der Kognitionsforschung werden sollte.

Der Vordenker

Harry Frank konzentrierte sich auf ein Thema, das bisher vorwiegend im historischen Kontext eine Rolle gespielt hatte: Welche Veränderungen traten ein, als sich der Wolf dem Menschen anschloß? Frank spitzte die Frage zu: Er wollte wissen, was dieser Wechsel der ökologischen Nische für die mentale Grundausstattung des Wolfs bedeutet hatte. Könnten sich Belege dafür finden lassen, daß der Hund über ein anderes intellektuelles Rüstzeug verfügt als sein Vorfahre?

Frank hatte beispielsweise folgende Szene beobachtet: Die Zwinger auf seinem Forschungsareal hatten einen für Tiere komplizierten Verschlußmechanismus. Um die Tür zu öffnen, mußte man den Knauf zuerst nach vorn drücken und dann drehen. Franks Malamut hatte sechs Jahre lang mehrmals täglich zusehen können, wie das Gatter auf diese Weise geöffnet wurde. Er lernte jedoch nie, die Handgriffe nachzuahmen. Des weiteren hielt Frank einen Wolf-Malamut-Mischling. Nachdem dieser zwei Wochen lang studiert hatte, wie die Menschen das Tor öffneten, schaffte er dies allein. Wirklich verblüffend fand Frank aber die Leistung eines weiblichen Wolfs: Das Tier sah exakt einmal zu, wie am Griff hantiert wurde – dann brachte es die Tür ganz allein auf. Frank fielen auch Unterschiede bei der Vorgehensweise der Tiere auf: Der Mischling versuchte den Knauf mit der Schnauze zu bezwingen, der Wolf benutzte seine Pfoten.

Frank vermutete, daß Wölfe relativ schnell durch Beobachtung lernen, während Hunden dies nur bei recht simplen Herausforderungen gelingt. Er war der Ansicht, daß die Domestikation das Gehirn des Hundes verändert hat. Er begann eine Reihe von Experimenten, um diese These zu prüfen.

Frank richtete ein Testareal ein. Es bestand aus einem rund 2000 Quadratmeter großen Freilandgehege, auf dem Eichen, Birken und Ahornbäume wuchsen. Auf der Grünfläche stand eine Scheune, die eine Hundehütte samt Auslaufbereich beherbergte. Im Mai 1980 holte Frank vier elf Tage alte Wolfswelpen aus dem Carlos Avery Game Park, Minnesota, und überantwortete sie einer Wölfin. Zwölf Stunden pro Tag blieben die Jungen bei der Leihmutter, die anderen zwölf Stunden verbrachten sie in menschlicher Obhut. Außerdem brachte Frank vier zehn Tage alte Malamutwelpen auf seine kleine Farm.

Er erarbeitete eine Reihe von Tests und teilte sie in zwei Kategorien ein: in Trainings- und Problemlösungsexperimente. Er griff beim Entwurf der Versuchsanordnungen auf Ideen der Pioniere John Paul Scott und John L. Fuller zurück, entwickelte manche weiter, übernahm andere originalgetreu, um später eigens ermittelte Daten mit jenen seiner Vorgänger abgleichen zu können. So schufen Scott und Fuller, Fox und Frank mit all ihren selbstgezimmerten Holzkisten und Barrieren, mit Labyrinthen und Parcoursläufen eine Art Basiswerkzeugkasten, den Forscher bis heute immer wieder benutzen, wenn auch zumeist in abgewandelter Form.

Franks Trainingsexperimente sahen folgendermaßen aus: Er stellte seine Versuchstiere auf eine kleine Plattform, legte ihnen Halsbänder um und beobachtete, ob Hunde- oder Wolfswelpen dies eher über sich ergehen ließen und ruhig stehen blieben. Er führte Leinentrainings durch, als die Tiere elf Wochen alt waren, und zeichnete auf, welche Welpen bockten oder an der Leine zerrten. Er baute einen Holzkasten, aus dem die Tiere durch eine mit Gitterstäben versperrte Öffnung nach draußen auf ein Tablett sehen konnten, in das drei Vertiefungen eingearbeitet waren. In einer von ihnen war Futter versteckt, welches die Welpen aus ihrem Käfig jedoch nicht direkt sehen konnten, denn die Vertiefungen waren mit entweder schwarzen oder weißen Bauklötzen abgedeckt. Frank servierte seinen Tieren nur das Feinste: Es gab Sardinen und geräucherte Austern. Die Fragestellung lautete: Wie rasch würden welche Welpen kapieren, daß sich die Delikatessen beispielsweise stets unter dem schwarzen Klötzchen befanden? In einem weiteren Test ließ Frank Hunde und Wölfe durch ein Labyrinth laufen, wobei entweder ein rechter oder ein linker Korridor den Weg ins Freie bot. Den beiden Seiten ordnete der Forscher Signale zu, welche die Tiere als Orientierungshinweise verstehen sollten: ein Pfeifton für rechts, ein Lichtzeichen für links.

Franks Problemlösungsexperimente bestanden im Folgenden: Er errichtete im Garten verschieden große Barrieren und beobachtete, wie geschickt sich Wölfe im Vergleich zu Hunden anstellten, wenn sie die Hindernisse umgehen mußten, um sich Sardinen von einem Teller schnappen zu können. Des weiteren konfrontierte er die Tiere mit einem »manipulation test«, bei dem sie sich Futter aus einer Holzkiste grapschen sollten, wobei der Schwierigkeitsgrad permanent gesteigert wurde: So mußten die Welpen an einer Kordel ziehen, um die Futterschüssel aus der Box hervorzuholen, oder die mit nur einer Öffnung versehene und mit dieser Seite an eine Mauer geschobene Kiste umdrehen, um die Fische zu ergattern.

Die Ergebnisse bestätigten im wesentlichen die ursprünglichen Vermutungen: Frank gelangte zu dem Schluß, daß sich Hunde als üblicherweise besonders gut trainierbar erweisen und hohe Bereitschaft zeigen, sich die von ihnen erwarteten Verhaltensweisen anzueignen. Sie blieben mit der Kette um den Hals ruhiger stehen als die Wölfe und ließen sich brav an der Leine führen. Auch bei den Tests im Labyrinth hatten sie schnell gespeichert, welchen Signalen sie vertrauen mußten, um hinauszugelangen.

Bei den Experimenten, die Problemlösung verlangten, stellte sich der Sachverhalt nach Franks Ansicht genau gegenteilig dar: Beim Umgehen der Barriere erwiesen sich die Wölfe als deutlich zielstrebiger: Sie hielten seltener ratlos inne oder wechselten die Richtung. Ähnlich waren die Resultate bei der Aufgabe, Leckereien aus den Kisten hervorzukramen. Frank konstatierte: »Die Anzahl der von den Wölfen gelösten Probleme war signifikant höher als bei den Malamuts.«

Die Kurzfassung seiner Interpretation: Hunde lassen sich leicht abrichten, Wölfe zeichnen sich durch hohe Kompetenz bei selbständiger Lösung von Problemen aus. Hunde lernen durch Wiederholung, Wölfe zeigen »einsichtiges« Verhalten – und machen, anders als Hunde, auch keine Fehler mehr, wenn sie einmal die richtige Lösung für ein Problem erkannt haben.

Diese besonderen Fähigkeiten des Wolfs, argumentierte Frank, hätten aus evolutionärer Sicht absolut Sinn. Denn auch auf einen hochentwickelten Jäger lauerten in freier Wildbahn jede Menge Gefahren, und eine ausgeprägte, blitzartige Auffassungsgabe biete einen klaren Überlebensvorteil: Wer einen Fehler begeht, sich diesen gar zweimal erlaubt, hat unter Umständen sein Leben verwirkt. Je schneller ein Tier daher lernt, aus aufmerksamer Beobachtung die richtigen Schlüsse zu ziehen, desto besser kommt es durch.

Frank vermutete, daß der Wolf sogar zwei komplementäre Systeme der Informationsverarbeitung entwickelt hat: zum einen ein basales, archaisches System der Instinkte, das von Reizen gesteuert wird und relativ stereotype Reaktionen wie Fluchtverhalten oder Schutz der Welpen hervorruft; zum anderen ein deutlich diffizileres System, einen kognitiven Speicher, der den Wolf zu sozialer Intelligenz, zu zweckgerichtetem Handeln und »einsichtigem« Agieren befähigt. Frank glaubte, daß sich dieses zweite System später herausbildete, wohl als Begleiterscheinung der kooperativen Jagd. Fallweise, etwa zur reflexartigen Abwehr einer Bedrohung, würde das primitivere System das höhere jedoch überlagern. Derart würde gleichsam auf »Basisprogramm« geschaltet.

Als der Wolf zum Hund wurde, habe eine Notwendigkeit bestanden, die Festplatte gewissermaßen neu zu formatieren. Die beiden Schaltkreise seien allmählich zu einem einzigen verschmolzen, begleitet von einer Reihe nachhaltiger Änderungen. Der Hund benötigte die Eigeninitiative und das explorative Verhalten des Wolfs nicht mehr – vielmehr wäre es in vielen Situationen sogar hinderlich. Schließlich lebe der Hund in einer Welt voller Herausforderungen, so Frank, die kein noch so kluges Tier dauerhaft meistern könnte. Ob automatische Türen, Autos, technische Geräte oder Aufzüge, die ihre Passagiere auf eine andere Ebene befördern, ohne daß dieser Ortswechsel für ein Tier nachvollziehbar wäre: für den Hund wäre es sogar gefährlich, wenn er mit all diesen Phänomenen selbst zurecht kommen wollte. Er verläßt sich deshalb auf den Menschen als »Mediator«, wie Frank argumentierte. Der Mensch fungiere als »Puffer zwischen dem Tier und den Konsequenzen aus dessen Fehlern«. Der Mensch nehme dem Hund ab, was der Wolf selbst bewerkstelligen müsse: das Umsetzen von Strategien, die ihm helfen, in seiner Umwelt zu überleben.

Deshalb zeichneten sich domestizierte Tiere durch Gefügigkeit, Gelehrigkeit und hohe Toleranz menschlicher Nähe aus, und das habe auch die mentale Grundstruktur geprägt: Wie einst Konrad Lorenz meinte auch Frank, der Hund habe ein offeneres, breiteres und flexibleres Spektrum an Verhaltensmustern entwickelt, das ihn zur Interaktion mit dem Menschen prädestiniere, und sei von den starren reizgesteuerten Reaktionsformen des Wolfs befreit worden. Im Gegenzug habe er jedoch die ausgeprägte Kompetenz des Wolfs zur raschen Bewältigung komplexer Aufgaben ebenso eingebüßt wie dessen unersättliche Neugierde, welche ihn zu »einem so dynamischen und interessanten Geschöpf macht«.

Als Beispiel für die unterschiedlichen Verhaltensweisen führte Frank an, wie sich seine Malamutwelpen anstellten, als es ihnen nicht gelang, das Futter aus den Kisten hervorzuholen: Sie setzten sich hin und hielten hilfesuchend Ausschau nach einem der Versuchsleiter. Dies dokumentiere, so Frank, wie sehr sich der Hund auf den »Vermittler« Mensch verlasse. Diese Randbemerkung sollte 20 Jahre später zu einem Schlüsselthema der modernen Ethologie werden. Frank hatte sich zwar mehr für die Klugheit der Wölfe begeistert, doch zugleich auch viele Besonderheiten des Hundes im direkten Vergleich mit seinem wilden Ahnen beschrieben. Heute ist dies ein Herzstück der Experimente mit Hunden.

Franks Arbeiten gelten bis in die Gegenwart als Meilensteine, er selbst fast als eine Art Ikone, und kaum eine diesbezügliche Studie kommt ohne den Hinweis auf seine Testreihen aus. Allerdings wurden Franks Erkenntnisse über die Jahre oftmals verkürzt und simplifiziert, und nicht selten lautete die Kurzfassung: Hunde haben einen im Vergleich zu Wölfen verkümmerten Verstand. Oder, noch plakativer und gerne in Verbindung mit dem Umstand, daß der Hund um rund 30 Prozent weniger Gehirnvolumen hat als der Wolf: Hunde sind dümmer als Wölfe.

Das hatte Frank freilich nie behauptet. Vielmehr thematisierte er selbst die häufig gestellte Frage, wer denn nun klüger sei – der Wolf oder der Hund. In ähnlicher Weise würden Kinder gerne wissen wollen, welches Tier gescheiter ist: der Hund oder die Katze. Frank antwortete, die Frage sei falsch. Denn Intelligenz sei das jeweils geeignete Verhalten eines Tieres in seiner ganz besonderen Umgebung. Wölfe seien deshalb »klüger« in der freien Wildbahn, Hunde hingegen in der Welt des Menschen.

Harry Frank setzte sich im Mai 2001 zur Ruhe. In der warmen Jahreszeit schätzt er gemächliches Joggen und verbessert sein Golfhandicap in seinem Sommersitz in Ann Arbor. Die Wintermonate verbringt er in den Rocky Mountains als Skilehrer. Dennoch verfolgt er noch heute genau, welche Resultate seine jungen Kollegen zutage fördern. Es sollte allerdings relativ lange dauern, bis Frank wirklich Neues zu lesen bekam – denn nach seinen Studien schwand das Interesse am Forschungsobjekt Hund erst einmal.

Schließlich kam eine junge Generation an Ethologen. Diese Wissenschaftler stammen vorwiegend aus Europa. Sie griffen Franks Gedanken auf. Sie traten zugleich in Opposition zu seinen Thesen. Sie sorgten für den bisher größten Boom der Hundeforschung.

Die nächste Generation

Eines Tages hatte Ádám Miklósi genug von Fischen. Der Verhaltensforscher am Department für Ethologie an der Eötvös Loránd University in Budapest und sein Chef, Institutsvorstand Vilmos Csányi, waren sich einig, daß die Forschung an den Wassertieren allmählich langweilig wurde und sie sich einer anderen Spezies zuwenden sollten. In der zweiten Hälfte der neunziger Jahre hatten sie sich entschieden.

»Über Hunde gab es zu dieser Zeit fast gar nichts«, erinnert sich Miklósi. »Wir haben damals sicher Pionierarbeit geleistet.«

Ein zunächst dreiköpfiges Team begann sich auf das neue Forschungsgebiet zu konzentrieren: Miklósi, Csányi und deren Kollege József Topál. Sie konnten auf einem höheren Niveau ansetzen als ihre Vorgänger. Denn nicht nur waren bedeutende Vorarbeiten bereits geleistet und die Methoden der Ethologie ausgereifter als früher. Auch standen inzwischen all die jüngeren Erkenntnisse über die Dauer der Beziehung von Mensch und Hund sowie die Anfänge dieses Zusammenlebens zur Verfügung.

Mußten einst Hundeforscher wie Werner Fischel großteils an bloße Alltagserfahrung und die Volksweisheit anknüpfen, wonach der Hund der sprichwörtliche beste Freund des Menschen ist, kannten Experten wie Miklósi die damals schon veröffentlichten ersten Arbeiten der Genetik, die jeweils jüngsten Funde der Archäologen und die zahlreichen Theorien über den Beginn der besonderen Partnerschaft – die Vorstellung von der ersten Annäherung von Wölfen an menschliche Abfallplätze ebenso wie jene von der Koevolution der beiden Spezies. Sie hatten damit eine harte, wenn auch mitunter widersprüchliche Basis an aktuellen Daten für den Umstand, daß Mensch und Hund seit Tausenden von Jahren eine enge Partnerschaft pflegen – und konnten nun darangehen, die Konsequenzen daraus für das Verhalten der Hunde in der Gegenwart zu ergründen.

Gleich mit einer ihrer ersten größeren Studien schlossen die Ungarn an Harry Franks Arbeiten an. Csányi, Miklósi und Topál untersuchten neuerlich die Fähigkeit zur Problemlösung. Freilich zeigen nun Komplexität, Detailgenauigkeit, Planung und Dokumentation, mit welcher Sorgfalt Forscher heute vorgehen müssen, um in der Fachwelt akzeptierte Daten zu produzieren: In die Studie wurden 28 Hundebesitzer mit ihren Tieren einbezogen. Die Hunde gehörten 14 Rassen an. Unter anderem gab es Schäfer, Boxer, Bobtails, Rottweiler und English Setter. Zwölf dieser Hunde wurden als »abgerichtet« eingestuft, 16 als »nicht abgerichtet«. Im selben Zahlenverhältnis standen einander die beiden Gruppen »Arbeitshunde« und »Begleiter« gegenüber. Zunächst wollten die Forscher wissen, wie die Besitzer ihre Beziehung zu ihren Haustieren selbst beurteilten. Zu diesem Zweck füllten sie eine aus 13 Fragenkomplexen bestehende Liste aus: Darf der Hund im Bett schlafen? Wird der Geburtstag des Hundes gefeiert? Wie oft wird mit dem Hund gespielt? Wie folgsam ist der Hund, als wie klug wird er eingeschätzt, inwiefern »versteht« er die menschliche Sprache?

Dann folgte eine Art Vortest, welcher dem eigentlichen Experiment vorausging und dazu diente, die Beziehung der Hunde zu ihren Besitzern näher zu überprüfen. Dieser »Unfamiliar Situation Test« diente dazu, das Verhalten der Hunde in einer unvertrauten Situation zu beobachten. Die zehnminütige Untersuchung fand in einem knapp 30 Quadratmeter großen Raum statt, in dem zwei Stühle, ein Tisch, eine Garderobe, einige Schachteln und Plastikschüsseln standen. Im Zimmer hielt sich – wie bei allen derartigen Versuchen – stets nur ein Besitzer mit seinem Hund auf. Nach einem genauen Zeitplan erhielt der jeweilige Hundehalter Anweisungen von einem Tonband: Er solle mit dem Hund spielen, zum Fenster gehen, solle das Fenster öffnen. Anschließend betrat einer der Forscher das Zimmer und grüßte den Hundebesitzer. Der Forscher tätschelte den Hund, setzte sich dann auf einen Sessel. Er bot dem Hundehalter ein Stück Kuchen an, er ging im Zimmer auf und ab, versuchte zwischendurch, den Hund zum Spielen zu animieren.

Dieser Testabschnitt sollte zeigen, wie anhänglich der jeweilige Hund war: wie lange er mit seinem Besitzer spielte;

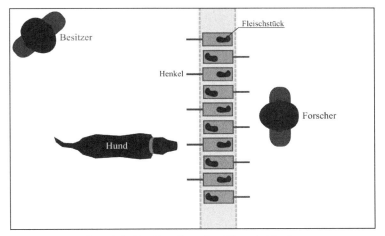

Graphik 5   Der Test der Eigeninitiative
Das Zimmer wurde durch eine Absperrung geteilt. Auf einer Seite befand sich der Hund mit seinem Besitzer, auf der anderen ein Forscher. Unter der Absperrung standen Behälter mit Fleischstücken. Die Hälfte der Henkel an den Schüsseln wies zum Forscher, die andere zum Hund.

in welcher Entfernung zu ihm er sich zumeist aufhielt; ob er Herrchen oder Frauchen ständig folgte, etwa zum Fenster; ob er mit einem Fremden, also dem Forscher, ebenfalls spielte und auch diesem bereitwillig nachging.

Ausgestattet mit diesem Basiswissen, begann das eigentliche Experiment: der Problemlösungstest. Das Zimmer wurde durch einen Zaun geteilt, unter welchem über fast die gesamte Länge zehn Behälter aufgereiht waren, die jeweils ein Fleischstück enthielten. Auf der einen Seite der Absperrung befanden sich der Hund und sein Besitzer, auf der anderen einer der Forscher. An jedem der Behälter war ein Henkel angebracht, wobei dieser bei der Hälfte der Schüsseln auf die Seite des Hundes wies und bei der anderen Hälfte auf die Seite des Forschers (siehe Graphik 5).

Alle 30 Sekunden ergriff Topál einen der Behälter am Henkel, entnahm das Fleischstück und aß es. Nachdem er alle fünf Happen verputzt hatte, sollte der jeweilige Besitzer seinen Hund ermuntern, es dem Forscher gleichzutun. Das Problem bestand also darin, daß der Hund die zu ihm weisenden Griffe der Futterschüsseln so manipulieren mußte, daß er den Behälter unter dem Zaun hervorziehen und an die Fleischstücke gelangen konnte – vergleichbar Franks einstiger Aufgabenstellung, bei welcher die Tiere Futter aus einer schwer zugänglichen Kiste herausfischen sollten. Insgesamt 150 Sekunden standen bei dieser Version des Problemlösungstests zur Verfügung. Die komplette Versuchsreihe wurde auf Video aufgezeichnet.

Das 1997 veröffentlichte Ergebnis lautete: Hunde, die von ihren Eignern als »Begleiter« oder »Partner« eingestuft wurden, fielen schon beim »Unfamiliar Situation Test« dadurch auf, daß sie besonders engen Kontakt zum Besitzer hielten und ihm stets nachgingen. Die Fixierung aufs Herrchen wurde auch beim eigentlichen Test deutlich: Die Partnerhunde blickten in dieser Situation öfter zu ihrem Besitzer, warteten vor allem auf eine Ermunterung durch diesen und begannen im Schnitt später, selbst zu probieren, wie sie des Futters habhaft werden könnten. Folglich schnappten sie sich relativ wenige Fleischstücke, solange sie der Besitzer nicht dazu motivierte. Vordergründig betrachtet war diese Gruppe der Hunde also weniger erfolgreich bei der Lösung des Problems als jene, deren Beziehung zu ihren Besitzern als nicht so intensiv beurteilt wurde.

Daß sie jedoch ungeschickter gewesen wären, glauben Topál und Miklósi keineswegs. Das Forscherteam folgerte zunächst, das Resultat stütze die »Hypothese, daß die Art der Beziehung das Verhalten des Hundes sowohl in der unvertrauten Situation als auch bei der Problemlösung beeinflußt«. Hunde, die eine enge Beziehung und intensive soziale

Abhängigkeit gegenüber ihren Eignern zeigten, »blicken häufig zum Besitzer und arbeiten nicht selbst daran, sich das Futter zu holen. Sie warten auf die Ermutigung des Besitzers und tendieren dazu, ihm nachzugehen und stets nahe bei ihm zu bleiben.« Diese Annahme werde durch »die verbesserte Leistung nach der Ermutigung durch den Besitzer« erhärtet. Der Erfolg beim Hervorziehen der Häppchen, argumentierte Miklósi, »korrelierte stark mit der Hund-Eigentümer-Beziehung«. Man habe ermittelt, »daß in der unvertrauten Situation und auch bei der Problemlösung jene Hunde, die als Familienmitglieder erachtet werden, zu sozialer Abhängigkeit tendierten«. Überdies konstatierte er: »Gelehrigkeitstraining, Geschlecht und Rasse beeinflußten das Verhalten der Hunde nicht.«

Die Erkenntnisse könnten die Leistung von Hunden bei solchen Experimenten in neuem Licht erscheinen lassen: Denn zwar gelte – und hier verwiesen die Ungarn auf Harry Franks Beobachtungen an Wölfen und Hunden – die Kompetenz zur Problemlösung als Indiz für das Niveau der mentalen Fähigkeiten. Doch es »könnte sein, daß schlechte Problemlösung mehr mit der Sensitivität des Hundes hinsichtlich der Beziehung zum Menschen zu tun hat als mit mangelnden kognitiven Fähigkeiten«. Dies stehe »im Widerspruch zu Franks Bemerkung, daß Hunde eine schwächere Leistung bei der Problemlösung zeigen«. Mit anderen Worten: Hunde sind nach Miklósis Ansicht sehr wohl in der Lage, auch komplexe Aufgaben zu bewältigen – bloß tun sie es nicht, solange der Mensch nicht die Erlaubnis erteilt.

An den Schluß ihrer Studie stellten die Forscher programmatische Sätze, die zu einer Art Leitmotiv für ihre künftige Tätigkeit werden sollten: Mit der Domestikation des Hundes sei die Entwicklung einer Neigung einhergegangen, »mit dem Menschen eine soziale Einheit« zu bilden. »Hunde sind wahrscheinlich genetisch dazu prädisponiert, mit dem Menschen zu interagieren.«

Csányi, Miklósi und Topál setzten damit der Vorstellung vom Hund als degeneriertem und verweichlichtem Wolf ein neues Postulat entgegen: Nicht verarmte Geschicklichkeit würde Hunde in ihren Aktivitäten bremsen, sondern permanentes Bemühen um das Einverständnis ihrer menschlichen Chefs. Je intensiver die Partnerschaft ist, desto eher handelt der Hund dieser Ansicht nach erst im Einvernehmen mit dem Menschen – und desto zögerlicher entwickelt er Eigeninitiative. Miklósi wertet dies als ein gewichtiges Indiz für die ganz besondere Bindung, die zwischen den beiden Spezies besteht. Deshalb sei es unzulässig, Wertungen wie »besser« oder »schlechter« hinsichtlich verschiedener Leistungen von Hunden und Wölfen vorzunehmen. Die beiden Tierarten verfolgten schlicht andere Strategien bei der Bewältigung von Herausforderungen. Diese Differenzierung hatte zwar auch schon Frank anklingen lassen, den Faktor einer möglicherweise notwendigen Motivation des Hundes durch den Menschen hatte er indes nicht berücksichtigt.

Den Begriff »Intelligenz« setzen moderne Ethologen wie Miklósi äußerst sparsam ein. Generell sei es nicht nur irreführend zu behaupten, Wölfe seien klüger als Hunde, ebenso falsch sei auch die Ansicht, Hunde seien intelligenter als andere Tiere. Überhaupt seien Wertungen und Superlative in diesem Zusammenhang fehl am Platz: »Intelligenz ist die Fähigkeit eines Individuums, in einer bestimmten Situation geeignetes Verhalten zu zeigen«, sagt Miklósi. Und diese Intelligenz resultiere aus dem Zusammenspiel einer genetischen Basisausstattung und den Gegebenheiten jener Umgebung, in welcher dieses Individuum lebe. »Deshalb darf der Begriff Intelligenz nur für Vergleiche von Individuen derselben Spezies verwendet werden. Es ist unkorrekt zu fragen, ob

Hunde intelligenter sind als Schimpansen. Sie sind lediglich verschieden, weil sie an unterschiedliche Umgebungen angepaßt sind. Bei Hunden schließt das Verhaltensformen ein, die sie befähigen, in engem Kontakt mit dem Menschen zu leben.« Die hündische Intelligenz weise folglich Merkmale auf, die jener des Menschen ähnle.

Aus diesem Grund müsse man beim Hund statt von höherer von einer gleichsam maßgeschneiderten Form der Intelligenz sprechen. Es sei zwar durchaus ein »intelligenter Akt, andere dazu zu bringen, Probleme zu lösen, und Hunde sind sehr gut darin, den Menschen dafür einzuspannen«. Doch dies geschehe nicht, »weil Hunde intelligenter als andere Tiere sind, sondern weil sie eben Hunde sind«.

Das lange Zusammenleben mit dem Menschen habe den Hund nichtsdestotrotz zu einem singulären Lebewesen gemacht und ihn mit einzigartigen Talenten ausgestattet: mit der Anhänglichkeit gegenüber einer eigentlich fremden Spezies, mit der Bereitschaft, diese als Informationsquelle zu nutzen, mit dieser zu kooperieren und zu kommunizieren. Derart sei, und das treffe auf kein anderes Tier zu, eine wirklich speziesübergreifende Partnerschaft entstanden: Der Hund halte den Menschen vermutlich für einen Artgenossen. Die ungarischen Ethologen sehen in der Domestikation des Hundes deshalb eine besondere Form der Evolution.

Doch genau dieser Aspekt wurde sogar als Grund erachtet, Hunde weitgehend aus der Forschung auszuschließen: Rund zwei Jahrzehnte lang, führt Miklósi in einer 2004 erschienenen Zusammenschau der bis dahin durchgeführten Arbeiten der Budapester Forschungsgruppe aus, sei der Hund von der Wissenschaft ziemlich vernachlässigt worden – stets mit dem Hinweis, es handle sich um eine »künstliche« Spezies, quasi um »Designerwölfe«, die man in ihrem natürlichen Lebensraum gar nicht beobachten könne. Dies ist allerdings per definitionem eine Grundbedingung der Ethologie: das

Studieren der Verhaltensweisen von Tieren unter natürlichen Lebensbedingungen.

Die Ungarn behaupten, man könne den Hund sehr wohl in seinem natürlichen Lebensraum beobachten. Und zwar leichter als jedes andere Tier: Denn der natürliche Lebensraum des Hundes sei die Welt des Menschen. Und diese stellt nur gleichsam ein riesiges und überall verfügbares Laboratorium dar. Miklósi und seine Kollegen widmen sich im Rahmen der »vergleichenden sozialen Kognitionsforschung« der Frage, wie die Bedingungen des Soziallebens kognitive Strukturen, Kommunikation, Lernprozesse und Verhalten prägen. Überdies wollen sie dadurch nicht nur den Hund besser kennenlernen, sondern auch den Menschen: denn viele Verhaltensweisen habe der Hund schließlich infolge des Zusammenlebens mit dem Menschen erworben, so Miklósi. In gewisser Hinsicht diene der Hund damit als »Modellorganismus«, als Spiegelbild menschlicher Entwicklungsgeschichte. »Viele der bei Hunden identifizierten Verhaltensweisen könnten funktionelle Analogien von jenen des Menschen sein«, glaubt Miklósi, der dem 2004 erschienenen Thesenpapier denn auch den Titel gab: *Was können uns Hunde lehren?*

Drei bis fünf Studien pro Jahr schafft die Budapester Forschergruppe, die inklusive studentischen Personals rund 20 Mitarbeiter umfaßt und sich inzwischen fast ausschließlich auf Hunde konzentriert. Seit Ende der neunziger Jahre haben die Ungarn derart maßgeblich zu einem sprunghaften Anstieg der wissenschaftlichen Publikationen in diesem Segment beigetragen: Waren in Forschungsdatenbanken zwischen 1975 und 1990 jährlich gerade ein bis zwei Publikationen zum Thema »dog behavior« registriert, kletterte diese Zahl bis zur Jahrtausendwende auf gut ein Dutzend und bis 2001 auf fast 15 solche Arbeiten pro Jahr.

Auf der Spur des Verstandes

Einen ähnlich bedeutenden Beitrag zum Studienaufkommen in diesem Bereich leistet ein deutsches Wissenschaftlerteam. Am Max-Planck-Institut für evolutionäre Anthropologie in Leipzig hat sich etwa zur gleichen Zeit wie in Budapest eine auf Hundeforschung spezialisierte Gruppe gebildet. Heute umfaßt das junge Team zehn bis fünfzehn Personen, und in besonders intensiven Phasen wie im Frühjahr 2005 arbeitet es parallel an bis zu zehn Studien. Der Forschergruppe gehört auch Brian Hare an, jener Harvard-Experte, welcher die Tests mit den außergewöhnlichen sibirischen Füchsen durchführte, die sich wie Hunde benahmen. Am Institut arbeiten auch sonst Forscher aus aller Welt – aus den Vereinigten Staaten, aus Spanien, Frankreich und Asien. Die Bürosprache ist Englisch.

Den Anstoß zu den Experimenten bildete eine verblüffende Entdeckung. Weil am Institut seit langem auch Testreihen mit Primaten durchgeführt werden, konnte das Verhalten von Hunden und Schimpansen in bestimmten Situationen verglichen werden. Dabei stellte sich heraus: Hunde verstehen Gesten wie etwa das Zeigen mit einem Finger, mit denen ihre Aufmerksamkeit auf einen Gegenstand oder ein Geschehen gelenkt werden soll. Menschenaffen hingegen fangen mit solchen Gesten nicht viel an – jedenfalls weitaus weniger als Hunde.

»Beim Zeigen geht es nicht nur darum, Futter oder ein Objekt zu kriegen«, sagt Juliane Kaminski, am Max-Planck-Institut auf Hundeforschung spezialisiert. »Diese Gesten können auch dazu dienen, ein bestimmtes Erlebnis zu teilen.« Und das sei im Grunde ein typisch menschlicher Wesenszug. »Man könnte sagen, das zählt zu den Merkmalen, die uns Menschen ausmachen«, so Kaminski. »Und dann kommt man plötzlich drauf, der Hund kann das auch.«

Auch Kaminski und ihre Teamkollegen formulieren ihre Fragestellungen im Lichte der inzwischen zumindest tendenziell ausgeloteten Beziehungsgeschichte von Mensch und Hund: Sie interessieren sich für den grundlegenden mentalen Bauplan des Hundes. »Wir wollen nicht wissen, was in den letzten 500 Jahren der Rassenzucht geschehen ist«, sagt Kaminski. »Uns interessieren die 15 000 Jahre davor.«
Ihre Fragen lauten zum Beispiel: Welche Gesten verstehen Hunde im Detail? Wieso stibitzen sie immer dann Futter, wenn ihr Besitzer gerade wegsieht? Lernen Hunde voneinander? Zeigen sie gar Anzeichen von kausalem Verständnis? Primaten oder auch Krähen schneiden bei Problemstellungen, die rudimentäres kausales Denken verlangen, relativ gut ab. »Man könnte vermuten, Hunde brauchen solche Fähigkeiten nicht, weil der Mensch die Probleme für ihn löst«, argumentiert Kaminski. Die Entwicklung eigenständiger Strategien bei der Bewältigung komplexer Aufgaben könnte für Hunde sogar kontraproduktiv sein: Immerhin könnte die Eintracht von Mensch und Hund durch nicht immer konsistente Eigeninitiativen beider Partner belastet werden.

Auch an die lange verpönte Untersuchung angeblich in ihrer Klugheit herausragender einzelner Hunde wagen sich die Leipziger in Ausnahmefällen. So prüfte ein Team um Kaminski das Wortverständnis eines deutschen Bordercollies namens »Rico«, der sich die Bezeichnungen von rund 260 Gegenständen merken kann. Selbst gegenüber anekdotischen Berichten zeigt sich Kaminski aufgeschlossen – allerdings bloß im Hinblick auf kreative Anstöße zu weiteren Studien.

Gemeinsam dürfen das Team um Ádám Miklósi und die Leipziger Wissenschaftler als die derzeit international produktivsten Forschergruppen bei der Ergründung des Verhaltens und der kognitiven Fähigkeiten des Hundes gelten. Methoden, Fragestellungen und Zielsetzungen der Ungarn und Deutschen sind ähnlich: Beide Teams wollen wissen, welche Spuren die vielen Jahrtausende gemeinsamer Entwicklungsgeschichte beim Hund hinterlassen haben und wie dies bis heute die Beziehung der beiden Gefährten prägt. Gelegentlich kooperieren die Forschergruppen auch miteinander. Die Deutung der Ergebnisse unterscheidet sich manchmal allerdings erheblich. Zum Beispiel vertreten die Leipziger – nicht zuletzt aufgrund von Brian Hares Studie, wonach sich Füchse offenbar ebenso leicht domestizieren lassen wie Wölfe – die Ansicht, daß der Mensch im Grunde mit jedem Säugetier eine dauerhafte Bindung hätte eingehen können. Die ungarischen Ethologen sind dagegen der Meinung, es habe gute Gründe gehabt, warum ausgerechnet Mensch und Wolf zueinander fanden: Denn die sozialen Strukturen der beiden Spezies hätten schlichtweg perfekt harmoniert, so daß es alles andere als Zufall gewesen sei, daß sich die Wege irgendwann kreuzten.

International befaßt sich rund ein Dutzend Wissenschaftlerteams schwerpunktmäßig mit der Kognitionsforschung an Hunden. Zu weiteren namhaften Experten auf diesem Gebiet zählen unter anderem: der kanadische Psychologe Sylvain Fiset, der dem Erinnerungs- und räumlichen Vorstellungsvermögen von Hunden nachgeht; die amerikanische Veterinärmedizinerin Sophia Yin, die das Gebell von Hunden mit modernster Computertechnik analysiert und ergründen möchte, warum Hunde eigentlich bellen; der schwedische Ethologe Kenth Svartberg, der Persönlichkeitsmerkmalen von Hunden auf die Spur kommen will; Daniel Mills von der University of Lincoln in England, der mit seinen Kollegen zum Beispiel untersucht, wie Hunde auf unterschiedliche emotionale Färbungen von Sprache reagieren; die an der britischen University of Exeter forschende deutsche Psychologin Britta Osthaus, die sich dafür interessiert, ob Hunde in der Lage sind, logische Schlüsse zu ziehen und Kausalzusammenhänge zu erkennen.

Osthaus konzentriert sich auf kognitive Fähigkeiten im engeren Sinn und will wissen: Welche Phänomene der physischen Welt nehmen Hunde wahr, und welche davon verstehen sie? Die soziale Komponente, also die Interaktion zwischen Mensch und Hunden, überläßt sie lieber den bereits auf dieses Gebiet spezialisierten Forschergruppen. Osthaus findet es beeindruckend, welch komplexe Fakten einem Hund beigebracht werden können. Wie etwa solle ein Blindenhund wissen, daß er an einer Bordsteinkante stehenbleiben muß? Für einen Menschen, dem die städtische Infrastruktur vertraut ist, besteht kein Zweifel, worum es sich handelt – für ihn ist »Bordsteinkante« ein eindeutiger Begriff, unabhängig von ihrer jeweiligen Beschaffenheit. Doch woran soll sich ein Hund orientieren? Eine Bordsteinkante ist zehn Zentimeter hoch, eine andere fünf, eine dritte kann sich auf annähernd demselben Niveau wie die Straße befinden.

Nicht einmal das spezielle Sinnessystem des Hundes werde oftmals ausreichend berücksichtigt, meint Osthaus. Sie kann kaum zusehen, wenn Hundebesitzer ihre Tiere an der Leine zerren und sie vom Schnuppern an Düften abhalten. Das menschliche Verhalten sei absurd, weil der Geruch eine zentrale Informationsquelle für Hunde darstelle. Osthaus: »Und die Zeitung lesen sie ja nicht.«

In jedem Fall ist die Hundeforschung präsent wie nie zuvor. »Man kann ganz sicher von einem Boom sprechen«, meint Juliane Kaminski. »Eigentlich ist es verwunderlich, daß der Hund jemals überhaupt raus aus der Forschung war.« Ádám Miklósi pflichtet bei: »Es gibt zur Zeit einen wirklichen Boom. Die Frage ist nur, ob es eine bloße Modeerscheinung ist.« Miklósi selbst glaubt dies nicht: »Ich bin mir sicher, daß dieses Gebiet auch in zehn oder fünfzehn Jahren ein großes Thema sein wird.« Dem Menschen werde dann zwar nach wie vor das Hauptinteresse der Wissenschaft gelten, »aber an zweiter Stelle wird der Hund stehen«.

Derzeit leiste man eigentlich noch vorwiegend die Basisarbeit und stehe bestenfalls am Anfang dieser möglichen Entwicklung. Es sei in Wahrheit, so Miklósi, erst »der Beginn eines Abenteuers«.

Dessen Ziel ist die Antwort auf die Frage: Was versteht der Hund wirklich?

Die Welt des Hundes

Wie erkennen Hunde ihre Herrchen? Woran erinnern sie sich? Können sie zählen? Sind sie zu logischem Denken fähig? Verstehen sie gar die Schwerkraft? Allmählich ergründen Forscher, wie Hunde die Welt wahrnehmen.

Die Apparatur erinnerte ein wenig an den Rahmen einer Guillotine: Sie bestand aus vier Holzlatten, zusammengeschraubt zu einem rechteckigen Gestell. Ins obere Brett waren in Abständen von jeweils fünfzehn Zentimetern drei runde Öffnungen eingelassen, Durchmesser fünf Zentimeter. Knapp einen halben Meter darunter, nur ein Stück über dem Boden, befanden sich, nebeneinander aufgereiht und zwischen den seitlichen Latten fixiert, drei kleine Kisten, welche an der Oberseite ebenfalls jeweils ein Loch aufwiesen. Zudem verfügte das Konstrukt über einen schwarzen Plastikschlauch, mit dem die Öffnungen am oberen Brett mit jenen an den darunter befindlichen Boxen verbunden werden konnten.

Für Ausflüge ins Weltall war das Gerät zwar definitiv ungeeignet. Dennoch fand es Verwendung bei Forschungen, die in gewisser Hinsicht die Astrophysik berührten. Die Frage lautete, ein wenig salopp formuliert: Wie halten es Hunde mit Albert Einstein? Präziser: Können sie die Prinzipien der Schwerkraft mit anderen physikalischen Gesetzmäßigkeiten in Einklang bringen? Freilich ging es nicht etwa darum, Haustiere in den Orbit zu schießen und sie derart wechselnden Gravitationsverhältnissen auszusetzen – wie einst am 3. November 1957, als an Bord der russischen Raumsonde »Sputnik 2« mit dem Hund »Laika« erstmals ein Lebewesen ins All befördert worden war. Vielmehr sollte das Verständnis von Hunden für herabfallende Gegenstände getestet werden.

Autorin der diesbezüglichen Studie ist die an der School of Psychology im britischen Exeter forschende Psychologin Britta Osthaus. Osthaus befaßt sich mit einer speziellen Form des Verstandes von Hunden. Sie klammert den Aspekt sozialer Interaktion mit dem Menschen bewußt aus und konzentriert sich auf Kognition im engsten Sinne – auf all jene mentalen Prozesse, die etwa Aufmerksamkeit, Wahrnehmung und Lernfähigkeit ermöglichen. Verbunden damit sind zum Beispiel folgende Fragestellungen: Wie nimmt ein Tier die Welt wahr? Welche Zusammenhänge kann sein Gehirn erfassen und verarbeiten? Ähneln die kognitiven Prozesse im Hirn des Hundes jenen des Menschen oder verlaufen sie gänzlich anders?

Osthaus stammt aus Deutschland, studierte in Bochum Psychologie und verlegte ihren Arbeits- und Lebensmittelpunkt nach England, weil sie das freundschaftliche und unbürokratische britische Forschungsklima schätzen lernte. Die Erforschung der hündischen Kognition, welche sie mit Unterstützung eines kleinen Studententeams betreibt, drängte sich gewissermaßen auf: Denn Osthaus interessierte sich zwar immer schon für das Verhalten von Tieren, mag aber keine Labors – und solche mit Käfigen darin schon gar nicht.

Ihre bisherigen Arbeiten kreisen um einige zentrale Fragen: Inwiefern sind Hunde in der Lage, logische Schlüsse zu ziehen? Verstehen sie das Prinzip von Ursache und Wirkung? Dies war auch der Grundgedanke beim Gravitationsexperiment: Hunde wissen aus ihrer Lebenserfahrung, daß Objekte üblicherweise von oben nach unten fallen. Doch was, wenn man diesen vertrauten Ablauf stört, indem man einen fallenden Gegenstand von seiner Bahn ablenkt? Nämlich mit jenem schwarzen Plastikschlauch, den man an der guillotineartigen Apparatur zwischen einer oberen und einer der unteren Öffnungen montiert? Und zwar nicht einer vertikalen Linie folgend, sondern diagonal – wodurch zum Beispiel ein Stückchen Futter nicht von einem der drei oberen Löcher durch den Schlauch in die direkt darunterliegende Box flutscht, sondern in die Kiste recht oder links davon. Wo suchen die Hunde dann das Futter?

Osthaus vertritt die Meinung, daß die Beantwortung solcher Fragestellungen für die Beziehung von Mensch und Hund sowie für Aspekte des Tierschutzes relevant ist: »Der Mensch kann sich viel zuwenig in Tiere hineinversetzen«, findet Osthaus. »Wenn wir wissen, daß ein Tier etwas einfach nicht verstehen kann, können wir besser darauf eingehen und darauf verzichten, ihm Unmögliches abzuverlangen.« Derart würde nicht nur der Wissenshorizont über die mentalen Kapazitäten und die Wahrnehmungsfähigkeit des Hundes erweitert, vielmehr könnten auch falsche Erwartungshaltungen korrigert werden. In Bereichen wie der Humanwissenschaft habe dies längst Fortschritte gebracht. So habe man früher Kinder als »kleine Erwachsene« betrachtet – verbunden mit Erziehungsmethoden, die dem kindlichen Wesen nicht gerecht wurden. Bei Hunden sei das Mißverhältnis zwischen Anspruch und Realität noch krasser: »Wir teilen unsere Häuser mit ihnen«, sagt Osthaus, »aber wir wissen fast nichts über sie.«

Die Forscherin erinnert sich an Begegnungen mit Hundebesitzern, deren Tiere an ihren Studien teilnahmen. Stets handelt es sich um Privatpersonen, die sich für die Arbeit der Wissenschaftler interessieren und deren Tiere leicht für spielerische Tests mit versteckten Bällen oder Futterstücken zu motivieren sind. Könnten die Hunde eine Aufgabe nicht lösen, seien die Menschen oft regelrecht ratlos, warum der Hund ein scheinbar simples Problem nicht bewältigt. Allerdings sind dabei fast immer Strategien erforderlich, die lediglich aus der menschlichen Perspektive einfach und logisch erscheinen.

Viele Kognitionsforscher stimmen in der Einschätzung überein, daß nur wenige Menschen jemals auf den Gedanken kommen, die Welt könnte sich für Tiere ganz anders darstellen als für sie selbst. Sie setzen voraus, daß die menschliche Perspektive die Realität widerspiegelt, und beurteilen Ereignisse folglich nach rein menschlichen Maßstäben. Der amerikanische Autor Stephen Budiansky vergleicht dies in einem Sachbuch über Hunde mit Touristen, die überall auf dem Globus wie selbstverständlich voraussetzen, daß jeder Englisch spricht. In ähnlicher Weise würden wir annehmen, so Budiansky, daß die Welt für alle Kreaturen mehr oder minder gleich aussehe. Der Mensch weiß zum Beispiel, daß ein bestimmtes Geschehen, oft mit enormer Zeitverzögerung, eine damit verbundene Auswirkung hat, und kann dies ohne Schwierigkeiten in Beziehung zueinander setzen. Darf man annehmen, daß dies auch auf Hunde zutrifft?

Verblüffenderweise ist die Wahrnehmungsfähigkeit von Hunden bisher nur sehr punktuell im Rahmen von Studien untersucht worden, welche auf die Ergründung einzelner Phänomene in diesem Themenkomplex abzielen. Dabei grübeln Hundebesitzer, wenn sie ihre Haustiere beobachten, wohl nahezu täglich, wie sich für diese die Welt darstellen mag und wie sie denken: Haben Hunde ein Zeitgefühl? Oder folgen sie, wenn sie stets zur selben Zeit nach ihrem Spaziergang verlangen, einfach Ritualen, die sie über viele Jahre verinnerlicht haben? Warum, andererseits, freuen sich manche von ihnen nach ein paar Minuten der Abwesenheit des menschlichen Begleiters, als wäre dieser gerade von einer Weltreise zurückgekehrt? Woran erkennen Hunde ihr Lieblingsspielzeug, ihr Herrchen oder dessen Verwandte? Ist es nur der Geruch? Oder orientieren sie sich am Gang, an der Körperhaltung, an auffälligen Kleidungsstücken? Sind sie in der Lage, Gesichter zu unterscheiden? Wissen sie, aus wie vielen Mitgliedern Herrchens Familie besteht? Können Hunde eigentlich zählen?

Einem möglichen Zahlenverständnis versuchten Wissenschaftler bereits auf die Spur zu kommen. Die britischen Forscher Rebecca West und Robert Young verwendeten dafür eine Versuchsanordnung, die ursprünglich für Tests der numerischen Kompetenz von Kindern entwickelt worden war. Dabei wurden Kindern verschiedene Kalkulationen präsentiert – sowohl richtige als auch falsche. Dieses Prinzip übertrugen West und Young auf ihre Studie bei Hunden. Die Rechenbeispiele bestanden aus einer richtigen sowie zwei falschen Additionen: $1 + 1 = 2$; $1 + 1 = 1$; $1 + 1 = 3$. Wenn nun Hunde ein gewisses Verständnis für Zahlen oder Summen besitzen, so die Annahme, müßten sie bei den falschen Kalkulationen Irritation zeigen. Als Gradmesser dafür diente der Umstand, wie lange die Tiere auf das Ergebnis der jeweiligen Addition starrten. Die Grundthese lautete: Wenn eine Rechnung falsch ist und sich deshalb nicht mit der Erwartungshaltung der Tiere deckt, müßten die Tiere dem ihnen präsentierten Resultat mißtrauen und es deshalb länger betrachten.

West und Young stellten sieben Plastikgefäße eng nebeneinander in einer Reihe auf. Sie plazierten davor einen intransparenten Schirm, mit dem man den Hunden die Sicht auf die Töpfe versperren konnte. Sie bohrten in die Oberseite der Gefäße kleine Schlitze, so daß sie Hundeknabbereien in diese stecken konnten. Sie wählten elf Hunde aus acht Rassen aus und begannen mit ihrem Experiment.

Zunächst konfrontierten sie ihre Versuchstiere mit der richtigen Kalkulation. In Topf Nummer vier wurde ein knochenförmiger Hundekeks gesteckt, dann wurde jener Hund, der gerade getestet werden sollte, in Position gebracht, etwa eineinhalb Meter vor den Gefäßen. Die Wissenschaftler entfernten den Schirm und ließen ihn die Szene betrachten. Anschließend richteten sie die Barriere wieder auf. Sichtbar war für den Hund nun bloß, daß einer der Forscher ein weiteres Häppchen nahm und hinter den Sichtschutz verfrachtete. Nachdem dieser neuerlich gesenkt worden war, konnte der Hund das Ergebnis betrachten: ein Kauknochen in Topf vier, einer in Topf sechs. Die Studienleiter hatten also »eins plus noch eins« in die Gefäße gesteckt, macht in Summe zwei.

Zwei weitere Versuche liefen nach demselben Muster ab, allerdings mit einem entscheidenden Unterschied: Beim nächsten Test ließen die Forscher den zweiten Keks, dessen Plazierung die Hunde zunächst beobachten konnten, heimlich verschwinden, bevor der Schirm entfernt wurde – eins plus eins ergab in diesem Fall die Summe eins. Und beim dritten Durchgang fügten die Forscher unbemerkt einen Knochen hinzu, so daß die Addition von eins und eins zur Zahl drei führte. Sämtliche Tests wurden mit einer Videokamera aufgezeichnet, wobei vor allem jene Zeit exakt gemessen wurde, welche die Hunde damit verbrachten, das Ergebnis der Kalkulationen zu inspizieren, bevor sie den Blick abwendeten.

Das Ergebnis entsprach der Hypothese: Die Hunde starrten deutlich länger auf die falschen Resultate als auf die richtige Rechnung. Die Studienautoren interpretierten dies als eine Folge der jeweiligen Erwartungshaltung: Wenn sich die ausgeführte Kalkulation mit der Erwartung des Hundes deckte, die Tiere also bei einem vorhandenen und einem hinzugefügten Kauknochen tatsächlich zwei sahen, genügte offenbar ein kürzerer Blick, um sich von der Korrektheit zu überzeugen – anders als in jenen Fällen, in denen die Endsumme der Erwartung widersprach. Dies, glauben West und Young, setze ein zumindest rudimentäres Verständnis für Zahlen oder Mengen voraus.

Zugleich hielten die Forscher explizit fest, sie wollten keinesfalls behaupten, daß Hunde »mathematische Funktionen in ähnlicher Weise ausführen wie Menschen«, wiewohl sie offenbar »bis zu einem gewissen Ausmaß über numerische Kompetenz« verfügten. Als Ursache dafür nehmen West und Young evolutionäre Hintergründe an: Um sich in sozialen Strukturen wie einem Wolfsrudel zurechtzufinden oder eine potentielle Übermacht von Feinden adäquat einschätzen zu können, brächte ein Zahlenverständnis klare Vorteile mit sich.

Daniel Mills schließt sich dieser Einschätzung an. Der Professor an der britischen University of Lincoln, in dessen Gruppe auch Studienautor Robert Young tätig war, gilt in England als Kapazität bei der Erforschung von Tierverhalten und hat selbst eine Vielzahl von Studien darüber publiziert. »Wölfe leben und jagen in Gruppen«, erklärt Mills den Sinn numerischer Kompetenz, »und wenn sie Beute jagen, die größer ist als sie selbst, müssen sie sicher sein, daß genügend Mitglieder des Rudels vorhanden sind.« Gleiches gelte zur Beurteilung der Frage, ob es angebracht ist, sich auf einen Kampf einzulassen. »Wenn nur zwei Rudelmitglieder zur Stelle sind und zehn Feinde, wird man den Kampf vermeiden und die Flucht ergreifen«, so Mills. Die Studie von Young und West hält er für entsprechend aufschlußreich: »Besonders aufregend an der Arbeit ist, daß solche Fähigkeiten erstmals an einer Spezies gezeigt werden konnten, die nicht zu den Primaten gehört«, findet Mills.

Auch auf die Frage, ob Hunde Gesichter unterscheiden können, haben Forscher mittlerweile eine mögliche Antwort gefunden. Im Jahr 2005 begann Ikuma Adachi, damals Student am Department of Psychology der japanischen Kyoto University, im Zuge seiner Dissertation zu überlegen, wie man dies ergründen könnte. Adachi wußte, daß etwa Schimpansen in der Lage sind, die Stimmen vertrauter Personen mit deren Photos in Verbindung zu bringen: Nachdem einer Schimpansin ein paar Worte eines bekannten Menschen vom Tonband vorgespielt worden waren, gelang es ihr, das zugehörige Porträtbild auszuwählen. Adachi wollte ein ähnliches Experiment mit Hunden durchführen, und er verwendete dafür denselben Indikator wie bei der Studie über das Zahlenverständnis – den Umstand, ob eine bestimmte Situation der Erwartungshaltung der Hunde entspricht oder dieser zuwiderläuft.

Adachi lud 28 Hundebesitzer aus vier japanischen Städten zur Teilnahme an seiner Studie ein. Er benötigte von jedem Hundehalter ein Photo sowie ein Bild einer für den Hund fremden Person. Er digitalisierte beide in gleicher Größe und fügte die Porträtaufnahmen in einen neutralen Hintergrund ein. Er zeichnete die Stimme des Besitzers und jene des Fremden digital auf. Beide Personen mußten den Namen des Hundes ins Mikrophon rufen. Letztlich beschaffte Adachi noch ein paar Utensilien für den eigentlichen Test: einen Computermonitor samt Audioboxen, eine schwarze, undurchsichtige Sichtbarriere sowie zwei digitale Videorekorder, mit denen das Experiment aufgezeichnet werden sollte.

Insgesamt führte Adachi vier Testreihen durch: Zunächst spielte er die Stimme des Besitzers fünfmal hintereinander ab, wobei dem Hund der Blick auf den Bildschirm versperrt blieb. Dann entfernte der Forscher den Sichtschutz, und der Hund konnte das Photo seines Besitzers 30 Sekunden lang auf dem Monitor betrachten. In einem zweiten Durchgang wiederholte sich diese Prozedur mit der Stimme des Fremden und dessen Photo. Dann kombinierte Adachi, was eigentlich nicht zusammengehört: die Stimme der unbekannten Person mit dem Bild vom Herrchen sowie des Besitzers Rufe mit der Abbildung des Fremden. Adachi nannte die letzteren beiden Tests »nicht kongruente Versuche«.

Aufgrund der Videoaufzeichnung konnte Adachi anschließend auswerten lassen, wie lange welcher Hund auf die Bilder geblickt hatte. Die Ergebnisse entsprachen auch in diesem Fall der Vorhersage: »Die Resultate zeigen«, folgerte Adachi, »daß die Betrachtungsdauer bei den zwei inkongruenten Versuchen signifikant länger war als bei den beiden kongruenten.« Vereinfacht ausgedrückt: Wenn die Hunde die Stimme ihres Besitzers hörten und gleich darauf das Bild einer fremden Person sahen – und umgekehrt –, musterten sie das ihnen Vorgeführte deutlich länger, als wenn Bild und Ton übereinstimmten. Nach Adachis Meinung läßt sich aus dieser Erkenntnis folgern, »daß Hunde aktiv eine innere Vorstellung vom Gesicht ihres Besitzers abrufen, wenn sie dessen Stimme hören«. Hunde scheinen zumindest in der Lage zu sein, vertraute von unbekannten Gesichtern zu unterscheiden und diese zudem in Verbindung zu anderen Persönlichkeitsmerkmalen wie der Stimme zu setzen, haben also wenigstens einen bescheidenen mentalen Speicher für Gesichtszüge.

Adachi geht in seiner Argumentation aber noch einen Schritt weiter. Er hält es für denkbar, daß das Gehirn der Hunde nach dem Ausschlußprinzip arbeitet und in gewisser Hinsicht Negativkorrelationen herstellt: Weil die Tiere in seinem Test nicht nur dann verwirrt schienen, wenn der Stimme des Besitzers ein fremdes Antlitz folgte, sondern auch im umgekehrten Fall, könnte der folgende kognitive Prozeß abgelaufen sein: Zur Stimme eines Fremden darf ich nicht das Gesicht meines Herrchens sehen. Die Hunde könnten erwartet haben, so Adachi, »daß der Besitzer nicht da sein sollte, wenn sie eine unbekannte Stimme hören«. Er vermute, daß diese Gedankengänge »weit mehr jenen des Menschen entsprechen, als bisher angenommen«. Hunde hätten demnach »hochentwickelte kognitive Fähigkeiten«.

Allerdings darf hinterfragt werden, ob die bloße Messung der Blickdauer bei ein paar Hunden generelle Aussagen über

Phänomene wie Gesichtserkennung und Zahlenverständnis zuläßt – zumal sich die zeitlichen Abweichungen im Sekundenbereich bewegten. Gleichzeitig muß konzediert werden, daß die Forscher bei der Ergründung solcher kognitiver Fähigkeiten derzeit vielfach wissenschaftliches Neuland betreten und gerade erst dabei sind, geeignete Werkzeuge dafür zu entwickeln.

Wesentlich intensiver erforscht sind dagegen bereits all jene grundlegenden sensorischen Instrumente, welche überhaupt erst die Rohstoffe für viele kognitive Prozesse liefern: die Sinnesorgane des Hundes.

Mit den Sinnen eines Jägers

Anfang 2005 publizierte der amerikanische Psychologe Stanley Coren ein Buch über die Sinneswahrnehmung des Hundes. Gleich zu Beginn weist auch Coren auf die Schwierigkeit hin, die Welt aus der Perspektive des vierbeinigen Gefährten zu betrachten. Coren nennt ein anschauliches Beispiel: Für den Menschen ist jede Wahrnehmung untrennbar mit Sprache verbunden. Jeder Gegenstand, jede Person, jedes Erlebnis wird sofort mit konkreten Begriffen verknüpft – sämtliche Sinneseindrücke bedürfen der Sprache, um Bedeutung zu erlangen, und ohne sein Lexikon im Gehirn wäre der Mensch unfähig, Bilder oder Geräusche zu verarbeiten. Sprache ist beim Menschen gewissermaßen die Voraussetzung für das Bewußtsein von Wahrnehmung.

Doch wie verhält sich dies beim Hund, welcher der Sprache nicht mächtig ist? Könnte es sein, fragt Coren, daß in dessen Kopf bei optischen oder akustischen Eindrücken kleine Filmchen zu laufen beginnen, um Gesehenes oder Gehörtes mit Erinnerungen abzugleichen und mit Sinn zu besetzen? Coren mag zwar nicht direkt behaupten, daß das Gehirn des

Hundes statt einer mentalen Bibliothek eine entsprechende Videothek beinhaltet, aber vermutlich würden Sinneseindrücke dennoch wohl am ehesten als bildliche Darstellungen gespeichert. Weniger spekulativ ist dagegen, auf welche Art und Weise Hunde jene Rohdaten beziehen und verarbeiten, welche die Basis für die »Sprache ihrer Sinne« bilden.

Man weiß zum Beispiel, daß der Hund mit rund 240 Grad über ein breiteres Gesichtsfeld verfügt als der Mensch mit bloß 200 Grad; daß jedoch der Bereich dreidimensionaler Sicht schmäler ist als beim Menschen; daß Hunde Objekte, die weniger als einen Meter von ihnen entfernt sind, unscharf sehen und sich deshalb bei kurzen Distanzen eher auf ihre Nase verlassen; daß die Fernsicht von Mensch und Hund ebenfalls unterschiedliche Qualität hat; daß der Hund auch bei weiteren Distanzen auf gestochen scharfe Bilder verzichten muß: Was wir aus gut 20 Metern einwandfrei erkennen, ist für den Hund gerade noch aus sechs Meter Entfernung in allen Einzelheiten auszumachen – allerdings mit der Ausnahme, daß er jede Bewegung akkurat registriert. Bewegung dürfte ein Flackern auf der Netzhaut verursachen, welches einen momentanen Helligkeitsunterschied bewirkt. Die besonders feine Wahrnehmung bewegter Objekte gilt auch als Ursache dafür, daß dem Hund Fernsehsendungen als unangenehmes Flimmern erscheinen: Konventionelle TV-Geräte haben eine Bildwiederholungsrate von 50 bis 60 Hertz, was bedeutet, daß sich das Bild pro Sekunde 50- bis 60mal neu aufbaut. Der Hund nimmt bis zu 75 Einzelbilder pro Sekunde wahr, verfügt also über eine höhere Bildauflösung.

Auch die Beschaffenheit der Augen selbst weicht von jener beim Menschen ab: Die Pupillen des Hundes sind größer und lassen mehr Licht herein, was ihn zum Jäger in der Dämmerung prädestiniert. Zur sicheren Orientierung in der Dunkelheit benötigt der Hund lediglich ein Viertel jener Lichtmenge, die für den Menschen erforderlich ist. Der Preis für die gute Sicht bei Nacht ist ein Verlust an gleichmäßig klarer Nah- und Fernsicht, ähnlich der Einbuße an Tiefenschärfe bei großer Brennweite einer Photokamera. Nächtliche Beutezüge erleichtert zudem das Faktum, daß der Hund – obwohl prinzipiell mit denselben beiden Typen von Lichtrezeptoren wie der Mensch ausgestattet – deutlich mehr Stäbchen als Zäpfchen hat. Die Stäbchen verbessern zwar die Sicht bei Dämmerlicht, erzeugen jedoch ein körnigeres Bild. Auch dies läßt sich mit der Phototechnik vergleichen: Die Augen des Hundes entsprechen einem lichtempfindlichen, dafür aber grobkörnigen Film. Überdies hat die Natur den Hund mit einer besonderen Erfindung ausgestattet. Hinter der Retina, der Netzhaut, befindet sich das »Tapetum lucidum«, welches wie ein Spiegel wirkt: Einfallendes Licht wird reflektiert und verstärkt. Diese anatomische Eigenheit ist der Grund dafür, daß Hundeaugen bei Nacht gelblich glänzen, wenn sie angeleuchtet werden.

    Natürlich beantwortet Coren auch die Frage, ob Hunde Farben sehen. Er erklärt, daß die verbreitete Meinung, die Welt spule sich vor deren Augen als Schwarzweißfilm ab, falsch ist; daß jedoch der Mensch drei Rezeptoren für die Farberkennung besitzt, während Hunde nur zwei davon haben, die gelblichgrüne sowie bläulichviolette Farbtöne erkennen; daß der Farbreichtum deshalb erheblich eingeschränkt ist; daß Rot eine Farbe ist, die Hunde nicht von Gelb oder Grün unterscheiden können; daß es deshalb sinnlos ist, Hunde etwa auf Ampelfarben oder auf das Apportieren leuchtend roter Bälle zu trainieren – rote Spielsachen zu kaufen, um sie in der Wiese leicht wiederzufinden, ist nur für Hundebesitzer nützlich.

    Gut erforscht ist auch die auditive Wahrnehmung. Moderne Computertechnik hat es inzwischen ermöglicht, das Frequenzspektrum des Hundes auszuloten. Man weiß deshalb, daß Hunde Frequenzen von bis zu 65 000 Hertz hören, während das Gehör des Menschen auf maximal 20 000 Hertz beschränkt ist; daß Hunde deshalb besonders empfindlich für hohe Töne sind, während tiefere Geräusche, etwa menschliche Sprache, von Mensch und Hund mit annähernd gleicher Intensität wahrgenommen werden; daß jede Spezies mit einer für ihre Bedürfnisse optimierten Empfindlichkeit für bestimmte Geräuschspektren ausgestattet ist: der Mensch für Frequenzen um 2000 Hertz, was der Tonhöhe der Sprache entspricht, der Hund dagegen für rund 8000 Hertz – ein Bereich, in welchem das menschliche Gehör bereits nachläßt.

Coren legt dar, daß manche Faustregel in bezug auf das Hörvermögen des Hundes längst überholt sei; daß etwa die verbreitete Annahme, Hunde würden generell viermal besser hören als Menschen, nicht stimme: Diese Vorstellung beruhe auf der Beobachtung, daß Wölfe das Geheul ihrer Artgenossen aus vierfach größerer Distanz wahrnehmen als der Mensch – die Ursache dafür ist jedoch der spezielle Frequenzbereich dieser tierischen Laute, weshalb eine Verallgemeinerung dieses Resultats nicht zulässig sei. Vielmehr registriert das Hundeohr manch ein Geräusch sogar mit hundertfach höherer Sensibilität, für andere ist es ähnlich empfindlich wie jenes des Menschen.

Zudem hat die Natur den Wolf und seinen domestizierten Verwandten mit der Fähigkeit ausgestattet, den geographischen Ursprung eines Geräusches präzise zu lokalisieren – vermutlich, um die Richtung eines noch unsichtbaren Beutetiers bestimmen oder Gefahren auch akustisch zuverlässig orten zu können. Weil sich, rein anatomisch bedingt, ein Ohr stets näher an der Schallquelle befindet als das andere, trifft bei diesem ein Geräusch ein wenig lauter und um den Bruchteil einer Sekunde früher ein. Derart sind Hunde in der Lage, die Herkunft eines Geräusches auf einen Winkelbereich von acht Grad einzugrenzen.

Für die gustatorische Wahrnehmung des Hundes, den Geschmackssinn, sind wie beim Menschen sogenannte Geschmackspapillen verantwortlich, die sich vorwiegend auf der Oberseite der Zunge befinden. Auch die vier Grundempfindungen Süß, Sauer, Salzig und Bitter sind die gleichen. Allerdings ist die Hundezunge weniger sensibel für salzige Speisen, und auch das Verlangen des Hundes nach Salz ist weniger ausgeprägt. Eine regelrechte Aversion zeigen Hunde gegen bittere Geschmäcker. Süßes hingegen wissen sie durchaus zu schätzen. Insgesamt darf der Hund im Vergleich zu seinem zweibeinigen Partner nicht gerade als Feinschmecker gelten: Während die Geschmackspapillen des Menschen rund 9000 Geschmacksknospen tragen, die wiederum die Sinneszellen enthalten, muß der Hund mit 1700 solcher Rezeptoren auskommen. Katzen haben überhaupt nur knapp 500 davon, und diese sind speziell auf Fleisch abgestimmt – weshalb die verbreitete Annahme, Katzen seien besondere Gourmets, falsch ist. Doch auch Hunde nutzen ihr im Vergleich dazu größeres gustatorisches Sensorium nicht wirklich: Im Regelfall schlingen sie ihr Futter hastig hinunter, was mit ihrem evolutionären Erbe erklärbar sein dürfte. Je schneller die Beute im Magen landet, desto unwahrscheinlicher ist das Risiko, daß es von Nahrungskonkurrenten geklaut werden kann.

Auch die haptische Wahrnehmung, gemeinhin Tastsinn genannt, umfaßt bei Mensch und Hund vier Komponenten: Druck, Temperatur, Schmerz und die sogenannte kinästhetische Wahrnehmung. Bei letzterer handelt es sich um die Wahrnehmung des eigenen Körpers. Abgesehen von diesen basalen Qualitäten unterscheidet sich der Tastsinn des Hundes jedoch erheblich von jenem des Menschen. So haben Hunde vor allem um Schnauze und Nase besonders viele Sinnesnerven, weshalb diese Region äußerst sensibel ist. Ähnlich verhält es sich mit den Fußballen, die über Nerven verfügen, welche unter anderem auf Vibration reagieren. Überdies wachsen Hunden – wie auch anderen Säugetieren – spezielle Haare um die Schnauze, die fachlich »Vibrissae« genannt werden. Diese Schnurrhaare stellen gleichsam »Fühler« dar, die Tiere vor Kollisionen mit Objekten bewahren, bei der Orientierung und der Erkennung von Gegenständen helfen – etwa in bezug auf Form und Oberflächenbeschaffenheit. Die Bedeutung dieser vibrierenden Härchen läßt sich ermessen, wenn Hunden, die unter beeinträchtigtem Sehvermögen leiden, aus kosmetischen Gründen nicht nur das Fell gestutzt wird, sondern auch die Vibrissae gekappt werden: Dann laufen sie ein paar Wochen lang unsicher und desorientiert umher, rammen Stühle oder finden ihren Futternapf nur schwer.

Während der Mensch Temperatursensoren für Hitze und Kälte hat, registrieren Hunde nur letztere – mit Ausnahme von Welpen, deren Nase mit einer Art »Wärmesensor« ausgestattet ist, welcher die von Objekten abgestrahlte Wärme registriert. Derart wird Junghunden mit noch kaum ausgeprägten anderen Sinnen die Suche nach der Mutter, der wichtigsten Wärmequelle, erleichtert. Erwachsene Hunde dagegen nehmen Wärme nur indirekt wahr, indem sie sich zum Beispiel vermutlich deshalb ein behagliches Plätzchen in der Sonne suchen, um unerwünschte Kühle zu vermeiden. Auf Hitze selbst reagieren sie dagegen kaum – im Extremfall erst dann, wenn die Haut verletzt wird, was allerdings nicht von Wärme-, sondern von Schmerzrezeptoren ans Gehirn gemeldet wird. Diese sensorische Ausstattung birgt bei längerer starker Wärmeeinstrahlung, etwa in einem überhitzten Auto, die Gefahr eines Hitzschlags – obwohl das Fell bis zu einem gewissen Ausmaß eine effiziente Isolierschicht gegen Hitze wie auch gegen Kälte darstellt.

Schmerzen dagegen scheinen Hund und Mensch weitgehend ähnlich zu erleben. Bei beiden registrieren zunächst

Nerven in der Haut die Schmerzsignale und leiten sie ans Gehirn weiter. Die einst heftig geführte Kontroverse, ob Hunde Schmerzen empfinden können, darf angesichts jüngerer Erkenntnisse als überholt gelten. So konnte gezeigt werden, daß Schmerzen bei Hunden ebenso zur Ausschüttung von Streßhormonen führen wie beim Menschen oder daß sich postoperativ mit schmerzstillenden Medikamenten versorgte Hunde schneller erholten als solche, die keine entsprechenden Präparate erhielten. Daß Hunde Schmerzen nicht sofort lautstark signalisieren, führen Experten neuerlich auf evolutionäre Hintergründe zurück: Wer weithin sichtbar zeigt, daß er verletzt ist, demonstriert Schwäche – geradezu eine Einladung an potentielle Konkurrenten, die Gelegenheit zu nutzen und zum Beispiel eine ranghöhere Position zu erobern. Freilich lassen sich typische Anzeichen für Schmerzen auch ohne eindeutige akustische Hilferufe deuten: hektisches Hecheln, Zittern, Apathie oder rastloses Hin- und Herwandern.

Schließlich verdeutlicht Coren den Stellenwert der olfaktorischen Wahrnehmung, des Geruchssinns. Er erläutert, daß Duftstoffe die wichtigste Datenquelle für den Hund sind, vergleichbar der optischen Wahrnehmung beim Menschen; daß vor allem die Inhalation von Pheromonen Informationen liefert, die der Erkennung und Beurteilung anderer Hunde dient; daß diese körpereigenen Botenstoffe fast unablässig abgesondert werden und Spuren hinterlassen, wenn ein Tier sein Fell an einem Gegenstand reibt; daß das Schnüffeln an diesem Objekt gewissermaßen dem Lesen einer geschriebenen Mitteilung entspricht und der Hund daraus Erkenntnisse über Alter, Geschlecht, gesundheitliche und emotionale Verfassung von Artgenossen bezieht und sogar Gefühlszustände wie Streß oder Angst erkennt; daß der Urin, in dem ebenfalls Pheromone enthalten sind, gleichsam die Tinte des Hundes ist und der Baum, an dem er schnüffelt, seine Variante der Tageszeitung mit den jüngsten Nachrichten über soziale Vorkommnisse in der Hundegesellschaft der jeweiligen Gegend.

Coren beschreibt die besondere Beschaffenheit des hündischen Geruchsorgans; daß Hunde allein aufgrund ihrer Zahl an Geruchsrezeptoren ein extrem ausgeprägtes Riechvermögen besitzen; daß Foxterrier über 147 Millionen Riechzellen verfügen, Schäferhunde über 225 Millionen und daß der Bluthund mit rund 300 Millionen solcher Rezeptoren der absolute Meister der olfaktorischen Wahrnehmung ist; daß der Mensch dagegen mit lediglich fünf Millionen Geruchszellen auskommen muß; daß Hunde zudem von der Funktion des sogenannten Jacobsonschen Organs profitieren, das mit Hilfe von speziellen Rezeptoren am Gaumen hilft, Gerüche zu »schmecken«; daß der Hund Duftstoffe anders verarbeitet als der Mensch, weil er bei der Bestimmung der Herkunft einer Duftnote die Atmung unterbricht und mit Gerüchen erfüllte Luft durch sein Schnüffeln aktiv ins Innere der Nase befördert; daß die feuchte Nase auch dazu dient, Geruchsmoleküle in Schleimhautflüssigkeit zu lösen; daß der Hund das Alter von Gerüchen bestimmen kann, indem er aufgrund von deren Intensität ältere von jüngeren zu unterscheiden weiß, wodurch er in der Lage ist, einer Fährte zu folgen; daß er Gerüche nicht nur bis zu 10 000mal besser identifizieren kann als der Mensch, sondern einzelne Komponenten auch viel klarer differenziert. Wir würden feststellen, vergleicht Coren, daß etwa Chili gekocht wird. Der Hund indes würde die einzelnen Zutaten wahrnehmen – Bohnen, Fleisch, Tomaten, Zwiebeln, Gewürze.

Der außergewöhnliche Geruchssinn befähigt den Hund zum Erschnüffeln von Sprengstoffen, von Narkotika und sogar von Krankheiten wie Krebs. Mitte Januar 2006 berichtete ein amerikanisch-polnisches Forscherteam, es sei gelungen, fünf Hunden in nur drei Wochen beizubringen, krebskranke Patienten zu erkennen. Die Tiere rochen dazu an Proben von Atemluft. Sie identifizierten Brustkrebs darin mit einer Sicherheit von 88 Prozent und Lungenkrebs mit einer Zuverlässigkeit von sogar 99 Prozent. Weder die Rasse der Hunde noch das Stadium der Krankheit schien eine Rolle zu spielen.

Die phänomenale Nase der Hunde zwingt Forscher auch, sich mitunter allerlei Tricks einfallen zu lassen, wenn der Geruchssinn bei bestimmten Tests keine Rolle spielen darf. Dann werden etwa Behälter, in denen Spielsachen versteckt sind, nach jedem einzelnen Versuch sorgfältig gewaschen, um Gerüche zu beseitigen. In anderen Fällen legen Wissenschaftler ein Futterhäppchen zunächst in mehrere mögliche Verstecke und entfernen es vor Testbeginn wieder. So soll ein Aroma gleichmäßig verteilt und ausgeschlossen werden, daß die Hunde erriechen, an welcher Stelle sie suchen sollen. Eine besonders raffinierte Methode verwendet bisweilen der kanadische Forscher Sylvain Fiset: Er versprüht Rosenwasser, damit dessen Duft andere Gerüche überlagert, an denen sich die Tiere orientieren könnten.

Raum und Zeit

Geruchseinflüsse kann Sylvain Fiset tatsächlich nicht brauchen. Den Psychologen an der Université de Moncton im kanadischen Edmundston interessiert die Erforschung anderer Fähigkeiten der hündischen Wahrnehmung. Schon als Kind löcherte Fiset seine Eltern mit Fragen über Hunde, wollte wissen, wieso sie sich ihre Namen merken, wie sie Kommandos und Kunststücke lernen oder warum sie pünktlich antraben, wenn die Zeit der Fütterung gekommen ist. Er wollte schlicht eine Antwort auf die Frage: Wie denken Hunde?

Heute befaßt sich Fiset auf wissenschaftlicher Ebene mit dem Phänomen Kognition. Ihn fasziniert nicht die bloße Funktion der Sinnesorgane, sondern die Frage, wie das hündische Gehirn sensorischen Input verarbeitet und interpretiert. Nach wie vor gebe es, konstatiert Fiset, »sehr wenige ernsthafte wissenschaftliche Untersuchungen über die kognitiven Fähigkeiten des Hundes«. Während entsprechende Studien an Ratten, Mäusen und vielen Vogelarten längst in großer Zahl vorlägen, habe man »lange Zeit das Tier ignoriert, das wahrscheinlich am intensivsten mit dem Menschen kommuniziert«.

Fiset und zwei seiner Kollegen gingen zum Beispiel der Frage nach, wie sich Hunde im Raum orientieren. Die Forscher ließen vor den Augen von Hunden Spielsachen verschwinden und überprüften, auf welche Weise es den Tieren gelang, die Gegenstände zu lokalisieren. Daß Hunde grundsätzlich in der Lage sind, Objekte wiederzufinden, die aus ihrem Blickfeld entfernt wurden, ist mehrfach belegt. Selbstverständlich ist dies keineswegs: Ebensogut könnte es sein, daß Dinge buchstäblich aus dem Sinn gelöscht sind, wenn sie das Auge nicht mehr wahrnimmt. Andere Tiere, etwa Kaninchen oder Hühner, bewältigen diese Aufgabe nur nach intensivem Training.

Um unsichtbare Gegenstände aufzuspüren, muß ein Tier räumliche Information in seinem Gehirn speichern und wieder abrufen, muß also im Gedächtnis behalten, wo sich das Versteck befindet. Dabei gibt es zwei Varianten räumlicher Information: Bei »egozentrischer« Orientierung nutzt das Tier sich selbst als zentralen Bezugspunkt, die Lokalisierung eines versteckten Objekts erfolgt durch Richtungsbestimmung und durch die Winkelabweichung des Zielorts von der eigenen Position. Im Gegensatz dazu berücksichtigt die »allozentrische« Rauminformation Markierungspunkte in der Umgebung – also die Anordnung von Tischen,

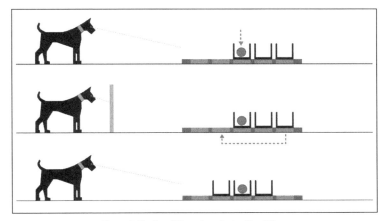

Graphik 6 Die absolute Position
Die Forscher markierten mit Klebeband fünf Positionen. In der linken Kiste – und zugleich auf der mittleren Markierung – war ein Spielzeug. Dann wurde die ganz rechte Kiste auf Markierung Nummer zwei geschoben. Die »absolute« Position des Spielzeugs blieb unverändert, in bezug auf die Kisten war sein Platz jedoch nicht mehr derselbe.

Stühlen oder Bäumen und deren Entfernungen zueinander.

Fiset entwickelte ein Experiment, um zu ermitteln, mit welcher der beiden Informationsquellen sich Hunde in der Welt zurechtfinden. Er bastelte drei kleine Holzkisten, deren Rückseite offen blieb. Im Testraum markierte er mit Klebeband nebeneinander fünf Positionen, auf denen die Kisten plaziert werden konnten. Er schob die Boxen auf drei dieser Stellen, so daß zwei Markierungen freiblieben. Dann präsentierten Fiset und sein Team sechs Hunden – wobei wie immer in solchen Studien jedes Tier separat getestet wurde – zwei verschiedene Situationen.

Zuerst standen die Holzkisten nebeneinander auf den rechten drei Positionen, auf der linken Seite waren also zwei Plätze unbesetzt. Aus einer Distanz von eineinhalb Metern zu den Kisten konnten die Hunde zusehen, wie die Forscher ein Plastikspielzeug in die linke der drei Boxen steckten. In bezug auf alle fünf Markierungen befand sich das Objekt somit in der Mitte. Dann wurde eine Sichtbarriere vor den Hunden aufgestellt, so daß die Wissenschaftler die Szenerie unbeobachtet verändern konnten. Sie nahmen bloß eine simple Manipulation vor: Sie schoben die ganz rechte Box um drei Positionen nach links neben die anderen beiden. Als den Hunden der Blickkontakt wieder gestattet wurde, sahen sie eine neue Anordnung: links eine freie Position, dann drei Kisten, rechts eine freie Position. Das Spielzeug befand sich nunmehr aufgrund der Verlegung der einen Box also nicht mehr in der linken Kiste, sondern in der mittleren. Der tatsächliche, »absolute« Ort des Spielzeugs hatte sich jedoch nicht verändert, weshalb Fiset diesen Versuch »absolute Position« taufte (siehe Graphik 6, Seite 153).

Die Frage war nun: Woran würden sich die Hunde bei der Suche orientieren? An der tatsächlichen Stelle, an der sie das Objekt zuletzt gesehen hatten und an der es sich trotz des Verschiebens einer Kiste immer noch befand? Oder an der Position des Spielzeugs in Relation zu den drei Kisten? In diesem Fall hätte es sich – aus subjektiver Sicht – bewegt: Es wäre von der linken der drei Boxen in die mittlere gewandert.

Die zweite Versuchsanordnung war gewissermaßen die Umkehrung der ersten: Fiset schuf eine »relative Position«. Am Anfang sahen die Hunde das Spielzeug in der mittleren Kiste verschwinden. Während der Sichtkontakt unterbunden war, wanderte die ganze Reihe der Boxen samt dem versteckten Objekt um eine Position nach rechts, so daß letztendlich die Plastikfigur wieder in der mittleren Kiste war. Allerdings hatte sich dadurch deren tatsächlicher, absoluter Ort geändert: Er war mit den Kisten nach rechts gerutscht (siehe Graphik 7, Seite 155).

Anschließend sahen Fiset und seine Kollegen zu, wie sich

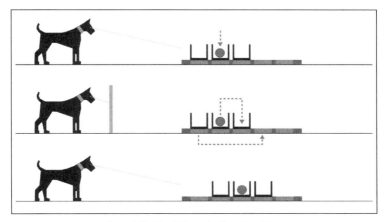

Graphik 7 Die relative Position
Diesmal befand sich das Spielzeug zunächst in der mittleren Kiste beziehungsweise auf Markierung Nummer zwei. Dann wurde die ganze Reihe der Kisten um einen Platz nach rechts versetzt. Die Folge: Das Spielzeug befand sich zwar immer noch in der mittleren Kiste, aber nicht mehr auf Markierung zwei, sondern auf Nummer drei.

die Hunde bei der Suche nach dem Spielzeug in den beiden Versuchen anstellten. Beim ersten Test, also jener Versuchsanordnung, bei der sich die »absolute« Position der Kiste mit dem Spielzeug nicht verändert hatte, waren die Hunde deutlich erfolgreicher als bei der zweiten Aufgabe, bei der sich das Objekt zwar stets in der mittleren Kiste befand, aber insgesamt um eine Markierung nach rechts marschiert war – und demnach nur »relativ« in der Mitte geblieben war. Fiset folgerte, daß sich Hunde vorwiegend egozentrisch orientieren: Offenbar hatten sie bei dem Experiment die Richtung von sich zum tatsächlichen Ort der versteckten Figur im Kopf behalten und korrekt bestimmt. Hätten sie dagegen allozentrische Informationen genutzt, hätte der Verbleib des Spielzeugs in bezug auf die Anordnung der drei Kisten eine größere Rolle spielen müssen.

Um das Ergebnis abzusichern, heckten die Forscher einige Abänderungen der Testsituation aus. So bauten sie sogar einen speziellen Raum, dessen Wände verschoben werden konnten, um die Orienterung zu erschweren. Einen weiteren Versuch legten sie so an, daß den Hunden aufgrund von baulichen Manipulationen egozentrische Information überhaupt nicht zur Verfügung stand – wollten sie ihr Spielzeug finden, waren sie in diesem Fall gezwungen, allozentrische Daten zu verarbeiten. Derart wollte Fiset herausfinden, ob Hunde dazu überhaupt in der Lage sind.

Das Fazit der gesamten Studie lautete: Primär stützen sich Hunde auf egozentrische Informationen, können sich aber zumindest dann an allozentrischen Kriterien orientieren, wenn erstere nicht verfügbar sind. Etwas weniger wissenschaftlich ausgedrückt: Hunde verfügen in erster Linie über ein präzises inneres Koordinatensystem, das es ihnen ermöglicht, die Richtung und den Winkel zu einem angepeilten Ziel mit hoher Verläßlichkeit zu bestimmen.

In einer im Frühjahr 2005 publizierten weiteren Arbeit wollte Fiset näher untersuchen, wie zuverlässig dieser biologische Kompaß tatsächlich funktioniert. Als Indikator diente die Frage, wie nahe beieinander zwei mögliche Verstecke eines Spielzeugs liegen dürfen, damit Hunde das richtige noch im Kopf behalten. Die Forscher wollten auf diese Weise herausfinden, welche Winkelabweichungen Hunde registrieren, und führten Versuche durch, bei denen die zur Auswahl stehenden Zielorte immer näher zusammenrückten – von 30 Grad auf 15 Grad, von 10 auf 7,5 Grad, schließlich auf nur 5 Grad.

Die Hunde erwiesen sich als durchaus geschickte Pfadfinder: Selbst wenn zwei potentielle Fundstellen nur fünf Grad auseinanderlagen, der Winkelbereich also ziemlich schmal war, steuerte die überwiegende Mehrzahl den richtigen Ort an. »Hunde konstruieren eine kognitive Karte ihrer

Umwelt«, glaubt Fiset, wobei sie sich »vermutlich selbst in diese Landkarte eintragen, so daß sie eine Relation zwischen ihrer eigenen Position und bestimmten Bezugspunkten herstellen«. Die vorliegende Studie stelle dabei »einen der ersten Versuche« dar, die Mechanismen der räumlichen Orientierung bei Hunden zu entschlüsseln.

Wenn Hunde fähig sind, die Position versteckter Objekte korrekt im Gedächtnis zu behalten, wäre es freilich interessant zu wissen, wie lange dies im Gehirn gespeichert bleibt. Oder allgemeiner ausgedrückt: Wie lange merken sich Hunde Informationen? In einer seiner Studien ging Fiset deshalb dem Erinnerungsvermögen auf den Grund.

Die Versuchsanordnung war fast identisch mit jener, die er zur Erforschung der räumlichen Orientierung entwickelt hatte. Diesmal verwendete er vier Holzkisten. Um ein Quietschspielzeug aus Plastik oder einen Tennisball lokalisieren zu können, mußten die Hunde jedoch die Richtung nicht nur korrekt bestimmen, sondern sich diese auch eine Zeitlang merken. Die Forscher versteckten zunächst das jeweilige Objekt vor den Augen der Hunde in einer der Boxen und errichteten dann wieder ihre Sichtbarriere, diesmal allerdings für längere Phasen: Das kürzeste Intervall betrug zehn Sekunden, das längste vier Minuten. Würden die Hunde nach ein paar Minuten vergessen haben, wo die Spielsachen versteckt sind?

Das Gedächtnis ließ sie nicht im Stich: Insgesamt, konnten Fiset und seine Kollegen festhalten, sei die Leistung sehr respektabel gewesen. Zwar erinnerten sich die Hunde mit zunehmender Zeit schlechter daran, in welcher Kiste das gesuchte Spielzeug steckte, was sich in vermehrter Auswahl einer falschen Box niederschlug. Dennoch bewältigten sie ihre Aufgabe auch bei der vierminütigen Periode recht passabel.

Fiset ist überzeugt davon, daß es sich um echte Erinnerung handelt, also um kognitive Prozesse im engeren Sinn, und daß nicht simplere Strategien eine Rolle spielten. Denn es wäre theoretisch denkbar, daß die Hunde schlicht jene Stelle fixierten, an der sie ein Objekt verschwinden sahen, in starrer Haltung sitzen blieben, bis die Sichtbarriere entfernt wurde, und dann in die mittels Kopf- und Körperhaltung anvisierte Richtung losstarteten. Dies konnten die Forscher, die ihre Experimente stets auf Video aufzeichnen, aufgrund der Bildauswertung jedoch ausschließen. Überdies zeigte sich bei einem anderen Versuch, daß Hunde das Versteck eines Spielzeugs mehrheitlich auch dann wiederfinden, wenn sie den direkten Weg dorthin gar nicht einschlagen können, sondern gezwungen sind, zunächst einen Umweg zu nehmen. »Die wahrscheinlichste Erklärung ist, daß die Hunde eine aktive Vorstellung des Verstecks im Gedächtnis behalten«, folgerten die Wissenschaftler.

Eine Periode von vier Minuten ist allerdings ein relativ kurzer Zeitraum, um solide Aussagen über das tatsächliche Erinnerungsvermögen zu treffen. Deshalb plant Fiset, etwa Anekdoten aufzugreifen, wonach Hunde ihre Knochen an einer bestimmten Stelle vergraben und noch Tage später wiederfinden. »Ich denke darüber nach, wie man das testen könnte«, sagt Fiset. »Aber bisher haben wir keine geeignete Methode gefunden.« Auch was die räumliche Orientierung betrifft, eröffnet sich nach wie vor ein weites Feld für wissenschaftliche Beforschung. Zum Beispiel: Wie gelingt es Hunden eigentlich, den Weg nach Hause zu finden? »Gute Frage«, meint Fiset. »Meines Wissens hat sie aber noch niemand beantwortet.«

Und noch eine Überlegung drängt sich geradezu auf: Bisher hat man zwar ein paar Einsichten in die hündische Kognition gewonnen und weiß im wesentlichen, wie die Sinnesorgane des Hundes funktionieren. Ob jedoch ein teils vom menschlichen völlig verschiedenes Sensorium auch gänzlich andere mentale Prozesse bewirkt, erschließt sich daraus nicht – theoretisch könnten unterschiedliche Mittel zum gleichen Ziel führen. Was die Frage aufwirft: Sind die kognitiven Leistungen des Hundes vergleichbar mit jenen des Menschen? Oder verlaufen die Gedankengänge grundsätzlich anders? Und vor allem: Niemanden wird es sonderlich wundern, daß Hunden räumliche Orientierung gelingt oder daß sie sich an gewisse Dinge erinnern. Überraschender mag da schon das offenbar zumindest in Ansätzen vorhandene Gefühl für Zahlenmengen sein. Doch wie verhält es sich mit urtypisch menschlichen Begabungen wie Logik und abstraktem Denken, gleichsam den Königsdisziplinen des Geistes?

Einige Antworten gibt es bereits – und sie gewähren nicht nur weitere und tiefere Einblicke in die Wahrnehmungsfähigkeit des Hundes und zeigen zugleich deren Grenzen auf, sondern enthüllen indirekt auch die wahren Besonderheiten der hündischen Intelligenz.

Die Logik des Hundes

Um diesen Phänomenen auf den Grund zu gehen, greifen Wissenschaftler gerne auf jene Versuchsanordnung zurück, die auch Sylvain Fiset verwendete: die Suche nach versteckten Gegenständen. Die Methode beruht auf Arbeiten des Schweizer Psychologen Jean Piaget, der versuchte, die einzelnen Stadien des mentalen Heranreifens von Kindern zu definieren. Piaget entwickelte ein Stufenmodell, wonach die kindliche Kognition kontinuierlich an Kapazität gewinnt – von einfachen Reflexen über Gesichtserkennung und Sprache bis zur Ausprägung des logischen Denkens.

Im Alter von acht bis zwölf Monaten entsteht laut Piaget allmählich jene Fähigkeit, die für Vergleiche mit Hunden herangezogen wird: die sogenannte »Objektpermanenz«. Darunter versteht man das Bewußtsein, daß Dinge nicht einfach zu existieren aufhören, wenn sie vorübergehend nicht sichtbar sind. Kinder erwerben dieses Wissen schrittweise: Bis zu einem Alter von sieben bis acht Monaten interessieren sie sich Piaget zufolge kaum für verborgene Objekte, danach suchen sie zwar nach versteckten Gegenständen – allerdings dort, wo sie diese verschwinden sahen, und ohne zu bedenken, daß zwischenzeitlich ein Ortswechsel stattgefunden haben könnte. Dies wird »A-not-B-error« genannt: Kinder verstehen bis zu einem gewissen Alter nicht, daß sie, wenn ein Objekt an der Stelle »A« verschwunden ist und zur Stelle »B« verfrachtet wurde, an letzterer suchen müssen.

Den höchsten Grad mentaler Reife bei der Objektpermanenz erreichen Kinder mit frühestens 18 Monaten: Dann ist ihnen nicht nur klar, daß Gegenstände verschwinden und anderswo wieder auftauchen können, sondern können einen Ortswechsel auch dann nachvollziehen, wenn sie das Objekt währenddessen mit den Augen gar nicht verfolgen konnten. Fachleute nennen dies »invisible displacement«, also unsichtbaren Ortswechsel – im Gegensatz zu »visible displacement«. Der Unterschied mag wie eine Spitzfindigkeit wirken, ist aber wesentlich: Beim »visible displacement« kann man zusehen, wie ein Gegenstand bewegt wird und dann in einem Versteck verschwindet. Bei unsichtbaren Ortswechseln ist eine direkte sensorische Wahrnehmung des Objekts beim Transfer nicht möglich, man kann sich also nicht auf seine Augen verlassen. Statt dessen ist, um den Gegenstand trotzdem aufzuspüren, ein gewisses Maß an Kombinationsgabe und damit an logischem Denken erforderlich – eine üblicherweise typisch menschliche Eigenschaft.

Anfang der neunziger Jahre lieferten Studien jedoch Hinweise, daß auch Hunde unsichtbare Ortswechsel verstehen könnten. Im Jahr 2004 konzipierte ein Team australischer

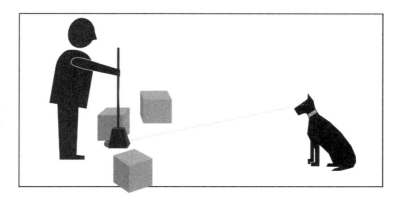

Graphik 8 Der unsichtbare Ortswechsel
Wie die Forscher den unsichtbaren Ortswechsel bewerkstelligten: Sie benutzten eine Stange, an deren unterem Ende ein Behälter mit einer offenen Seite montiert war. Diesen konnte man über einen Tennisball stülpen und den Ball damit unsichtbar von einer Kiste zu einer anderen transportieren.

Forscher um die Psychologin Emma Collier-Baker ein aufwendiges Experiment, um dieser Frage noch einmal nachzugehen. Die Forscher wollten vor allem eines wissen: Gesetzt den Fall, Hunde bewältigen die Aufgabe wirklich – wie könnte ihnen dies gelingen? Könnte es sich um echtes kognitives Verständnis handeln, oder nutzen Hunde womöglich ganz andere Begabungen? Derart, so die Hoffnung, sollte sich ermitteln lassen, auf welchem Niveau der Verstand des Hundes tatsächlich funktioniert.

Zunächst bauten die Forscher einige der üblichen Utensilien bei solchen Tests auf: Wieder gab es drei Kisten, hinter denen man Spielsachen – in diesem Fall einen Tennisball – verstecken konnte. Zusätzlich benötigten sie ein Instrument, mit dem sie den Ball für die Hunde unsichtbar von einer Stelle an eine andere befördern konnten. Sie entschieden sich für einen langen Holzstiel, an dessen unterem Ende sie einen kleinen Behälter mit einer offenen Seite befestigten. Dieses Gerät konnten sie über den Ball stülpen und diesen so hinter einer der Kisten deponieren (siehe Graphik 8, Seite 161).

Der erste Versuch unsichtbaren Ortswechsels war noch relativ simpel: Der Ball lag bei einer Kiste, die Forscher steckten ihr Spezialwerkzeug darüber und verfrachteten ihn hinter eine andere Box. Dann zeigten sie die offene Seite ihres Instruments den ein Stück vor den Kisten wartenden Hunden, so daß diese sehen konnten, daß der Behälter nun leer war. Anschließend sollten die Tiere nach dem Ball suchen. Ergebnis: Die meisten Hunde liefen zielsicher hinter die richtige Box und schnappten sich das Spielzeug. Soweit deckte sich das Resultat des Experiments mit früheren Studien. Ein Beweis, daß Hunde die diffizilste Ebene von Objektpermanenz verstehen und logische Schlüsse ziehen können?

Collier-Baker wollte es genauer wissen. Sie und ihre Kollegen ließen sich ein paar Modifikationen des Tests einfallen. Zum Beispiel verbargen sie Gesicht und Oberkörper jenes Forschers, der mit dem Spezialwerkzeug hantierte, hinter einem Vorhang. Die Hunde konnten nun nur noch dessen Beine und den Holzstiel sehen. So sollte vermieden werden, daß die Menschen den Hunden unabsichtlich Hinweise gaben, etwa durch unbewußte mimische Andeutungen. Zudem überprüften sie folgenden Gedanken: Was wäre, wenn sich die Hunde in Wirklichkeit an der Position des Spezialwerkzeugs orientierten und dessen Nähe zu einer der Kisten als Information über den Verbleib des Balls verstünden?

Die Forscher beschlossen, ihre Versuchstiere auf die Probe zu stellen. Zunächst verfuhren sie wie beim ersten Test: Ball vor einer Kiste, Werkzeug darüber, Ortswechsel zu einer anderen Box, Werkzeug zum Hund hingedreht, so daß dieser sah, daß es nun leer war. Dann der entscheidende Zusatz:

Jetzt wanderte das Werkzeug noch weiter zu irgendeiner beliebigen anderen Kiste, konnte also das korrekte Versteck nicht mehr anzeigen. Collier-Baker war gespannt, was jetzt passieren würde: Wenn Hunde wirklich über eine gewisse Logik verfügen, müßten sie die letzte Manipulation ignorieren. Schließlich hatten sie bereits gesehen, daß sich der Ball nicht mehr im Behälter des Werkzeugs befand. Wenn sie sich jedoch an der Position des Holzstiels orientieren und folglich hinter der falschen Kiste nachsehen würden, fehlte der Beweis für höhere kognitive Begabungen – vielmehr würde dies auf rein assoziatives Verhalten hindeuten: Dabei bringt ein Tier aus bisheriger Erfahrung schlicht zwei Objekte miteinander in Verbindung. In diesem Fall wäre dies die Assoziation des Werkzeugs mit einer bestimmten Kiste.

Collier-Baker führte neben diesem noch ein paar weitere ähnliche Tests durch. In einem Fall entfernte sie ihr Werkzeug nach dem Verstecken überhaupt, so daß es gar keine Hinweise mehr liefern konnte, nicht einmal falsche. Das Ergebnis ließ Hunde nicht gerade als Giganten des logischen Denkens erscheinen: Vor allem dann, wenn das selbstgebastelte Werkzeug als Orientierungshilfe ausschied, sank der Sucherfolg der Hunde rapide – teils unter die Zufallswahrscheinlichkeit. Das Werfen einer Münze hätte eine höhere Trefferquote erbracht.

Derartige Versuche mögen angesichts des sperrigen Vokabulars und der nur in Nuancen abgeänderten Szenarien mit all ihren merkwürdigen Utensilien zunächst wie akademische Spielerei wirken, durchgeführt mit übertriebener Detailverliebtheit. Die Bedeutung solcher Arbeiten erschließt sich erst, wenn man das Dickicht aus begrifflichen und technischen Formalien durchdringt, sich an das Prozedere aus standardisierten Experimenten, Kontrollexperimenten und statistischen Auswertungen gewöhnt, die letztlich bloß wie beiläufig verraten, die Leistung der Versuchstiere sei etwa

»above chance« oder »below chance« gewesen – über oder unter der Zufallswahrscheinlichkeit.

Hinter den spröden Fachtermini verbergen sich allerdings wichtige Erkenntnisse. Das Ergebnis noch einmal in Kurzfassung: Die Hunde hatten Erfolg bei der Suche nach den heimlich versteckten Bällen, wenn einer der Forscher gut sichtbar mit seinem Werkzeug hantierte. Und sie liefen zielsicher auf das Versteck zu, wenn sich der Holzstiel mit dem Ballbehälter zuletzt in der Nähe der korrekten Kiste befunden hatte. Sie versagten dagegen vor allem dann, wenn dieses Werkzeug als Orientierungshilfe ausfiel. Collier-Baker leitete aus diesem Resultat ab, daß »Hunde ihr Suchverhalten eher auf einfache Regeln der Nähe als auf wirkliche mentale Rekonstruktion des Weges gründen, den ein unsichtbares Objekt genommen haben muß«.

Soll heißen: Hunde bewältigen bis zu einem gewissen Grad sehr schwierige Aufgaben wie das Auffinden unsichtbar versteckter Objekte, und dies gelingt ihnen besser als vielen anderen Tieren und sogar besser als Kindern unter zwei Jahren. Doch sie gehen dabei nicht nach menschlichen Kriterien vor und verfügen nicht über »echtes« kognitives Verständnis im Sinne logischer Folgerung. In humane Gedankengänge übersetzt, würden Menschen überlegen: Wenn der Ball zuerst bei Kiste Nummer eins war, dann in einem Behälter verschwindet, dieser zu Kiste Nummer zwei bewegt wird und der Behälter anschließend leer ist, muß sich der Ball logischerweise bei Kiste zwei befinden. Hunde dagegen würden denken: »Geh zu der Kiste, wo du den Holzstiel mit dem daran montierten Behälter zuletzt gesehen hast. Irgendwo dort muß der Ball abgeblieben sein«. Dies wäre eine pure Assoziation und nicht, wie es Collier-Baker ausdrückt, eine »mentale Repräsentation« der Gegebenheiten.

Da die Leistung trotz der unterschiedlichen Lösungsstrategie durchaus beachtlich war, müssen Hunde über Begabungen verfügen, die sich zwar deutlich von jenen des Menschen unterscheiden, die auf ihre Weise aber hocheffizient sind. Collier-Baker ist überzeugt davon, daß diese vor allem im sozialen Bereich zu finden sind. Wie andere Ethologen macht auch sie das lange Zusammenleben von Wolf und Mensch dafür verantwortlich, daß sich beim Hund »bemerkenswerte Fähigkeiten im Bereich der sozialen Kognition« ausgeprägt hätten. Vor allem hätten sich im Zuge der Domestikation eine herausragende Sensitivität gegenüber Signalen des Menschen und eine Grundbereitschaft herausgebildet, selbst feinste Hinweise der humanen Partner aufzuschnappen und korrekt zu deuten. Darin würden Hunde sogar Affen ausstechen.

Den Unterschieden zwischen Assoziation und Logik ging auch ein Team um den ungarischen Verhaltensforscher Ádám Miklósi auf den Grund – und zwar durch einen direkten Vergleich von Hunden und Kindern. Auch Miklósi und seine Kollegen wählten die Suche nach versteckten Objekten als Rahmen für ihre Studie. Der Grundgedanke in bezug auf das Resultat war jedoch ein anderer: Angenommen, die menschlichen wie auch die tierischen Versuchsteilnehmer würden um einen Sucherfolg betrogen, weil sich das aufzuspürende Objekt letztlich in keinem der potentiellen Verstecke befindet – wie würde sich dies auf das Suchverhalten auswirken? Die Forscher stellten folgende These auf: Bei den Kindern, sofern sie logisch vorgehen, müßte nach jedem vergeblichen Versuch, den Gegenstand zu finden, das Tempo der Suche ansteigen. Denn nach dem Ausschlußprinzip nimmt die Wahrscheinlichkeit zu, fündig zu werden, wenn die Wahlmöglichkeiten geringer werden. Bei den Hunden sollte, wenn ihnen logisches Denken fremd ist, der gegenteilige Effekt eintreten: Ihr Sucheifer sollte mit jeder Enttäuschung allmählich erlahmen.

Die Wissenschaftler überprüften dies an 19 Hunden sowie 24 Kindern, die vier bis sechs Jahre alt waren und eine Schule in Budapest besuchten. Als Suchobjekte standen Gummitiere, Puppen und Bälle zur Auswahl. Die Verstecke bestanden aus drei Abschirmungen aus Plastik, die in Form eines Halbkreises angeordnet waren (siehe Graphik 9, Seite 167). Hinter den Schirmen konnten die Forscher die Spielsachen verstecken. Wie Emma Collier-Baker konfrontierten auch die Ungarn ihre Versuchsteilnehmer mit unsichtbaren Ortswechseln, transferierten die Objekte von einem Schirm zu einem anderen, ohne daß dies direkt zu beobachten war. Bevor Kinder und Hunde nachsehen durften, hinter welchem Schirm sich das Spielzeug befand, führten die Forscher eine listige Manipulation durch: Einer von ihnen ließ das Objekt in seiner Tasche verschwinden, so daß es sich nicht mehr in dem Testszenario befand und somit auch nicht gefunden werden konnte.

Während des Versuchs maßen die Experten, wie lange Kinder und Hunde hinter den einzelnen Schirmen suchten. Vor allem wollten sie gegenüberstellen, wieviel Zeit auf dem Weg vom ersten zum zweiten respektive vom zweiten zum dritten Schirm verstrich. Würden die Suchintervalle parallel zur Zahl der bereits inspizierten Verstecke länger oder kürzer werden? Das Ergebnis fiel aus wie prognostiziert: Während die meisten Kinder ihr Tempo steigerten, sobald ihnen klar geworden war, daß das Spielzeug weder hinter Schirm eins noch hinter Schirm zwei lag – nach menschlicher Logik also nur noch hinter der dritten Barriere verborgen sein konnte –, wurden die Hunde im Verlauf der Suche langsamer. Damit verfügten Miklósi und sein Team über einen weiteren Beleg dafür, daß der hündische Verstand in entscheidenden Punkten nach anderen Kriterien arbeitet als jener des Menschen.

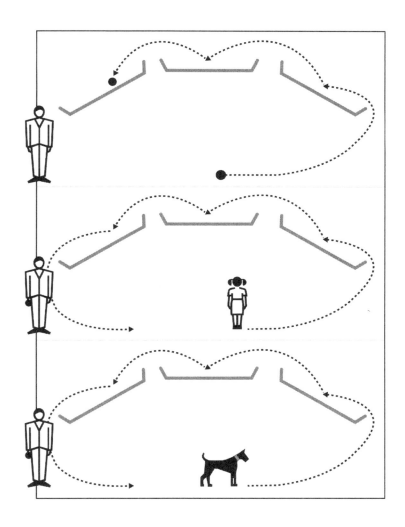

Graphik 9 Die Ballsuche
Die Forscher stellten drei große Plastikschirme auf, hinter denen man ein Objekt verstecken konnte (oberste Szene). Dann wurde verglichen, wie Kinder und Hunde bei der Suche danach vorgehen. Dabei entfernte ein Forscher das Objekt.

Hunde und die Physik

Britta Osthaus, die in England forschende deutsche Psychologin, kannte die Daten der Ungarn bereits, als sie daranging, einige spezielle Fragestellungen im Bereich der Wahrnehmung zu untersuchen. Für ihr Gravitationsexperiment konnte Osthaus auf ein Instrument zurückgreifen, das lange erprobt war. Ein Holzgestell, das an Ober- und Unterseite Öffnungen aufwies, durch welche man Gegenstände gemäß oder entgegen den Regeln der Schwerkraft fallen lassen konnte, war einst auch benutzt worden, um zweijährige Kinder in bezug auf ihr Verständnis von Gravitation und einfacher Physik zu testen.

Osthaus adaptierte die Apparatur für Hunde, das Prinzip blieb jedoch gleich: Durch eines von drei Löchern an der Oberseite konnte sie Objekte – im Fall der Hunde Futterstücke – werfen, welche aufgrund der Erdanziehung senkrecht nach unten in eine von ebenfalls drei Boxen fallen konnten. Mitunter wurden sie jedoch von ihrer natürlichen vertikalen Bahn abgelenkt. Dazu verwendeten die Forscher den schwarzen Plastikschlauch, mit dem die oberen Öffnungen mit jenen an den Boxen verbunden werden konnten. So ließ sich zum Beispiel die linke obere Öffnung mit der mittleren oder der rechten unteren Kiste verknüpfen. Das Häppchen würde deshalb nicht seiner üblichen geradlinigen und den Gesetzen des freien Falls entsprechenden Bahn folgen (siehe Graphik 10, Seite 169).

Osthaus wollte zweierlei wissen: Wie geschickt würden sich die Hunde bei verschiedenen Kombinationen von oberen und unteren Öffnungen bei ihrer Suche nach Futter anstellen? Selbst wenn sie immer fündig würden: Dürfte man dann annehmen, daß sie die Apparatur tatsächlich verstehen, also die Funktion des Plastikschlauchs durchschauen? Im Prinzip läßt sich die Fragestellung mit jener von Emma Col-

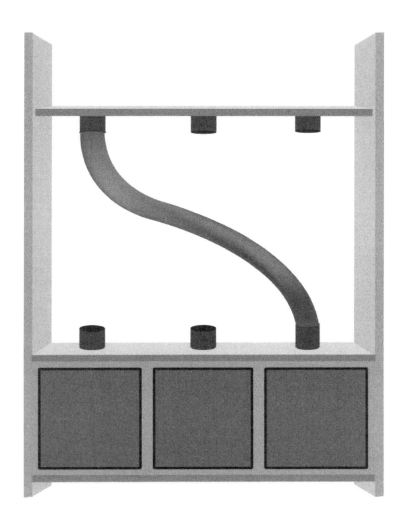

Graphik 10   Das Gravitationsexperiment
Die Apparatur, durch die man Gegenstände nach den Regeln der Schwerkraft fallen lassen oder von ihrer natürlichen Bahn ablenken konnte: Am oberen Brett befanden sich drei Öffnungen, die drei Kisten darunter hatten ebenfalls Löcher. Mit einem Plastikschlauch konnte man die oberen mit den unteren Öffnungen verbinden.

lier-Baker vergleichen, die ebenfalls nicht nur wissen wollte, ob Hunde ein Problem lösen, sondern vor allem, wie – die also die mentalen Strategien bei der Bewältigung einer Aufgabe entschlüsseln wollte. Auch Osthaus entwickelte mehrere Varianten ihres Tests, wobei jede davon stets aus einer definierten Zahl mehrerer Durchgänge bestand. Zum Aufwärmen sahen sich die Hunde mit der einfachsten Version konfrontiert: Der Schlauch wurde entweder vertikal oder diagonal montiert – eine mit der Gravitation kompatible Anordnung wurde einer nicht gravitationskompatiblen Situation gegenübergestellt. Nachdem die Forscher das Futter in jene obere Öffnung geworfen hatten, die gerade an den Schlauch gekoppelt war, durften die Hunde danach suchen. Zuvor mußte allerdings noch vermieden werden, daß sich die Tiere an unerwünschten Hinweisen orientieren konnten. In diesem Fall hätte das Fallgeräusch des Futterstücks Anhaltspunkte liefern können, weshalb die Wissenschaftler mittels Tonband einen gewissen Geräuschpegel erzeugten. Die Erfolgsraten waren bei diesem ersten Test zwar bei der vertikalen Situation höher als in der diagonalen, doch mit zunehmender Zahl der Durchgänge lernten die Hunde dazu und lösten beide Aufgaben annähernd gleich gut.

Test Nummer zwei sollte verraten, ob die Hunde die jeweilige Stellung des Schlauchs überhaupt als Informationsquelle nutzen. Wenn sie dazu befähigt sind, also ein gewisses physikalisches Grundverständnis zeigen, müßten sie versagen, wenn die Sicht auf den Schlauch blockiert ist. Zu diesem Zweck wurde er einfach mit einem Brett verdeckt, so daß die Tiere nicht mehr sehen konnten, welche Öffnungen gerade miteinander verbunden waren. Resultat: kaum ein Unterschied zu Experiment eins, der Sucherfolg war nahezu gleich hoch. »Die Sichtbarkeit oder Unsichtbarkeit des Schlauchs schien keinen Einfluß auf das Suchverhalten zu haben«, konstatierte Osthaus. Doch wie beim ersten Mal verbesserte sich die Leistung der Hunde mit der Zeit, was laut Osthaus die Vermutung nahelegt, »daß sie einfach lernten, den Ort der korrekten Box zu finden«.

Eben weil Hunde eine oft erstaunliche Begabung für rasches Lernen besitzen, wollten die Forscher solche Effekte ausschließen. Aus diesem Grund bestand die nächste Testreihe nicht mehr aus stets derselben Verknüpfung zweier Öffnungen. Statt dessen wurden die Verbindungen bei jedem einzelnen Durchgang nach dem Zufallsprinzip geändert. Einmal schloß der Schlauch das linke obere Loch an das mittlere darunter, dann verband er links oben mit rechts unten, anschließend Mitte oben mit rechts unten, danach rechts oben mit Mitte sowie links unten. Insgesamt gab es sechs verschiedene Varianten ohne eine einzige vertikale. Somit war es den Hunden unmöglich, sukzessive zu lernen, wo sie suchen sollten. Entsprechend dürftig fiel der Sucherfolg aus: »Das Leistungsniveau fiel generell ab«, beobachtete Osthaus. Am besten schnitten die Tiere noch ab, wenn sich das Häppchen in der mittleren Box befand – vermutlich deshalb, weil sie sich dann für die Mitte entschieden, wenn sie unsicher waren, also gewissermaßen die Kompromißvariante wählten.

Insgesamt folgerte Osthaus, daß die Hunde offenbar nicht in der Lage waren, die Bedeutung des Schlauchs und die Funktion der Apparatur zu verstehen. Neuerlich war damit dargelegt worden, daß Hunden, obwohl durchaus im Besitz beachtlicher kognitiver Kompetenzen, bestimmte Gedankengänge fremd zu sein scheinen – nämlich klassische menschliche Denkprozesse wie Kombinationsgabe und Schlußfolgerung.

Eng verbunden damit ist die Fähigkeit, bestimmte Handlungen auszuführen, um ein konkretes Ziel zu erreichen – also

»Mittel zum Zweck« einzusetzen, was ebenfalls als Schlüsseletappe der kognitiven Entwicklung gilt. Osthaus ließ sich ein Experiment einfallen, um zu überprüfen, ob Hunden dieses Prinzip vertraut ist, ob sie also in gewisser Weise absichtsvoll agieren können. Die Aufgabenstellung lautete: Die Tiere mußten an einer Schnur ziehen, um ein außer Reichweite befindliches Objekt zu erhaschen.

Wieder bastelte Osthaus zunächst einen Versuchsapparat. Es handelte sich um eine flache Kiste, deren Oberseite aus einem Drahtgitter bestand. Die Vorderseite der Kiste blieb offen, so daß man eine Schnur in deren Inneres schieben konnte. Ein Ende der Schnur lag dabei stets innerhalb der Box, während das andere herausragte. Am in der Kiste befindlichen Schnurende banden die Forscher ein Stück eines intensiv riechenden Kaustreifens fest. Die Hunde standen nun vor folgender Situation: Sie konnten das Futter zwar durch das Gitter sehen – und natürlich auch riechen, was in diesem Fall das Experiment aber nicht beeinträchtigte –, doch war es praktisch unmöglich, mit den Pfoten direkt danach zu grapschen. Dafür befand sich der Kaustreifen zu weit hinten in der Box. Wenn sie ihn aus der Kiste holen wollten, mußten sie am ihnen zugänglichen Ende der Schnur ziehen (siehe Graphik 11, Seite 173).

Osthaus zweifelte nicht daran, daß die Hunde bald draufkommen würden, daß nur die Schnur zum Futter führte, auch wenn sie anatomisch nicht gerade prädestiniert für die Bewältigung solcher Aufgaben sind – anders als etwa Vögel, von denen viele ihre Schnäbel äußerst geschickt einsetzen, um solche Probleme zu lösen. Was Osthaus eigentlich herausfinden wollte, war auch bei dieser Studie, welche mentalen Strategien Hunde dabei anwenden.

Deshalb entwickelte sie erneut mehrere Testszenarien. Den Anfang bildete wie immer die einfachste Variante: Eine 20 Zentimeter lange Schnur samt Kaustreifen ragte je zur

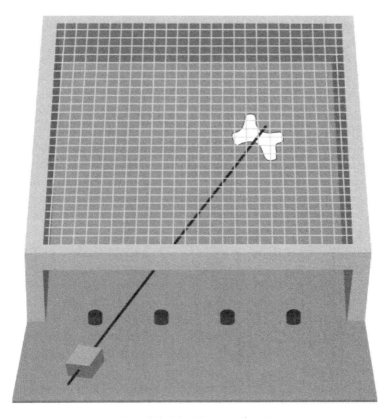

Graphik 11 Der Logiktest
Die Kiste, aus der die Hunde Futter herausfischen sollten: Drei Seiten waren geschlossen, die Vorderfront ließ einen schmalen Spalt offen. Die Oberseite bestand aus Drahtgitter. Im Inneren der Kiste lag, an einer Schnur befestigt, ein Stück Kaustreifen. Das Schnurende ragte aus der Kiste hervor.

Hälfte in die Kiste respektive ein Stück daraus hervor, und die Hunde hatten tatsächlich kaum Mühe, das Futter zu ergattern. Manche probierten es mit der Schnauze, ein paar versuchten, mit der Zunge ins Innere der Kiste zu gelangen, die meisten hatten jedoch Erfolg, indem sie ihre Pfoten einsetzten und damit die Schnur bewegten. Doch dann wurde der Schwierigkeitsgrad gesteigert: Bei den ersten Tests lag die Schnur in Form einer geraden Linie vor den Hunden, verlief von ihrer Schnauzenspitze nach hinten in die Box (siehe Graphik 12, A, Seite 175). Das vor ihnen befindliche Schnurende bot damit die kürzeste räumliche Verbindung zum Futter. Anschließend jedoch verschoben die Forscher die Schnur ein Stück, so daß sie nun diagonal plaziert war (Graphik 12, B). Aus Sicht der Hunde befand sich deshalb deren äußeres Ende jetzt links von ihnen, das innere Ende samt Kaustreifen hingegen rechts. Nun standen die Tiere quasi vor einer »Verständnisfrage«: Würden sie die Funktion der Schnur erfassen und kapieren, daß ein Mittel, nämlich die Schnur, den Zweck des Erlangens des Futters erfüllt? In diesem Fall dürfte die nunmehrige räumliche Anordnung der Schnur keine Rolle spielen. Aber die Hunde tapsten ins Leere: nach rechts, auf die nächstmöglich erreichbare Stelle zum Futter, direkt an der Vorderseite der Kiste. Erst mit der Zeit und nach einigen Mißerfolgen änderten sie ihre Strategie.

Osthaus ließ sich noch weitere Testsituationen einfallen: Sie brachte eine zweite Schnur ins Spiel. An eine war Futter geknüpft, an die andere nicht. Sie positionierte die beiden parallel zueinander, entweder recht nahe beieinander oder in einiger Distanz; entweder wie beim ersten Test geradlinig vor dem Hund oder diagonal (Graphik 12, C, D). Die letztere Herausforderung war diesmal komplizierter als beim ersten Mal und sah aus der Perspektive der Hunde folgendermaßen aus: ganz links das Ende einer Schnur, die ein Stück nach rechts ins Innere der Kiste und zum Futter führte, welches sich dadurch etwa in der Mitte des Gesichtsfelds befand. Annähernd in gleicher Position lag, allerdings weiter vorne und außerhalb der Box, das Ende der anderen Schnur

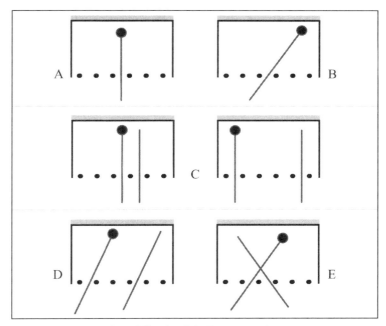

Graphik 12   Die Testszenarien
Die schematische Darstellung zeigt einige jener Positionen der Schnur respektive der beiden Schnüre mit dem Kaustreifen, welche die Hunde vorfanden. Die Schnüre sind hier durch Linien symbolisiert, das Futter durch die großen Punkte.

ohne Futter, die noch ein Stück weiter rechts in den Innenbereich der Kiste mündete.

Derart wurde eine für den Menschen zwar leicht nachvollziehbare, für Hunde aber potentiell verwirrende Situation geschaffen: Wenn sie von ihrem Platz vor der Kiste auf die vordere Öffnung blickten, sahen sie zuerst das herausragende Ende der rechten Schnur, an der aber kein Kaustreifen hing. In fast gerader Linie dahinter befand sich das Futter, das an der anderen Schnur hing – die naheste räumliche Verbindung zwischen Schnurende und Kaustreifen wies also keine physische Verknüpfung auf. Prompt begingen die Hunde wieder denselben Fehler, indem sie sich zuerst an der falschen, dem Futter scheinbar näheren Schnur zu schaffen machten, bevor sie mangels Erfolgs ihr Glück bei der anderen versuchten. Mit einer vergleichbaren logischen Hürde waren sie auch bei einem weiteren Experiment konfrontiert: Diesmal lagen die Schnüre nicht parallel zueinander, sondern über Kreuz (siehe Graphik 12, E, Seite 175). Dadurch befand sich aus der Sicht der Hunde neuerlich der falsche Strang näher am Kaustreifen als der korrekte – und auch diesmal fielen sie auf die irreführende Anordnung der Schnüre herein.

Osthaus gelangte zum Schluß, daß die Hunde die Funktion der Schnur als physische Verbindung und logischen Weg zum Futter nicht verstanden. Wie schon in früheren Studien hielt sie fest, daß Hunde offenbar über erfolgreiche Strategien assoziativen Lernens verfügen, das Prinzip von Ursache und Wirkung aber ganz offensichtlich kaum Bestandteil ihrer mentalen Ausstattung ist.

Auch Osthaus plant weitere Experimente, um bisherige Ergebnisse abzusichern, Daten zu verfeinern und womöglich gänzlich neue Einblicke in die hündische Kognition zu gewinnen. Beispielsweise denkt sie, abseits ihrer bisherigen Arbeiten, an ähnliche Untersuchungen, wie sie der Japaner Ikuma Adachi durchführte: Mit Hilfe eines Touchscreen-Monitors, eines berührungsempfindlichen Bildschirms, möchte sie ausloten, ob Hunde darauf abgebildete Symbole zu unterscheiden wissen – ob sie etwa Hunde und Wölfe sowie Gesichter diverser Menschen auseinanderhalten können. Dabei müßten die Versuchstiere per Pfotendruck das jeweilige Bild auswählen und würden für eine korrekte Entscheidung belohnt. »Die Frage dahinter ist die Art der Informationsverarbeitung«, sagt Osthaus. »Wie gut kann der Hund Strukturen und Formen erkennen?« In einem weiteren Schritt könnte getestet werden, ob Hunde nicht nur Gesichter erkennen, sondern auch die Feinheiten menschlicher Mimiken – also gewissermaßen in Gesichtern lesen und Launen deuten können.

Und sogar der Frage eines Ich-Gefühls von Hunden ließe sich auf diese Weise nachgehen, wenn auf dem Monitor ein Photo des jeweiligen Hundes neben Bildern anderer Artgenossen aufschiene. Ein diesbezüglich positives Resultat – mithin ein Indiz für eine Art »Selbstbewußtsein« – wäre mit Sicherheit spannend: Denn bisher deuten die meisten Beobachtungen darauf hin, daß Hunde ihrem Spiegelbild keine besondere Beachtung schenken.

Doch schon bisher hat Osthaus' Arbeit Ergebnisse erbracht, die exakt den Intentionen der Forscherin entsprechen: dem Menschen die Weltsicht des Hundes besser zugänglich zu machen – und den Blick dafür zu schärfen, was Hunde verstehen, was ihrer Wahrnehmung offenbar verschlossen bleibt und was ihnen daher auch in Alltagssituationen erst gar nicht zugemutet werden sollte. »Viele Leute waren zum Beispiel ganz verblüfft, daß ihre Tiere das Strippenziehen nicht kapieren«, erinnert sich Osthaus. Nicht wenige Besitzer setzen anscheinend voraus, daß das Herstellen von Kausalzusammenhängen zum mentalen Repertoire ihrer Hunde zählt.

Zugleich zeigt die Zusammenschau der bis jetzt vorliegenden Erkenntnisse aus der Kognitionsforschung, daß wenigstens schon ein paar Fenster in die Welt des Hundes aufgestoßen werden konnten – die nun immerhin den Blick auf Fähigkeiten wie Gesichtserkennung, Zahlenverständnis oder Erinnerungsvermögen freigeben. Und man weiß zugleich, nicht minder bedeutend, was der Hund ganz offensichtlich nicht kann: nämlich in gewissen Situationen typisch menschliche mentale Strategien anwenden, die sich in

Begriffe wie Logik, Schlußfolgerung, Ursache und Wirkung fassen lassen.

Zugleich weist Osthaus in der Zusammenfassung ihrer Studie darauf hin, was der Hund, gleichsam zur Kompensation dieser Mankos, ganz hervorragend kann – und ihn vermutlich ebenso zuverlässig ans Ziel führt: Unter allen Tieren ist er wohl ungeschlagener Meister in der Disziplin, den Menschen für seine Zwecke einzuspannen und, andererseits, dessen Begehrlichkeiten abzulesen.»Hunde stehen deshalb im Ruf, besonders intelligent zu sein, weil sie über eine präzise interspezifische soziale Sensitivität verfügen.« Soll heißen: Kein Tier versteht es besser, die Grenzen seiner Art in bezug auf Kommunikation und Informationsaustausch zu sprengen.»Diese Sensitivität befähigt Hunde, menschliche Wünsche und Signale besser zu interpretieren als andere Spezies«, glaubt Osthaus.

Insofern könnte man aus den Daten auch eine weitere Bestätigung für eine mehrfach aufgestellte Vermutung ablesen: Hunde benötigen gewisse kognitive Kompetenzen wie eine logische Vorgehensweise gar nicht, weil sie ihre Alltagsprobleme in Kooperation mit dem Menschen lösen. Osthaus hält es sogar für möglich,»daß Hunde ihre Fähigkeit, Probleme wie das Ziehen an einer Schnur zu lösen, verloren haben, weil es stets der Mensch ist, der solche Tätigkeiten ausführt«.

Das jahrtausendelange Zusammenleben mit dem menschlichen Partner hätte demnach nachhaltige Spuren im Gehirn des Hundes hinterlassen: Er hätte eigenständiges logisches Denken gegen eine einzigartige Form sozialer Intelligenz eingetauscht.

Wahlverwandtschaft

Wie der Mensch sucht der Hund den Blickkontakt und ist anhänglich wie ein kleines Kind. Offenbar kann er sich sogar in den Menschen hineinversetzen – und hält ihn vermutlich für einen Artgenossen.

Der Raum mißt etwa 30 Quadratmeter, bietet die nüchterne Zweckmäßigkeit moderner Bürogebäude und ist mit Schreibtischen vollgeräumt, die Kante an Kante aneinandergrenzen. Studenten und wissenschaftliche Mitarbeiter brüten über Computern, bearbeiten Texte und Tabellen, werten Videobänder aus, durchsuchen das Internet nach Daten. In eine Wand des Raums ist, wie in einem Musikstudio, eine große Glasscheibe eingelassen, die den Blick ins Nebenzimmer freigibt – in ein schmales Kabinett mit hellgrünem Boden und ebensolchen Fliesen. Dabei handelt es sich um einen Testraum, und die Glasbarriere soll gewährleisten, daß man von draußen die Experimente beobachten kann, ohne den Versuchsablauf zu stören.

Momentan befindet sich nur ein Hund im Testraum, ein Belgischer Schäfer. An seinen Flanken hängen blaue Taschen herab, die an einem breiten Gurt über dem Rücken befestigt sind. Darin stecken EKG-Meßgeräte, welche die Herzfrequenz des Hundes in verschiedenen Aktivitätszuständen erfassen. Eine Forscherin ist damit beschäftigt, den Hund auf Trab zu halten: Sie zeigt ihm einen Ball, wartet ein wenig, wirft ihn von sich. Der Hund hechtet sofort hinterher. Die Frau geht aus dem Zimmer, verharrt kurz vor der geschlossenen Tür, tritt wieder ein und läßt sich vom Hund stürmisch begrüßen. Eine Videokamera hält das Geschehen fest und übermittelt die Bilder an einen Rekorder, der im anderen Raum unmittelbar neben der Glasscheibe steht.

Die bei diesen Versuchen gewonnenen Daten dienen der Grundlagenforschung und als Hintergrundinformationen, welche die Experten am Lehrstuhl für Ethologie der Eötvös Loránd University in Budapest routinemäßig speichern, um später bei ihren Studien darauf zurückgreifen zu können. Immer dann, wenn sich zwischen zwei Phasen einer Studie ein Zeitfenster öffnet, werden einige Hunde solchen Prüfungen unterzogen – wodurch Verhaltensforscher Ádám Miklósi und seine Kollegen ihre Wissensbasis ständig erweitern.

Die Experimente selbst bestehen aus vielen einzelnen Etappen, die parallel zueinander oder zeitlich aufeinanderfolgend verlaufen, manchmal über Monate verteilt. Es gibt jedenfalls keine riesigen Laborräume, in denen Dutzende von Hunden zugleich auf wissenschaftliche Tests warten, und fast keine Studie wird in einem Schwung von Anfang bis Ende abgewickelt. Vielmehr läßt sich auch dies mit der Tätigkeit in einem Musikstudio vergleichen: Am Montag werden die Gesangsstimmen aufgezeichnet, am Dienstag die Instrumente, stets eines nach dem anderen. Später erst werden die Aufnahmen abgemischt und bearbeitet.

Ähnlich ist die Arbeit am Budapester Ethologie-Department strukturiert: In einem Raum findet die Auswertung von Testdaten statt, anderswo wird zur selben Zeit eine neue Studie konzipiert. Während in einem der Büros im sechsten Stock des Universitätsgebäudes, eines gewaltigen modernen Baus im Backsteinstil, Forschungsberichte getippt werden, photographieren Mitarbeiter in der Nähe des Institutsausgangs ein paar Hunde. Auf dem Gang stehen Grüppchen von Forschern und diskutieren, wie sie einen geplanten Versuch anlegen könnten: Welches Training ist nötig, damit die

Hunde kapieren, worum es überhaupt geht? Wurden Fehlerquellen übersehen? Welche Utensilien erscheinen für den Test am geeignetsten?

Claudia de Rosa, eine Italienerin, die ein einjähriges Forschungsstipendium in Budapest absolviert, führt an einem heißen Junitag einen Hund durch den Gang zum Fahrstuhl, fährt nach unten in die Eingangshalle, verläßt das Gebäude und schlendert zu einer verwilderten großen Wiese, um welche die einzelnen Trakte der Universität gruppiert sind. Nur noch Grünflächen und eine mehrspurige Straße trennen das Areal von der Donau, auf deren jenseitigem Ufer sich die Budapester Altstadt befindet.

Claudia treibt mit dem Hund merkwürdig wirkende Spielchen: Sie befestigt ein Stück Wurst an einer Schnur und läßt es vor den Augen des Hundes hin und her pendeln, ohne ihm die Wurst allerdings zu geben. Sie wiederholt die Prozedur mit einem Ball, der ebenfalls an einer Schnur hängt. Eine Kollegin sieht zu und macht Notizen. So werden Aufmerksamkeit und Konzentrationsfähigkeit des Hundes getestet: Wie lange wird er auf die Wurst oder den Ball starren, bevor sein Interesse schwindet, weil er die Objekte nicht bekommt? Zählt er zu den Tieren, die niemals aufzugeben scheinen? Oder zu jenen, deren Ausdauer bei vergeblicher Mühe rasch erlahmt? Offenbar eher zu letzteren: Er wendet sich bald ab und legt sich in die Wiese.

Auch Claudia sammelt Hintergrundinformationen, wenn auch für konkretere Zwecke als bei den Herzfrequenzmessungen: Sie erstellt gewissermaßen »Persönlichkeitsprofile« der Hunde. Sie benötigt die Daten, um die Verhaltensmuster zu kennen, die bei der Auswertung der Tests eine Rolle spielen können: Man muß zum Beispiel wissen, mit welchem Eifer wie viele von einer Auswahl an Hunden an eine Aufgabe herangehen, ob die Mehrheit etwa regelrecht versessen auf Ballspiele ist, während ein paar Tiere fast keine Begeisterung dafür zeigen. Würde man solche Informationen vernachlässigen, könnte dies die Testergebnisse verzerren. Entsprechend diffizil sind auch die Experimente. Was der Zeitungsleser letztlich oft als knappe Schlagzeile über einer Kurzmeldung zu Gesicht bekommt, erfordert zunächst den Aufwand eines strategisch geplanten Großprojekts. Miklósi und seine Teamkollegen formulieren zu Beginn einer Studie eine These und erarbeiten eine Versuchsanordnung, die meist in mehrere Phasen und strikt definierte Aktivitäten untergliedert und durchdacht ist – wie ein Szene für Szene komponiertes Drehbuch. Größe, Farbe, Form, Material und Position der verwendeten Hilfsmittel werden ebenso im Detail beschrieben wie der Testraum und wer zu welchem Zeitpunkt darin anwesend sein darf. Die Forscher gehen stets nach minutiös ausgearbeiteten Zeitplänen vor, wobei die Angaben bis auf Sekunden präzise sind.

Ähnlich sorgfältig erfolgen Auswahl und Erfassung der Testhunde. Geschlecht und exaktes Alter werden ebenso registriert wie die jeweilige Rasse, wobei es diesbezüglich bloß eine Beschränkung gibt: Die ungarischen Forscher wählen vorzugsweise Hunde von wolfsähnlicher Größe aus, also etwa Schäfer, Collies und Setter. Einziger Grund dafür ist, daß in vielen Studien Gegenstände wie Möbel, Zäune oder sonstige Barrieren benötigt werden und es zu aufwendig wäre, diese in unterschiedlichen Größen anzufertigen. Sonst spielt die Rasse keine Rolle: Fast immer zeigt sich, daß dieses Kriterium kaum Einfluß auf den Ausgang der Experimente hat.

In manchen Fällen ist allerdings die Vorgeschichte der Hunde wichtig. Dann muß man wissen, ob sie in einer Stadtwohnung oder in einem Haus mit Garten aufgewachsen sind und ob sie engen Kontakt zu Menschen haben oder nicht. Bei bestimmten Fragestellungen kann das relevant für die Resultate sein. Des weiteren unterziehen die Forscher die

Hunde vor einem Experiment oftmals eingehenden Vorprüfungen, damit sich die Tiere an die späteren Testsituationen gewöhnen.

Bei den eigentlichen Versuchen führen die Wissenschaftler stets eine exakt definierte Zahl an Durchläufen und Wiederholungen durch, sie ändern die Bedingungen während der Testphasen, um anschließend verschiedene Szenarien vergleichen zu können. Sie benutzen digitales Equipment und hochkomplizierte statistische Modelle zur Datenauswertung. Mitunter erstrecken sich solche Studien über mehrere Monate oder gar Jahre – nicht nur, weil an manchen davon 80 oder mehr Hunde teilnehmen und die Testreihen zumeist äußerst komplex sind, sondern auch deshalb, weil stets ein Hund nach dem anderen beobachtet werden muß und auch die Besitzer dafür Zeit opfern müssen. Denn bei letzteren handelt es sich um Freiwillige, die schlicht Interesse an solchen Experimenten haben. Die Akquisition der Teilnehmer erfolgt beispielsweise in Hundeschulen oder per Aushang an der Universität, und die Tests finden in Institutsräumen oder im privaten Umfeld der Hundebesitzer statt.

Dennoch hat das kleine Forscherteam in Budapest seit dem Jahr 1997, als die erste derartige Arbeit erschien, mehr als 30 Studien über Hunde veröffentlicht. In einem knappen Jahrzehnt haben die Ungarn eine Fülle an Daten erhoben, welche die Beziehung zwischen dem Menschen und seinem ersten Haustier teils in völlig neuem Licht erscheinen lassen.

Im Zentrum stehen dabei stets Fragen, die vermutlich jeden Hundebesitzer beschäftigen: Wie gut versteht der Hund den Menschen wirklich? Wie kommt es, daß er anscheinend jeden Blick, jede Geste, jede Laune seines Herrchens deuten kann? Ist das pure Projektion, irrationale Idealisierung, die viel verachtete Vermenschlichung? Oder hat die oft belächelte Meinung vieler Hundehalter doch einen faktischen Hintergund? Lassen sich Beweise erbringen, daß der Hund tatsächlich über eine besondere, speziell auf den Menschen abgestimmte Form der Intelligenz verfügt? Existiert zwischen den beiden Spezies gar eine geheimnisvolle gemeinsame geistige Ebene? Kurz: Hat der Sinnspruch vom Hund als dem besten Freund des Menschen eine wissenschaftliche Basis?

Die ungarischen Forscher näherten sich den Antworten Schritt für Schritt, stießen in viele Richtungen zugleich vor, sammelten allerlei lose Puzzleteile, die sich nun allmählich zu einem Gesamtbild fügen. Nicht selten wurden sie dabei von ihren eigenen Entdeckungen überrascht, die dann den Impuls gaben, auf einem bestimmten Gebiet weiter nachzuforschen. Heute lassen sich all die Steinchen und Schnipsel sortieren und logisch anordnen, und das an verschiedenen Stellen begonnene Bild verrät mehr und mehr über die Beziehung von Hund und Mensch: von der eigentümlichen Bindung zweier an sich fremder Spezies bis hin zu erstaunlich raffinierten Methoden der Kommunikation.

Den Beginn bildet jedoch die Frage nach dem eigentlichen Wesen dieser Beziehung: nach jenem sozialen Fundament, auf dem der artübergreifende Austausch von Emotionen und Informationen überhaupt erst gedeihen kann – und damit nach den greifbaren Auswirkungen und den täglich sichtbaren Folgen der viele Jahrtausende währenden Partnerschaft, wie sie Genetiker, Historiker und Zoologen seit langem zu dokumentieren versuchen. Und nach der Grundlage für die Auffassung von Experten wie der Psychologin Britta Osthaus, die dem Hund kognitive Kompetenz vor allem in sozialen Belangen attestiert.

Eine erste Erklärung lautet, auf eine simple Formel gebracht: Viele Hundebesitzer haben unwissentlich gar nicht so unrecht, wenn sie behaupten, ihr Haustier sei für sie wie ein kleines Kind.

Das Kind im Hund

Hunde scheinen, in menschlicher Terminologie ausgedrückt, ihre Besitzer bei deren Abwesenheit zu vermissen und sich zu freuen, wenn sie zurückkehren. Sie folgen oft bis zur Tür, wenn Herrchen das Haus verläßt, offenbar in der Erwartung, mitgehen zu dürfen. Und sie weichen dem Menschen in vielen Situationen kaum von der Seite. Landläufig gelten Hunde deshalb als »treu« und »anhänglich«. Doch Anhänglichkeit ist auch ein wissenschaftlicher Begriff und vor allem ein wichtiges Kriterium in der Beziehung von Eltern zu ihren Kindern. Merkmale dieses Verhaltens sind etwa die Bevorzugung einer Bezugsperson, die Suche nach Nähe und Kontakt zu dieser und die Reaktion auf Trennung sowie Wiedervereinigung – wobei diesbezüglich Unterschiede zwischen der Bezugsperson und anderen Menschen feststellbar sein müssen.

Die Alltagserfahrung lehrt, so die ungarischen Ethologen, daß es bei Hunden eine »funktionelle Analogie« zum Verhalten von Kleinkindern geben könnte. Vielfach wird sogar vermutet, daß die Menschheit seit jeher danach trachtete, aus dem Wolf ein Haustier zu formen, das faktisch nie erwachsen wird und sich bis ins hohe Alter kindlich benimmt. Experten nennen dies »Neotenie«: In der Psychologie ist damit die Beibehaltung kindhafter und jugendlicher Verhaltensmuster gemeint, wozu beim Hund vor allem der ausgeprägte und meist lebenslang vorhandene Spieltrieb zählt. Auch daß erwachsene Hunde bellen, dürfte in diese Kategorie fallen. Bei Wölfen tun dies fast nur die Welpen. Es wird angenommen, daß der Mensch diese Neigungen befördert hat, weil er wohl intuitiv immer schon Tiere mit juvenilem Charakter bevorzugte – solche, die stets zum Spielen aufgelegt sind und dem Bedürfnis des Menschen nach Fürsorge und Verniedlichung entgegenkommen. »In gewisser Weise ist die Mensch-Hund-

Beziehung ähnlich wie jene zwischen Eltern und Kindern und basiert auf Abhängigkeit«, glauben die Forscher in Budapest, die in solchen Fällen von einem einseitigen oder »asymmetrischen« Verhältnis sprechen.

Um ihre Hypothese zu überprüfen, benutzten sie einen Test, der 1969 für Kinder entwickelt worden war und dessen Grundlage die Annahme ist, daß sich Anhänglichkeit und die Suche nach Nähe und Zuneigung besonders dann zeigen, wenn Kinder in einer fremden Umgebung von der Mutter getrennt und allein gelassen werden – wodurch sie unter Streß geraten. Übliche Reaktionen sind dann Ängstlichkeit, gedämpfte Aktivität, verstärkte Suche nach Geborgenheit. In der Fachwelt ist dieser Versuch als »Strange Situation Test« bekannt.

Ein Team um József Topál, Ádám Miklósi und Vilmos Csányi übertrug dieses Experiment auf Hunde. Die »befremdliche Situation« bestand in diesem Fall darin, das Verhalten der Tiere bei An- und Abwesenheit ihrer Besitzer zu vergleichen. Die Forscher baten 31 Frauen und 20 Männer mit ihren Hunden an die Universität. Der Test fand in einem länglichen Raum statt, knapp 20 Quadratmeter groß, auf einer Seite eine Tür, auf der anderen eine Ansammlung von Spielsachen. Im Zimmer standen zwei Sessel und eine Videokamera, welche den jeweils 14 Minuten und 30 Sekunden dauernden Test aufzeichnete. Das Experiment umfaßte eine Einführungs- und sieben Testphasen, von den Forschern »Episoden« genannt.

In Episode eins hielten sich jeweils ein Hund und sein Besitzer in dem Raum auf. Der Hund durfte zunächst das Zimmer erkunden, dann ein wenig mit seinem Besitzer spielen. In der zweiten Episode betrat ein für den Hund Fremder den Raum, unterhielt sich mit dem Hundebesitzer und versuchte nach zwei Minuten seinerseits, den Hund zum Spielen zu animieren. Anschließend folgte Episode drei, die erste »Trennungsphase«: Der Besitzer verließ das Zimmer, zurück blieb der Hund mit dem Fremden, der ihn streichelte, zum Spielen aufforderte und von der Tür wegzulokken trachtete, falls dieser dort auf seinen Besitzer wartete. Dann, in Episode vier, trat der Besitzer wieder ein. Die restlichen Testphasen bestanden aus Abwandlungen der bisherigen Versuchsanordnung, wobei der Hund beispielsweise auch mal zwei Minuten allein im Zimmer bleiben mußte.

Bei der Auswertung konzentrierten sich die Forscher auf die Reaktionen der Hunde in den einzelnen Episoden: Wollen sie ohne ihren Besitzer spielen? Oder verfallen sie plötzlich in Passivität? Sitzen sie bei Abwesenheit ihres Herrchens regungslos vor der Tür und starren diese an? Suchen sie zu beiden Menschen physischen Kontakt oder nur zu ihrem Besitzer? Wie verläuft die Begrüßungszeremonie bei Wiederkehr ihres Besitzers? Die Analyse all dieser Umstände diente als Indikator für den Grad der Anhänglichkeit.

Topál und seine Kollegen hielten schließlich fest: »Die Hunde spielten mehr und verbrachten auch mehr Zeit damit, den Raum zu erforschen, wenn der Besitzer anwesend war. In den Trennungsphasen standen sie eher vor der Tür als bei Anwesenheit des Besitzers. Außerdem suchten sie beim eintretenden Besitzer mehr Kontakt als beim Fremden.« Die Resultate würden deutlich machen, »daß erwachsene Hunde Merkmale der Anhänglichkeit gegenüber dem Besitzer zeigen. Die Beziehung des Hundes zum Menschen entspricht jener zwischen Kindern und Eltern.«

Zudem meinte Topál, »mehrheitlich keinen Einfluß von Geschlecht, Alter oder Rasse« gefunden zu haben. Allerdings war die Suche nach Nähe zum Besitzer bei jenen Hunden weniger stark ausgeprägt, die in großen Familien lebten – vermutlich deshalb, weil diese Tiere an mehrere Bezugspersonen gewöhnt waren. Diese Differenzierung ist ein

Beispiel dafür, warum die Ethologen routinemäßig auch die Lebensumstände der Hunde in ihren Studien erheben.

In einer weiteren Studie gingen die Forscher der Frage nach, ob die Anhänglichkeit von Hunden Risse bekommen und auf Dauer gestört werden kann. Sie untersuchten Hunde in Tierheimen. Viele Leute schrecken davor zurück, solche Hunde aufzunehmen, weil sie nicht wissen können, was für ein Leben sie bisher hatten: ob sie schon mehrfach ihr Zuhause wechseln mußten, ob sie von ihren Vorbesitzern vernachlässigt oder gar gequält wurden. In solchen Fällen erscheint es ungewiß, ob sie jemals wieder ein unbelastetes Verhältnis zu Menschen aufbauen können. Doch auch ohne negative Erfahrungen wird ein Wechsel des Besitzers in höherem Alter vielfach als problematisch für die Formung einer soliden Bindung angesehen: »Bisher war allgemein akzeptiert, daß Hundebesitzer Welpen im Alter von zwölf bis fünfzehn Wochen sozialisieren müßten. Sonst könnten keine Anhänglichkeit und keine Beziehung gebildet werden«, schrieben die Ethologen in ihrer Arbeit.

Sie adaptierten den »Strange Situation Test« für 60 Hunde aus zwei Tierasylen. Gelegenheit zum Kontakt mit Menschen hatten die Tiere dort kaum gehabt: Es gab bloß einen Angestellten, der einmal pro Tag Futter brachte und saubermachte. Die Hunde waren nach Schätzungen von Tierärzten ein bis acht Jahre alt, und alle lebten seit mindestens zwei Monaten in ihrem provisorischen Zuhause.

Im Experiment war die Rollenverteilung der Menschen im Grunde die gleiche wie bei der ersten Studie: Ein Forscher spielte die unvertraute Person, den »Fremden«, ein anderer übernahm als »Betreuer« den Part des Besitzers, der mit zwei Dritteln der Hunde zunächst einige Zeit verbrachte: Er besuchte die Tiere an drei aufeinanderfolgenden Tagen, ging mit ihnen spazieren, spielte mit ihnen.

Dann folgte der Test, wobei sich rasch herausstellte, daß zwischen jenen 40 Hunden, die Betreuung genossen hatten, und den anderen 20 Tieren auffällige Unterschiede bestanden. Bei der ersten Gruppe erfüllte das Verhalten die klassischen Kriterien der Anhänglichkeit – sie schienen sich binnen kürzester Zeit einer neuen Bezugsperson zugewandt zu haben. Beispielsweise blieben die Tiere im Versuchsraum eher beim »Betreuer« als beim »Fremden«, was den Forschern zufolge die Fähigkeit dokumentierte, zwischen den beiden Personen zu unterscheiden, bevorzugt auf den Betreuer zu reagieren und diesen »als sichere Basis zu nutzen«. Auch verfiel diese Gruppe der Hunde bei Anwesenheit des Betreuers kaum auf den Gedanken, vor der Tür zu verharren, und reagierte nach einer kurzen Trennungsphase, wie Hunde dies sonst gegenüber ihren Herrchen auch tun.

»Die Ergebnisse zeigen, daß sich die betreuten Hunde schon nach drei relativ kurzen Interaktionen anders verhielten als die nicht betreuten«, bemerkten die Forscher. »Mit anderen Worten: Hunde, die unter ärmlichen sozialen Bedingungen leben, zeigen eine beachtliche Bereitschaft, Beziehungen zu formen.«

Schließlich verfaßten die Wissenschafter ein Fazit, das durchaus auch als Richtlinie für potentielle Hundebesitzer gelesen werden darf: »Insgesamt stützen die Resultate die Hypothese, daß Hunde in Tierheimen einen bemerkenswerten Bedarf nach sozialen Kontakten mit dem Menschen haben.« Im Gegensatz zur traditionellen Empfehlung, am besten nur Welpen in Obhut zu nehmen, »zeigt unsere Studie, daß Hunde mit wenig oder eingeschränktem Kontakt zu Menschen ihre Fähigkeit, Bindungen einzugehen, beibehalten dürften. Die Ergebnisse legen nahe, daß schon drei kurze Zusammentreffen mit dem Betreuer bei Heimhunden Anhänglichkeitsverhalten auslösen dürften.«

Skeptiker könnten jetzt einwenden, was denn so besonders daran sein soll, daß Hunde gegenüber ihren Herrchen anhänglich sind – immerhin sind sie völlig abhängig von ihnen, werden im Regelfall das ganze Leben mit Futter versorgt und mit Zuneigung bedacht. Die Forscher indes halten diese Bindung keineswegs für selbstverständlich. Schon allein die Tatsache, daß die Beziehung zwischen Hund und Mensch überhaupt die Kriterien der Anhänglichkeit im wissenschaftlichen Sinn erfüllt, sei bemerkenswert: Sonst gebe es dies ausschließlich zwischen Mutter und Kind innerhalb einer Spezies. Doch für Hunde und insbesondere für Welpen nehme der Mensch offenbar eine »mutterähnliche und Sicherheit bietende Rolle ein«. Der Hund akzeptiere den Menschen damit wohl in der Tat als seinesgleichen. Es habe eine »Sozialisation mit dem Menschen« stattgefunden, »als ob sie Artgenossen wären«, argumentierten Topál, Miklósi und Csányi. »Der Prozeß mündete in einer Bevorzugung des Menschen.«

In seinem Buch *If Dogs Could talk* betont Csányi neuerlich, wie außergewöhnlich diese Orientierung seiner Ansicht nach ist. Er beschreibt, daß Welpen im Alter von vier bis zwölf Wochen die Fähigkeit entwickeln, ein anderes Tier als zur selben Spezies gehörig zu erkennen und dies allmählich in eine »persönliche« Bindung umzuwandeln. Das Einzigartige am Hund sei, daß er dieses Verhalten auf den Menschen ausweite und in gewisser Hinsicht auf ihn verlagere – wobei diese Fixierung sogar stärker sei als jene auf die eigenen Artgenossen. »Das Ziel der Bindung ist nicht ein Artgenosse, sondern der Mensch«, meint Csányi. Überdies glaubt er nicht, daß die Mensch-Hund-Beziehung dem Hund als bloßer Ersatz für das Rudel dient, sondern daß sie viel eher der Struktur einer menschlichen Gruppe entspricht. Der Hund hat damit gewissermaßen den Schritt in die »High-Society« vollzogen.

Der Skeptiker könnte freilich noch immer monieren, man müsse, um solch eine artübergreifende Partnerschaft als einzigartig bezeichnen zu können, den Hund zuerst anderen Tieren gegenüberstellen. Genau das haben Miklósi und seine Kollegen inzwischen getan. Sie konzentrierten sich dabei auf einen besonderen Vergleich: auf jenen des Hundes mit seinem engsten Verwandten und unmittelbaren Vorfahren, dem Wolf.

Die Experten mußten zunächst sicherstellen, daß die für die Studie ausgesuchten Hunde und Wölfe auch tatsächlich vergleichbar waren. Der springende Punkt war dabei der Kontakt mit dem Menschen. Ein Vergleich von Wölfen, die stets in freier Wildbahn gelebt hatten, mit Hunden, die nichts anderes kannten als die menschliche Obhut, wäre nach Miklósis Ansicht ein schwerer Fehler gewesen: Letztere hätten, anders als die Wölfe, naturgemäß keinerlei Berührungsängste mit dem Menschen – und es wäre nur logisch und im Grunde selbstverständlich, daß sie auch völlig anders auf menschliche Gegenwart reagieren.

Deshalb benötigten die Ethologen zwei Gruppen von Tieren mit nahezu identischer Vorgeschichte. Was bedeutete: Sie mußten Wölfe aufziehen wie Hunde.

Das Wolfsexperiment

Die Forscher starteten einen Langzeitversuch. Sie ließen das Projekt zunächst vom ungarischen Umweltministerium und von der Ethikkommission der Universität genehmigen. Dann beschafften sie sich 13 Wolfswelpen, sechs weibliche und sieben männliche. Die Tiere stammten aus dem Horatius-Ltd.-Tierpark in Gödöllő bei Budapest. Drei bis sechs Tage nach der Geburt, noch bevor ihre Augen offen waren, wurden sie von ihren Müttern getrennt. Mitarbeiter des Instituts, vorwiegend Studenten und Doktoranden, nahmen die Jungen auf, brachten sie mit nach Hause und umsorgten sie rund um die Uhr. Sie fütterten sie mit der Flasche und trugen sie umher. Die kleinen Wölfe nahmen an praktisch allen Aktivitäten der Menschen teil: Sie fuhren in öffentlichen Verkehrsmitteln und im Auto mit. Sie hatten Kontakt mit den Freunden der jungen Wissenschaftler. Sie begleiteten sie in Restaurants. 16 Wochen dauerte diese Intensivbetreuung.

Im Alter von vier Monaten kamen die Wölfe zwar wieder zurück in den Tierpark, doch die Studenten besuchten sie weiterhin täglich, ab dem sechsten Monat dann zweimal pro Woche für vier bis fünf Stunden. Sie übten mit ihnen, an der Leine zu gehen. Sie unternahmen Spaziergänge in Parks. Sie brachten ihnen Kommandos bei. Zwei Jahre investierten sie in die »Sozialisierung« der Wölfe. Dann wurden die Tiere wieder in ein Wolfsrudel integriert. Doch bis dahin führten die Forscher in verschiedenen Stadien des Heranwachsens eine Vielzahl von Testreihen durch. Insgesamt 144 Experimente kamen auf diese Weise zustande.

Schon im Alter von drei, vier und fünf Wochen wurden bestimmte Verhaltensweisen mit denen gleichaltriger Hunde verglichen. Eine spezielle Versuchsanordnung erlaubte es, Aktivität, Aggressivität, die Suche nach Nähe zum Menschen, Lautäußerungen, Schwanzwedeln oder Augenkontakt zu analysieren. So stellte sich heraus, daß sich das Aktivitätsniveau von Wölfen und Hunden kaum unterschied. Diese Erkenntnis war für spätere Untersuchungen wichtig, um zu wissen, ob die beiden Tierarten diesbezüglich überhaupt vergleichbar und ob die Resultate bestimmter Experimente aussagekräftig sind.

In anderen Punkten gab es jedoch deutliche Abweichungen im Verhalten. Die Wölfe, obwohl fast von Geburt an mit dem Fläschchen aufgezogen, knurrten die Menschen trotzdem an, wenn sie sich gerade nicht berühren lassen wollten.

Den jungen Hunden schienen derartige Reaktionen völlig fremd zu sein. »Die Menschen müssen Hunde äußerst erfolgreich gegen solche Verhaltensweisen selektiert haben«, bemerkten die Forscher.

Filmaufnahmen der Vergleiche von jungen Hunden und Wölfen demonstrierten die Unterschiede besonders eindrucksvoll: Auf einem Videoband ist ein Wolfswelpe zu sehen, der durch den Raum tapst, auf einen am Boden sitzenden Forscher zusteuert, dann flugs auf dessen Schoß krabbelt und fast augenblicklich einschläft. Ein anderer Film zeigt einen kleinen Hund, der ebenfalls auf einen Forscher zuwackelt. Anschließend starrt er den Menschen an und gibt, anders als der Wolf, ein Fiepen von sich. Als der Forscher jedoch keinerlei Anstalten macht, den Welpen hochzunehmen, beginnt der Hund zu bellen, mit dem Schwanz zu wedeln und den Menschen abzulecken.

Diese unterschiedlichen Verhaltensmuster trafen nicht nur auf diese beiden Tiere zu: Während die Wölfe praktisch nie mit dem Schwanz wedelten, taten die Hunde dies häufig – was vermutlich eine Anbahnung der Kommunikation mit dem Menschen darstellt. Zudem vermieden die Wolfswelpen im Gegensatz zu den Hunden meist jeden Augenkontakt mit den Forschern. Auch dafür boten die Wissenschaftler eine Erklärung: Wenn ein Wolf den anderen anstarrt, ist dies ein Signal der Dominanz, und der rangniedrigere kann einem Konflikt aus dem Weg gehen, indem er den Blick abwendet. Zwar provoziert direktes Anstarren auch bei Hunden aggressives Verhalten, doch die Beziehung mit dem Menschen dürfte dies nicht betreffen: »Hunde könnten danach selektiert worden sein, resistenter gegenüber Augenkontakten zu sein«, meinten die Ungarn, »oder sie könnten speziell daraufhin selektiert worden sein, vorzugsweise auf den Menschen zu blicken.« Womöglich suchen sie dadurch sogar aktiv dessen Aufmerksamkeit – eine Vermutung, die bei anderen Studien noch eine wichtige Rolle spielen sollte. Insgesamt waren die Hunde generell offener, freundlicher und toleranter gegenüber Menschen, während sich die Wölfe eher restriktiv und »wählerisch« im Umgang mit menschlichen Partnern zeigten.

Somit war erst einmal dokumentiert, daß sich das Temperament von Hunden und Wölfen schon in jüngstem Alter deutlich unterscheidet.

József Topál und seine Kollegen unterzogen die Wolfswelpen auch dem »Strange Situation Test«, als diese vier Monate alt waren. Außerdem verglichen sie deren Verhalten mit dem von zwei Gruppen von Hundewelpen: Eine davon hatte eine ebenso intensive Betreuung erfahren wie die adoptierten Wölfe. Die zweite Gruppe hatte ihr bisheriges Leben verbracht wie die meisten anderen Hunde auch: Sieben bis neun Wochen waren sie bei der Mutter geblieben, dann der Obhut ihrer Besitzer überantwortet worden. So konnte gleich mehreren Fragen nachgegangen werden: Zeigen schon 16 Wochen alte Hundewelpen typische Zeichen der Anhänglichkeit? Bestehen, zweitens, diesbezüglich Unterschiede zwischen konventionell aufgewachsenen und überdurchschnittlich intensiv umsorgten Hunden? Und drittens: Wie schneiden die beiden Hundegruppen im Vergleich zu den Wölfen ab?

Die Antwort auf die erste Frage war eindeutig positiv: Tatsächlich hingen bereits Welpen genauso an ihren Bezugspersonen wie erwachsene Hunde. Dieses Verhalten muß demnach nicht erst erlernt oder anerzogen werden, sondern ist offensichtlich von Geburt an vorhanden. Frage zwei dagegen konnte mit einem klaren Nein abgehakt werden: Die unterschiedlich intensive Betreuung der beiden Hundegruppen schien so gut wie keine Rolle gespielt zu haben: »Unsere Resultate zeigten nur einen geringen Effekt der Sozialisation auf die Anhänglichkeit der Hundewelpen.« Es gebe damit

»wenig Unterstützung für die Hypothese, daß die Anhänglichkeit gegenüber dem Menschen das Ergebnis extensiver Sozialisation« sein könnte. Dies stehe in Widerspruch zu den üblichen und »weit verbreiteten Sichtweisen«. Schließlich Frage Nummer drei. Auch hier fiel die Antwort unmißverständlich aus: »Wölfe zeigen keine Merkmale der Anhänglichkeit, wie sie bei den unter verschiedenen Bedingungen aufgezogenen Hunden beobachtet wurden.«

Die Daten der Langzeitstudie mit den Wölfen wurden nach und nach veröffentlicht, wobei die bislang jüngsten Ergebnisse im November 2005 erschienen. In der Summe beinhalten die Testreihen eine Erklärung für die Basis jener besonders soliden Bindung zwischen Mensch und Hund, die Hundebesitzer Tag für Tag erleben. Zum einen konnten die Forscher nun endgültig behaupten, Hunde hätten »eine Anhänglichkeit zum Menschen entwickelt, die analog zu jener menschlicher Kinder ist«. Die bloße Erziehung und Gewöhnung an die menschliche Gesellschaft allein scheidet als Ursache dafür aus – schließlich lebten die beobachteten Wölfe ebenfalls von Geburt an mit Menschen zusammen. Beim Hund dürfte die Fixierung auf den Menschen also tiefer sitzen: nämlich in den Genen. Die Experten vermuten auch, daß die festgestellte Anhänglichkeit »als Resultat der Domestikation« betrachtet werden müsse. »Das Streben nach Kontakt mit dem Menschen hat eine genetische Basis bei Hunden.« Dies führe zu »speziesspezifischen Unterschieden zwischen Wölfen und Hunden«.

Vereinfacht ausgedrückt: Auch bei intensivster Fürsorge genügt beim Wolf eine Lebensspanne nicht, um wettzumachen, was Tausende Jahre ins Erbgut des Hundes eingebrannt haben: die quasi evolutionäre Bestimmung zur Teambildung und die Neigung, mit dem Menschen eine »natürliche« Verbindung einzugehen, eine soziale Einheit zu formen. Umgekehrt bedeutet dies: Selbst schlechte Erfahrungen mit Menschen führen üblicherweise nicht dazu, daß Hunde die Gegenwart des Menschen gänzlich scheuen.

Ein weiteres Experiment mit den Wölfen führte ebenfalls zu einer regelrecht programmatischen Aussage. Dabei ließen die Verhaltensforscher neun der adoptierten Wölfe gewissermaßen gegen Hunde antreten. Die Hundebesitzer und die Betreuer der Wölfe waren bei den Tests anwesend, mußten aber in einigem Abstand hinter den Tieren stehen bleiben. Es ging darum, zwei Problemstellungen zu bewältigen: Im einen Fall steckten die Forscher ein Stück rohes Fleisch in einen kleinen Haushaltsbehälter und brachten den Tieren bei, das Futter herauszufischen. Beim zweiten Versuch sollten sie einen an einem Seil befestigten Fleischbrocken aus einem Gitterkäfig hervorholen – wobei es galt, an einem Seil zu ziehen, um den Happen zu ergattern. Zunächst absolvierten beide Gruppen von Tieren einige Trainingseinheiten, damit sie die Aufgaben verstanden, und es stellte sich bald heraus, daß Hunde wie Wölfe die Herausforderungen klaglos bewältigten.

Dann folgte das eigentliche Experiment mit einer entscheidenden Änderung. Nun wurde es den Tieren unmöglich gemacht, das Problem zu lösen: Der Plastikbehälter ließ sich auch mit größter Mühe nicht mehr öffnen, und das Seil mit dem Fleischstück war so an den Gitterstäben im Käfig festgebunden, daß es nicht herausgezogen werden konnte. Die Frage lautete: Wie würden sich die Wölfe verhalten, wenn alle Anstrengungen erfolglos blieben, und wie würden die Hunde reagieren?

Das Ergebnis darf durchaus als Meilenstein der Hundeforschung gelten: Die Wölfe gaben praktisch nie auf und versuchten mehr oder minder unverzagt, den Behälter zu öffnen sowie am Seil zu zerren. Ganz anders dagegen die Hunde: Sie stellten ihre Bemühungen rasch ein und setzen sich einfach hin. Dann taten sie etwas für Verhaltensforscher Bemerkenswertes: Sie drehten sich zu ihren Besitzern um und starrten diese an. In der differenzierten Darstellung der Forscher liest sich dies so: Nur zwei von sieben Wölfen blickten nach den erfolglosen Versuchen, den Behälter zu öffnen, in die Richtung ihres Betreuers, während dieses Verhältnis bei Hunden genau umgekehrt war. Zudem schauten die Hunde merklich länger auf ihre Besitzer, und ihr erster Blick dorthin kam deutlich früher als bei den Wölfen. Beim vergeblichen Seilziehen wandten sich die Hunde ihren Besitzern zu, nachdem sie etwa eine Minute lang ohne Erfolg versucht hatten, sich das Fleischstück zu krallen. Die Wölfe dagegen schienen in diesem Fall die Anwesenheit des Menschen mehrheitlich überhaupt zu ignorieren.

Hunde dürften demnach nicht nur auf Anhänglichkeit geeicht zu sein, sondern auch darauf, die Unterstützung des Menschen einzufordern, wenn sie selbst nicht mehr weiterwissen. Ádám Miklósi meint, daß »Hunde in einer Problemsituation eine Präferenz zeigen, auf ihre Besitzer zu schauen«, was als das »Initiieren einer kommunikativen Interaktion gedeutet werden könnte«. Weil die unter genau den gleichen Bedingungen aufgewachsenen Wölfe praktisch nichts dergleichen taten, ist Miklósi überzeugt, daß auch »das bevorzugte Blicken auf den Menschen bei Hunden eine genetische Komponente« hat. »Wir nehmen an, daß einer der ersten Schritte bei der Domestikation des Hundes die Selektion nach menschenähnlichem kommunikativen Verhalten war. Dieser Wechsel im Verhalten von Hunden könnte weitreichende Konsequenzen haben, da er einen möglichen Startpunkt für die Integration von menschlichen und hündischen Kommunikationssystemen bietet.«

Etwas pathetisch formuliert, könnte man sagen: Die Verhaltensforscher wurden Zeugen, wie mindestens 15 000 Jahre gemeinsame Entwicklungsgeschichte von Mensch und Hund auf buchstäblich einen Augenblick zusammenschmolzen. Blickkontakt hat beim Hund, nicht anders als beim Menschen, offenbar eine Schlüsselfunktion und dient als eine Art Trägermedium für verschiedenste Formen sozialen Austauschs. Mit den Augen fordern Hunde die Hilfe des Menschen ein oder bemühen sich um dessen Erlaubnis für eine bestimmte Handlung – das fanden Miklósi und seine Kollegen schon in einem früheren Experiment heraus. Inzwischen weiß man außerdem, daß Hunde Augenkontakte nicht nur nutzen können, sondern auch, daß sie aktiv danach suchen: Sie verstehen, unter welchen Voraussetzungen eine Kommunikation mit dem Menschen am ehesten möglich ist, und trachten danach, entsprechende Situationen herbeizuführen.

Die Magie des Augenblicks

Brian Hare, jener Anthropologe aus Harvard, der auch Studien mit den gezähmten sibirischen Füchsen durchgeführt hatte, veranstaltete mit zwei Hunden ein kleines Spielchen. Er ließ Daisy, seine dreijährige Mischlingshündin, und einen zwölfjährigen Labrador namens Oreo Bällen nachjagen. Insgesamt warf er den Ball für jeden Hund 36mal. Bei der Hälfte dieser Spiele empfing Hare Daisy und Oreo wie üblich: Er nahm, den Hunden zugewandt, den Ball in Empfang, um ihn dann erneut von sich zu schleudern. Bei den anderen 18 Durchgängen drehte er sich jedoch um, wenn die Hunde mit dem Ball im Maul ankamen, kehrte ihnen also den Rücken zu. Hare wollte wissen, wie sich die Tiere dann verhalten würden. Es geschah folgendes: Oreo trabte in 15 dieser 18 Spiele um Hare herum, so daß er sich wieder an dessen Vorderseite befand, und legte danach den Ball ab. Daisy tat dies sogar in allen 18 Fällen. »Die Resultate dieser Studie zeigen ganz klar, daß die Hunde den Ball stets zur Vorderseite des Versuchsleiters zu bringen wußten«, so Hare. »Beide Hunde demonstrierten ein Verständnis der Asymmetrie von Front- und Rückseite des Menschen, um zumindest eine gewisse Form kommunikativer Interaktion herzustellen.«

Die Budapester Verhaltensforscher entwickelten einen Versuch mit ähnlichen Zielsetzungen. Allerdings wollten sie die Bedeutung der Augen selbst stärker herausarbeiten. Auch sie änderten bei einem Ballspiel die Körperhaltung, wandten den Hunden wechselweise Vorder- oder Rückseite zu. Zusätzlich jedoch benutzten sie Augenbinden, mit denen sie sowohl bei ab- als auch bei zugewandter Vorderseite mitunter die Augenpartie verhüllten. Außerdem ließen sie sich nicht nur Bälle bringen, sondern auch persönliche Gegenstände der Hundebesitzer, wobei die Forscher ebenfalls verschiedene Haltungen einnahmen: Mal saßen sie auf einem Sessel, mal auf dem Boden, mal blickten sie in Richtung der Hunde, mal drehten sie sich um, mal trugen sie Augenbinden, ein andermal nicht.

In einigen Punkten konnten Hares Beobachtungen bloß teilweise bestätigt werden. So umrundeten die Hunde die Menschen nur in bestimmten Situationen, um gezielt deren Vorderseite anzusteuern: vor allem dann, wenn sie ihren Besitzern, die dabei am Boden saßen, persönliche Objekte brachten. Beim Ballspiel dagegen schlugen sie solche Routen kaum ein. Dennoch war ihr Verhalten auffällig: Viele Hunde waren von der Augenbinde sichtlich irritiert und schienen nicht recht zu wissen, wohin mit dem Ball. »Die Hunde zeigten ein signifikant zögerliches Verhalten, wenn sie den Ball zu einem Besitzer brachten, dessen Augen bedeckt waren«, so die Forscher, die überzeugt waren, daß in solchen Fällen die Sichtbarkeit der Augen große Bedeutung hat.

Sie schlossen ein zweites Experiment an. Die Idee dazu basierte auf einem Erlebnis, das jeder Hundehalter kennt: Hunde betteln, wenn Menschen essen. Die ungarischen Wissenschaftler stellten eine solche Situation nach, wobei zwei Frauen an einem Tisch saßen und an einem Sandwich kauten. Eine Frau wandte Blick und Körper dem Hund zu und versuchte, Augenkontakt mit ihm herzustellen, die andere drehte sich weg. Die Forscher wollten nun wissen, welche Frau der Hund eher anbetteln würde. Als »Betteln« wurde gewertet, wenn der jeweilige Hund nahe bei einer Person saß, diese anbellte, eindringlich anstarrte, sie mit Nase oder Pfote anstieß oder an ihr emporsprang.

Sämtliche Hunde schnorrten vorzugsweise bei der Frau, die ihnen zugewandt war, wenn also »ein Unterschied in der Blickrichtung bestand«. Die Experten meinten daraus folgern zu können, daß Hunde genau kapieren, wer ihnen Aufmerksamkeit schenkt und bei wem sie daher vermutlich die besten Chancen auf Erfolg haben. Der Augenkontakt sei dabei zweifelsohne wichtig, noch höheren Stellenwert habe aber eine ganzheitlichere Orientierung: wenn der Mensch dem Hund nicht nur den Blick zuwendet, sondern auch Gesicht und Kopf oder sogar den gesamten Körper. »Wir glauben, daß Hunde in der Lage sind, sich auf die gleiche Gruppe von Hinweisen zu stützen, welche beim Menschen die Basis von Aufmerksamkeit bilden«, faßten sie zusammen.

Bemerkenswert sei überdies, daß Hunde darin offenbar besser sind als die dem Menschen biologisch viel näher stehenden Schimpansen. Auch mit diesen gab es bereits Versuche, bei denen sie um Futter betteln durften. Dabei stellte sich jedoch heraus, daß sie ordentlich üben müssen, um jene Person zu identifizieren, die zu ihnen hinsieht. Warum Hunde ein feineres Gefühl dafür haben, ist allerdings nicht klar: Daß sie den Menschen schlicht und einfach ihr ganzes Leben lang häufig anbetteln und deshalb entsprechend trainiert darauf sind, kommt als Erklärung ebenso in Frage wie, wieder einmal, genetisch fixierte Prägungen.

Auch auf körperliche Unterschiede weisen die Forscher hin: Unter den Primaten verfügt nur das Auge des Menschen über eine weiße Lederhaut – das Augenweiß, das nicht zuletzt auch dazu beiträgt, die Richtung eines Blickes deuten zu können. Die Evolution könnte uns daher mit der Begabung ausgestattet haben, in den Augen anderer zu lesen.

Hunde haben ebenfalls eine weiße Lederhaut, fachlich Sclera genannt, und zwar je nach Rasse und Individuum in unterschiedlicher Dimension. Nun könnte man darüber spekulieren, ob dies bloß ein äußerliches Merkmal ist oder eine Anpassung des Hundes an die menschliche Gesellschaft – oder ob die Menschen im Zuge der Domestikation selbst auf das Vorhandensein der Sclera achteten und intuitiv jene Tiere weiterzüchteten, die dahin gehend besonders »kommunikativ« wirkten.

Als Titel für ihre Studie über das Verständnis menschlicher Zuwendung wählten die Ungarn eine plakative Zeile, die zugleich zu weiteren Überlegungen führte: *Are readers of our face readers of our minds?* Wenn Hunde in unseren Gesichtern lesen können – können sie dann auch unsere Gedanken lesen?

Mit anderen Worten: Der Hund sieht gerne zum Menschen hin. Aber weiß er auch, was der Mensch sehen kann?

Schon bei den Ballspielen ist dies von Bedeutung: Ob der Ball immer wieder geworfen und das Spiel damit fortgesetzt wird, hängt vor allem davon ab, ob der Mensch mitmacht und dem Wunsch des Hundes entspricht – ihm also zunächst Aufmerksamkeit zuteil werden läßt. Und natürlich ist es für den Hund vorteilhaft zu wissen, ob sein Herrchen gerade zu einem Spiel aufgelegt ist oder ob alle diesbezüglich investierten Motivierungskünste vergeudete Energie sind.

Eine Reihe von Studien befaßte sich speziell mit der Frage, wie präzise der Hund den Grad der Aufmerksamkeit des Menschen einschätzen kann. Eines dieser Experimente hatte wieder einmal eine Alltagserfahrung zum Anlaß: Nahezu jeder Hundebesitzer ärgert sich gelegentlich darüber, daß der Hund nur folgsam ist, solange er unter Beobachtung steht. Doch kaum paßt Herrchen mal eine Sekunde nicht auf, ist alle Artigkeit vergessen – und der widerspenstige Köter schnappt sich flugs die Wurst vom Tisch oder würgt auf der Straße hastig einen Brocken undefinierbarer Provenienz und Konsistenz hinunter. Hunde dürften genau wissen, wann der Mensch abgelenkt ist und gute Chancen bestehen, Verbotenes zu tun.
Doch könnte sich diese subjektive Erfahrung auch wissenschaftlich beweisen lassen?

Tarnen und Täuschen

Das Max-Planck-Institut für evolutionäre Anthropologie in Leipzig ist ein moderner Bau, dem man anmerkt, daß Architekten ihre Kreativität spielen ließen. Der erste Eindruck erinnert eher an das Foyer eines internationalen Konzerns als an den Eingangsbereich einer Forschungsstätte. Der Besucher betritt eine bis in die obersten Stockwerke offene riesige Halle. An beiden Seiten dieser Halle scheinen Rampen, welche die Etagen und Seitentrakte des Gebäudes miteinander verbinden, wie Kommandobrücken in der Luft zu schweben.

Ende des Jahres 2005 waren hier 334 Mitarbeiter beschäftigt, darunter mehr als 130 Wissenschaftler. Die Arbeit ist in sieben Forschungsbereiche gegliedert, zu denen Primatologie, Genetik, Humanevolution sowie Vergleichende Psychologie und Entwicklungspsychologie zählen. Ein Team aus etwa 15 Forschern des Instituts, das sich unweit der Leipziger Innenstadt befindet, hat sich auf die Untersuchung der Beziehung von Hund und Mensch spezialisiert.

»Für uns sind auch die Geschichten von Hundebesitzern interessant«, sagt Juliane Kaminski, die sich inzwischen vorwiegend auf Experimente mit Hunden konzentriert. »Das bringt uns auf neue Ideen und ist manchmal die Ausgangsbasis für die nächste Studie.« So griffen Kaminski, zwei ihrer Kollegen und Institutschef Michael Tomasello auch die Anekdoten über jene Schandtaten auf, die Hunde gerne begehen, wenn sie merken, daß ihr Besitzer gerade nicht aufpaßt.

Was also könnte im Kopf eines Hundes vorgehen, der wieder einmal im Park verbotenerweise eine vergammelte Wurst frißt?

Die zwölf Hunde trugen Namen wie Ben, Butch, Dona, Mora und Spencer, und sie waren ein bis neun Jahre alt. Keiner von ihnen hatte ein spezielles Training absolviert, aber alle hatten einfache Kommandos gelernt. Sie wußten zum Beispiel genau, was es bedeutet, wenn man ihnen untersagt, etwas aufzuschnappen. Kaminski überprüfte im Vorfeld der Studie, ob sie dieses Verbot befolgten. Alle gehorchten. Der Test selbst war simpel: In einem kleinen Raum legten die Forscher ein Stück Trockenfutter auf den Boden und verboten den Hunden, es zu fressen. Das Experiment bestand darin, daß Kaminski und ein anderer Forscher unterschiedliche Positionen einnahmen – welche verschieden strenge Kontrolle des Verbots repräsentierten. Dann wurde beobachtet, unter welchen Umständen sich die Hunde verleiten ließen, sich dem Befehl zu widersetzen und das Futter zu stibitzen.

Zunächst saß Kaminski auf einem Stuhl, behielt das Futterstück im Blickfeld, sah auch den Hund, der gerade getestet wurde, direkt an und folgte mit den Augen jeder seiner Bewegungen. Anschließend blieb sie zwar auf dem Sessel sitzen und hatte Kopf und Körper dem Futter zugewandt, doch sie tat so, als sei sie abgelenkt: Sie spielte ein Computerspiel auf einem Taschencomputer. In Situation Nummer drei nahm sie die gleiche Haltung ein, doch ihre Augen waren geschlossen. Schließlich drehte sie sich samt Stuhl um und wandte dem Hund den Rücken zu. Zum Vergleich überprüften die Forscher auch, was geschah, wenn Kaminski überhaupt aus dem Zimmer ging.

Aufgezeichnet wurde nicht nur, ob die Hunde den Keks schnappten, sondern auch, wie lange es dauerte, bis sie sich die Sünde zu begehen trauten, und welche Route sie dabei einschlugen. Wann sie schnurstracks zum Futter liefen und wie oft sie Vorsicht walten ließen und zunächst Sicherheitsabstand hielten; sich etwa, als wollten sie Desinteresse heucheln, erst mal niederlegten; dann wieder aufstanden, arglos umherwanderten und sich sogar ein Stück von der Futterstelle entfernten; anschließend begannen, die Zielobjekte behutsam einzukreisen; zwischendurch mal einen verstohlenen Blick auf Kaminski warfen, um die Lage zu prüfen.

Die Ergebnisse zeigten, daß Hunde in der Tat ein ausgeprägtes Gespür dafür haben, ob und wie sehr sie unter Beobachtung stehen. Am stärksten hing ihr Verhalten, wenig überraschend, davon ab, ob sie allein im Raum waren oder nicht: Wenn Kaminski im Sessel saß und Butch, Dona und ihre Artgenossen fixierte, wagte es kaum ein Hund, das Verbot zu ignorieren. Verließ die Forscherin den Raum, war exakt das Gegenteil der Fall.

Deutliche Unterschiede ergab aber auch der Vergleich der diversen Situationen, in denen Kaminski im Testraum saß. Wenn sie die Hunde direkt und leicht erkennbar überwachte, klaubten sie weniger Kekse auf, als wenn die Forscherin am Computer spielte, sich umdrehte oder die Augen schloß. Schien die Herrscherin über die Knabbereien abgelenkt, zögerten die Hunde auch weniger, bevor sie das Futter schluckten. Und sie steuerten die Leckereien vor allem dann auf verschlungenen Pfaden an, wenn ihnen die Forscherin unentwegt zusah.

Man könnte nun rätseln, was in den Tieren dabei vorging. Unwissenschaftlich gefragt: Wollten die Schlingel die Menschen austricksen? Benutzten sie Finten, um vorschriftsgemäßes Verhalten zu simulieren? Um dann bloß den geeigneten Moment abzuwarten und die ruchlose Tat zu begehen, bevor jemand eingreifen könnte? Versuchten sie, wenn sie etwa die Futterstelle erst einmal umrundeten und Kaminski dabei das Hinterteil zukehrten, eine Sichtbarriere herzustellen, den Augenkontakt zu unterbinden, sich selbst quasi »unsichtbar« zu machen? Im übertragenen Sinne dem Motto kleiner Kinder folgend, »ich mach' die Augen zu, dann sieht mich keiner«? Wollten sie, wenn sie sich zunächst brav auf den Boden legten, die Beine ausstreckten und sich dann zentimeterweise anpirschten, austesten, wie weit sie gehen konnten, bevor es eine Strafe setzt? Eine solche folgte freilich nicht, und die Forscher griffen auch nie ein; schließlich wollten sie wissen, in welchem Moment die Versuchung die Disziplin tatsächlich besiegte.

Die Interpretation der Wissenschaftler gehorchte freilich der Pflicht, ausschließlich das beobachtete Verhalten zu beschreiben. Sie notierten: »In der Summe zeigen die Resultate, daß die Hunde äußerst sensitiv für die Aufmerksamkeit der Menschen waren.« Man könne durchaus den Eindruck gewinnen, daß »die Hunde wußten, wann die Menschen sie sehen konnten und daß sie sie nicht sehen konnten, wenn sie ihnen den Rücken zudrehten, die Augen geschlossen hatten oder abgelenkt waren«. Ohne Zweifel würden »Hunde die Augen als bestimmendes Element in bezug auf den Grad der Aufmerksamkeit des Menschen erkennen. Die Augen sind das entscheidende Merkmal, das Hunde darüber informiert, ob es für sie gerade sicher ist, ein bestimmtes Verhal-

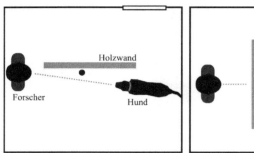

Graphik 13   Unter Beobachtung
Im Testraum wurde eine Holzwand aufgestellt. Je nach deren Stellung konnte der Forscher den Hund beim »Stehlen« des Futters beobachten oder nicht.

ten an den Tag zu legen.« Man könne daraus schließen, »daß Hunde ein Wissen über die visuelle Wahrnehmung anderer haben«.

Um die Effekte der Studie noch mehr zu verdeutlichen, ergänzten die Forscher die Versuchssituation um ein paar Elemente. In einem Fall stellten sie einfach eine rund zwei Quadratmeter große Holzwand auf. Wieder lag ein Stück Trockenfutter auf dem Boden. Je nach Stellung der Barriere konnte ein Wissenschaftler zusehen, ob die Hunde den Keks schnappten oder nicht (siehe Graphik 13). Verdeckte die Holzwand den Blickkontakt zwischen Forscher und Hund, konnte dieser – wenn er denn über entsprechende Sensitivität verfügte – sichergehen, beim Grapschen des Futters nicht ertappt zu werden. Natürlich hatte man die Tiere auch vor diesem Versuch streng ermahnt, nichts zu fressen. Wie kaum anders zu erwarten, ignorierten die Hunde das Verbot viel häufiger, wenn die Barriere die Sicht versperrte. Sie fühlten sich dann offenbar buchstäblich auf der sicheren Seite.

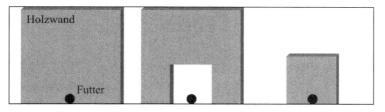

Graphik 14   Die Sichtbarrieren
Drei verschiedene Holzwände wurden verwendet: eine große wie zuvor, eine ebenso große, in die jedoch in Bodenhöhe ein Fenster geschnitten wurde, und eine deutlich kleinere.

Für ein weiteres Experiment nach demselben Grundprinzip verwendeten die Wissenschaftler gleich drei verschiedene Holzwände (siehe Graphik 14), die in diesem Fall aber immer zwischen den Forschern und den Hunden respektive dem Trockenfutter plaziert wurden: eine ebenso große wie zuvor, eine zweite in derselben Größe, in die jedoch in Bodenhöhe ein kleines Fenster geschnitten wurde, sowie eine dritte, die deutlich kleiner war.

Wenn man nun versucht, theoretisch die Perspektive der Hunde einzunehmen, bedeuten diese Utensilien: Die erste Barriere ist zweifellos die beste, weil mich die Menschen weder beim Annähern ans Futter noch beim Fressen sehen können. Die zweite verbirgt mich aufgrund ihrer Größe zwar beim Anschleichen, allerdings ist dummerweise für jeden sichtbar, wenn ich den Keks klaue, weil der genau beim Fenster liegt. Bei Nummer drei ist es genau umgekehrt: Diese Holzwand ist zu klein, um mich unbemerkt anpirschen zu können. Andererseits kann keiner sehen, wie ich das Futter schnappe.

Letztlich griffen die Hunde dann am hemmungslosesten zu, wenn die große Wand ohne Fenster den Blick versperrte. Bei den beiden anderen Barrieren fühlten sie sich dagegen

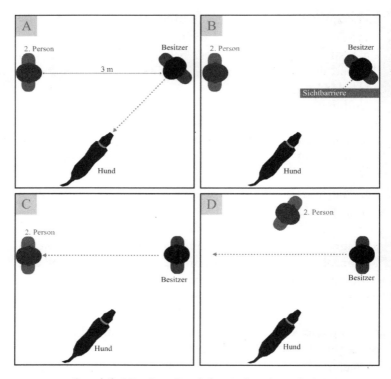

Graphik 15   Der Grad der Aufmerksamkeit
So wurde getestet, wie genau Hunde die Aufmerksamkeit ihrer Herrchen registrieren. In Situation A blickte der Besitzer direkt auf den Hund. In Situation B behielt er die Blickrichtung bei, doch zwischen ihm und dem Hund befand sich eine Sichtbarriere. In Situation C unterhielt sich der Besitzer mit der Person auf der linken Seite des Zimmers. In Situation D starrte er die leere Wand an.

offenbar in ungefähr gleicher Weise beobachtet – sie beherzigten das Verbot etwa im selben Ausmaß.

Eine abgewandelte Variante solcher Experimente ließen sich die Kollegen der Forscher in Budapest einfallen. Auch sie konfrontierten Hunde mit verschieden intensiver Aufmerksamkeit des Menschen. Futter gab es diesmal nicht: Statt dessen wurde den Hunden befohlen, sich hinzulegen. Im Testraum befanden sich der Besitzer des jeweiligen Hundes und eine zweite Person, die ihm gegenüberstand, etwa drei Meter entfernt. Zunächst blickte der Besitzer seinen Hund direkt an, während die zweite Person einfach auf der anderen Seite stehenblieb. In einem zweiten Fall war die Position der Menschen unverändert, zwischen Hund und Besitzer wurde jedoch eine Sichtbarriere aufgestellt. In der nächsten Situation wurde die Trennwand zwar wieder entfernt, nun aber unterhielt sich der Besitzer mit seinem Gegenüber und schien kaum auf den Hund zu achten. Und schließlich starrte der Besitzer schlicht die Wand an (siehe Graphik 15, Seite 208). Das Kommando, daß die Hunde »Platz« machen sollten, kam von einem Tonband, wurde in sämtlichen Szenarien recht plötzlich erteilt und gegebenenfalls mehrfach wiederholt.

Am zuverlässigsten folgten die Hunde, wenn die volle Aufmerksamkeit ihres Besitzers auf sie gerichtet war – wenn er sie also direkt anblickte. Im Gegensatz dazu sträubten sie sich am hartnäckigsten gegen den Befehl, wenn ihr Chef mit seinem Freund plauderte oder wenn die Sichtbarriere einer effizienten Überwachung im Weg stand. Interessant fanden die Wissenschaftler jene Szene, in welcher der Besitzer bloß die Wand anblickte, gewissermaßen ins Leere starrte. Dabei lag der Grad des Gehorsams zwischen den beiden Extremen: Die Hunde ließen sich zwar nicht ewig bitten, Platz zu nehmen, sie zögerten aber und folgten nicht sofort. Eine mögliche Erklärung wäre, daß den Hunden in diesem Fall nicht eindeutig klar war, was Herrchen gerade treibt – verbunden mit der Ungewißheit, ob es nun ratsam ist, lieber zu gehorchen, oder ob man gefahrlos Befehlsverweigerung begehen kann. Wenn dies zutrifft, wüßten sie ziemlich klar zu differenzieren, daß die Unterhaltung zweier Menschen mehr Ablenkung bedeutet als das bloße Fixieren irgendeiner Stelle im Zimmer. Und es wäre erst recht ein Beleg, daß Hunde einen sehr feinen Nerv für verschiedenste Schattierungen menschlicher Aufmerksamkeit haben.

Jedenfalls waren sich die Forschergruppen in Leipzig und Budapest weitgehend einig, daß die Ausgangsfrage dieser Studien eindeutig positiv beantworten werden könne: Der Hund beobachtet den Menschen nicht nur. Er weiß auch, was der Mensch sieht.

Die Leipziger meinten: »Die Resultate können der wachsenden Zahl an Beweisen hinzugefügt werden, wonach Hunde ein ausgereiftes Wissen über die Perspektive anderer haben.«

Die Ungarn meinten: Die vorliegenden Experimente »stützen eindeutig frühere Beobachtungen, daß Hunde die Aufmerksamkeit anderer erkennen und zwischen verschiedenen Stufen von Aufmerksamkeit differenzieren können«.

Hunde sind damit zweifelsohne Profis in der Disziplin, das Verhalten des Menschen einzuschätzen und daraus Regeln für das eigene Benehmen abzuleiten. Das ist eine andere Qualität als bloß Augen und Ohren offenzuhalten: Hier geht es darum, die Welt aus dem Blickwinkel eines anderen zu betrachten, sich in gewisser Weise in jemand anderen hineinzuversetzen, fast um eine Art Rollentausch.

Eine Frage des Geistes

Am deutlichsten demonstrierte diese Begabung ein Experiment, das ein Team um den britischen Hundeforscher Daniel Mills durchführte. Angenommen, man möchte von einer von zwei Personen eine wichtige Information erhalten. Man weiß, welche der beiden sachkundig ist. Der Mensch muß nicht überlegen, wen er um Rat fragen soll. Allgemeiner ausgedrückt: Er weiß leicht zwischen einer wissenden und einer unwissenden Person zu unterscheiden, sofern er über deren Kenntnisstand im Bilde ist.

Mills und seine Mitarbeiter versuchten, eine vergleichbare Situation für Hunde zu schaffen. Der Wunsch nach einer Information wurde durch das Verlangen nach Futter ersetzt. Auch hier gab es eine »wissende« und eine »unwissende« Person. Diese wurden dadurch symbolisiert, daß ein Forscher eine Augenbinde trug, einen Eimer über den Kopf gestülpt hatte oder in einem Buch las, während der andere freie Sicht hatte. Nur einer hatte also überhaupt die Möglichkeit zu sehen, wo das Futter versteckt war – und konnte kraft dieses Wissens den Zugang dazu herstellen. Dann durften sich die Hunde entscheiden, welchen der beiden Menschen sie um Futter anbettelten.

»Insgesamt bevorzugten die Hunde immer den Menschen, der das Futter sehen konnte«, stellten Mills und seine Kollegen fest. Sie wählten den »Wissenden« – wußten also, wer der Wissende ist. Wenn die »Informationsquelle« mit Lesen beschäftigt war, rechneten sie sich offenbar am wenigsten Chancen aus, Hilfe zu erhalten – vermutlich deshalb, weil lesende Menschen, anders als etwa solche mit einem Kübel über dem Kopf, für die meisten Hunde ein gewohnter Anblick sind und sie gelernt haben, daß in solchen Situationen weniger Zuwendung und Unterstützung zu erwarten sind.

Je beeindruckendere Fertigkeiten in diesem Zusammenhang entdeckt werden, desto mehr drängt sich allerdings die Frage auf: Handelt es sich um »geistige« Leistungen im eigentlichen Sinn? Wer sich in jemand anderen hineinversetzen und beurteilen kann, was dieser wahrnimmt und über welchen Informationsstand er verfügt, müßte vorerst fähig sein, in seinem Gehirn ein »Konzept der Perzeption des anderen« zu erzeugen, wie es in der Fachwelt heißt. Er müßte den »mentalen Zustand« eines anderen einschätzen können. Soll heißen: Er benötigt eine eigene Vorstellung von der Wahrnehmung anderer. Oder einfacher, um beim vorherigen Beispiel zu bleiben: Er bräuchte ein Verständnis dafür, daß Sehen zu Wissen führt.

Das wären freilich hochentwickelte kognitive Fähigkeiten, die üblicherweise nur dem Menschen zugestanden werden. In der Verhaltensforschung gibt es dafür den Ende der siebziger Jahre geprägten Begriff »Theorie des Geistes«. Sollte der Hund tatsächlich eine derart komplexe mentale Ausstattung besitzen?

Alexandra Horowitz vom Barnard College in New York glaubt zumindest an »eine Art rudimentäre Theorie des Geistes«. Horowitz beobachtete Hunderte Stunden lang, wie Hunde in Parks miteinander spielen, und filmte dabei mit. Die Aufnahmen, vielfach in Zeitlupe ausgewertet, würden dokumentieren, daß das Spiel von Hunden dermaßen koordiniert und einfühlsam verläuft, daß die Tiere in der Lage sein müßten, sich in andere Individuen hineinzuversetzen – also deren Perspektive einzunehmen. Als Beispiel nennt Horowitz die Art, wie viele der Hunde ihre Gefährten zum Spielen animierten: Sie setzten dazu verschiedene Methoden ein, die genau auf die Aufmerksamkeit der jeweiligen Artgenossen abgestimmt waren. Wendete ein anderer Hund nur kurz den Kopf ab, kamen bloß sanfte Stupser als Aufforderung zum Weiterspielen zum Einsatz, verlor ein Hund dagegen plötzlich überhaupt das Interesse, wurden heftigere Rempler oder neckische Bisse ausgeteilt. Horowitz spricht in dem Zusammenhang von »maßgeschneiderten« Reaktionen, angepaßt an die jeweilige Situation und an das Verhalten anderer Hunde.

Die Mehrzahl der Forscher ist hingegen ziemlich skeptisch, was eine »Theorie des Geistes« bei Hunden betrifft. In ihrer Diplomarbeit befaßte sich die Wiener Ethologin Christine Schwab im Jahr 2004 mit diesem Thema. Zunächst schilderte sie die Daten eines eigenen Experiments, das jenem von Juliane Kaminski nachempfunden war: Schwab beobachtete ebenfalls, wann sich Hunde am ehesten dazu verleiten ließen, verbotenerweise Futter zu schnappen, und die Ergebnisse deckten sich weitgehend mit denen der Leipziger Forscher. An einer hohen Sensitivität des Hundes gegenüber der Aufmerksamkeit des Menschen hegte auch Schwab keinen Zweifel. Doch auf einer echten »Theorie des Geistes«, führte sie in weiterer Folge aus, muß das nicht gründen.

Prinzipiell gibt es zwei Ansätze zur Erklärung der beobachteten Verhaltensmuster: Entweder verfügt der Hund wirklich über ein höheres geistiges Niveau – dann aber sind damit bewußtes Denken, das Erkennen von Motiven und Absichten anderer sowie die Kompetenz verbunden, deren Verhalten vorherzusagen.« Dazu müßte ein Tier eine mentale Vorstellung davon haben, daß ein anderes Individuum ebenfalls eine mentale Vorstellung von etwas hat«, zitiert Schwab eine etwas sperrige Definition solchen Könnens, das gewissermaßen auf einer Metaebene angesiedelt wäre. Im Extremfall müßte dem Hund beim Futterklauen eine ziemlich akrobatische Gedankenkette gelingen: Der Hund *glaubt*, daß der wachsame Mensch *annimmt*, daß der Hund nur *denkt*, er sei unbeobachtet.

Das wesentlich profanere Erklärungsmodell geht davon aus, daß schlicht die Lebenserfahrung in hohem Ausmaß dazu beiträgt, Signale der Aufmerksamkeit richtig zu deuten. Ein Beispiel dafür wäre, daß die Hunde in Mills' Studie vor allem lesende Menschen und den Grad ihrer Achtsamkeit in dieser Situation gut einzuschätzen wußten. Gleiches gilt für die Beobachtung, daß Hunde offenbar wissen, was es bedeutet, wenn sich zwei Menschen miteinander unterhalten.

Die Zusammenschau der verfügbaren Daten, so Schwab, führe »letztlich zu einer gemischten Interpretation«. Von einer »voll entwickelten Theorie des Geistes« könne man sicher nicht sprechen, aber vielleicht von einer »wichtigen Vorstufe zur Fähigkeit, anderen mentale Zustände zuzuschreiben«. Und dabei könnten sich Tiere oftmals auf Erfahrungen stützen, »die es ihnen erlauben, eine Verbindung zwischen visuellem Zugang und dem Verhalten anderer in verschiedensten sozialen Kontexten zu knüpfen. Es könnte sich somit um eine Art kognitives Lernen handeln, welches zu Verstehen und Einsicht befähigt.«

Und daß der Hund diesen Lernprozeß erfolgreich abgeschlossen hat, sei durchaus naheliegend, meint Ludwig Huber, Professor am Department für Neurobiologie und Verhaltenswissenschaften an der Universität Wien und Betreuer von Schwabs Diplomarbeit. »Der Hund ist seit Jahrtausenden an den Menschen gebunden«, sagt Huber. »Er hat dadurch das menschliche Antlitz öfter gesehen und besser studiert als jedes andere Tier.«

Hier schließt sich auch der Kreis zur Ansicht der ungarischen Verhaltensforscher um Ádám Miklósi, die nicht müde werden, die singuläre Sozialisationsgeschichte des Hundes zu betonen. Der Hund sei eben, schrieben sie am Schluß ihrer Studie zum Thema Aufmerksamkeit, »die allererste Spezies, die in engem Kontakt mit dem Menschen lebte«. Die Metamorphose vom Wolf zum Hund habe ein »einzigartiges Ereignis dargestellt, das spezielle Fähigkeiten erforderte«. Im Vorteil seien dabei naturgemäß jene Tiere gewesen, welche »die höchste Begabung für Interaktion und Kommunikation mit dem Menschen« in diese Beziehung einbrachten. So sei der Hund heute ein »natürlich kultiviertes Tier« – mit über ungezählte Generationen angelernten Fertigkeiten.

Kopieren, Kooperieren, Kommunizieren

Hunde ahmen den Menschen nach, lernen von ihm, deuten selbst feinste Gesten und Blicke richtig – und übertreffen dabei sogar Schimpansen. Heute weiß man: Der Hund versteht Dinge, die sonst nur der Mensch begreift.

Man könnte meinen, Tódor sei Zsófia Virányis Schatten. Der Hund der Budapester Verhaltensforscherin ahmt bestimmte Bewegungen seiner Besitzerin exakt nach: Virányi steht in ihrem Büro, wartet, bis Tódor ihr aufmerksam zusieht. Dann dreht sie sich einmal um die eigene Achse, nimmt wieder die Ausgangsposition ein und sagt: »Jetzt du.« Und Tódor vollführt ebenfalls eine Drehung um 360 Grad, besiegelt die Pirouette mit enthusiastischem Gekläff.

Joy ist eine ebenso begabte Imitatorin. Die eineinhalbjährige Weimaranerhündin gehört der österreichischen Ethologiestudentin Andrea Szucsich und hat gelernt, acht verschiedene Aktionen nachzuahmen. Szucsich sichert sich dabei zuerst Joys Aufmerksamkeit, indem sie sagt: »Joy, aufpassen!« Dann legt sie zum Beispiel einen Ball in eine Kiste, hüpft auf einen niedrigen Tisch oder überspringt eine Barriere. In anderen Situationen legt sie sich auf den Boden und vollführt eine Rolle seitwärts oder gibt ein kurzes Bellen von sich. Anschließend sagt sie: »Do it.« Und Joy macht folgsam nach, was Frauchen vorgezeigt hat: schnappt einen Ball und läßt ihn ebenfalls in die Kiste fallen oder rollt ihrerseits über den Boden – bloß in schneebedeckten Wiesen ziere sie sich bei letzterer Übung, berichtet Szucsich. Doch sonst klappe es praktisch immer, und es sei keineswegs übermäßig schwer gewesen, Joy zu solchen Spielchen zu motivieren. »Sie hat das meiste eigentlich schon beim zweiten Mal kapiert«, so Szucsich.

Im Winter und im Frühjahr 2006 hatte Joy ausreichend Gelegenheit, ihre Nachahmungskünste unter Beweis zu stellen: Wochenende für Wochenende führte Szucsich da Experimente mit ihrem Hund durch, und die Ergebnisse sind nun ein wichtiger Bestandteil ihrer Diplomarbeit, die um ein zentrales Thema kreist: wie Hunde imitieren.

Keine Frage: Joy und Tódor kopieren akkurat die Handlungen ihrer Besitzer. Hohe Aufmerksamkeit ist naturgemäß eine Voraussetzung dafür – müßte aber noch nicht zwangsläufig in Imitation münden. Schließlich könnten Mensch und Hund bloß in einer Art stillem Einverständnis zusammenleben, wobei der Hund stets auf den Menschen achtet und sich den Regeln seiner Welt anpaßt. Doch Nachahmung erfordert das aktive Umsetzen von Beobachtung in eigene Handlungen: Lernt also der Hund vom Menschen? Ist der Mensch für den Hund ein Vorbild wie die Mutter für ihr Kind? Und wenn Hunde tatsächlich gelehrige Schüler sind – trifft das auf besonders begabte einzelne Tiere zu, oder handelt es sich um eine grundlegende Eigenschaft der Spezies Hund?

Sechs der Wissenschaftler in Budapest ließen sich dazu eine Versuchsanordnung einfallen. Sie besorgten sich einen Maschendrahtzaun mit einem Stahlrahmen und zwei Seitenflügeln, die jeweils einen Meter hoch und drei Meter lang waren. Die Flügel standen V-förmig in einem Winkel von 80 Grad voneinander ab (siehe Graphik 16, Seite 217). Die Experimente wurden in einer Wiese durchgeführt, so daß man die Ständer des Zauns tief in die Erde rammen konnte. Derart wurde verhindert, daß die Hunde unter der Absperrung durchschlüpfen konnten.

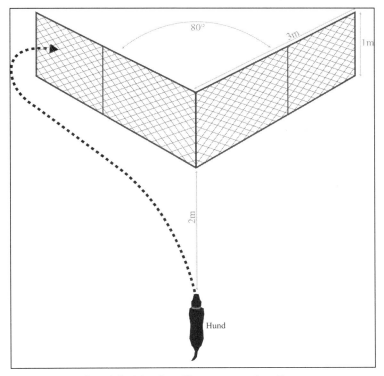

Graphik 16   Der Umweg um den Zaun
Der V-förmige Zaun, den die Wissenschaftler verwendeten, hatte zwei Seitenflügel, die drei Meter lang waren und in einem Winkel von 80 Grad voneinander abstanden. Die gepunktete Linie deutet den Umweg rund um den Zaun zu den Spielsachen an, den die Hunde gehen mußten.

Insgesamt 82 Hunde sahen sich mit folgender Situation konfrontiert: Sie saßen auf einer Seite des Zauns, während auf der anderen Spielsachen lagen. Wollten sie sich das Spielzeug holen, mußten sie zunächst an einem der beiden Seitenflügel entlanglaufen, die Barriere umrunden und auf der anderen Seite wieder drei Meter zurücklegen. Sie mußten also, wollten sie ihr Ziel erreichen, einen Umweg gehen. Dabei teilten die Forscher die Hunde in zwei Gruppen ein, die zu verschiedenen Zeiten getestet wurden und zwei verschiedene Szenarien vorfanden: Eine Gruppe wurde innerhalb des dreiecksförmigen Areals plaziert, welches die beiden Seiten des Zauns bildeten, die zweite außerhalb.

In Phase eins sollten die Hunde das Problem allein lösen, wobei sich rasch zeigte, daß die beiden Situationen von unterschiedlichem Schwierigkeitsgrad waren: Wenn die Hunde draußen saßen und das Objekt innerhalb des Zauns lag, hatten sie deutlich mehr Mühe, den Umweg zu finden. Zuerst bellten sie und probierten, sich unter dem Zaun durchzugraben. Dennoch hatten beide Versuche eines gemein: Obwohl das Experiment mehrfach wiederholt wurde, trat keine nennenswerte Verbesserung der Leistung ein. Sie lernten mit zunehmender Zahl der Versuche nicht dazu. Der Zaun »stellte in beiden Situationen ein unbekanntes, fremdes Hindernis dar«, beobachteten die Forscher.

In Phase zwei bekamen die Hunde dagegen Hilfe angeboten, und zwar gleich von zwei Seiten: von ihrem Besitzer sowie von einem ihnen unbekannten Forscher, die abwechselnd den »Demonstrator« mimten. Diesmal wurde nur noch jene Version getestet, bei der sich die Hunde vorher besonders geplagt hatten: wenn sich das Objekt im Inneren des Zauns befand und die Hunde draußen saßen. Nun sah das Ergebnis plötzlich ganz anders aus: Nachdem die Hunde erst einmal hatten zusehen können, wie ein Mensch den Zaun umging, schafften sie den Umweg auch allein deutlich schneller. Selbst Hunde, die das Prinzip zuvor offenbar gar nicht verstanden und das Objekt deshalb auch nicht erhascht hatten, kamen nun ans Ziel.

Die Forscher hielten fest: »Wenn Menschen die Lösung der Aufgabe demonstrierten, steigerte dies die Leistung der Hunde, wobei in bezug auf die Effektivität kein Unterschied zwischen Eigentümern und Fremden zu beobachten war.« Dies deute »auf eine grundsätzliche Neigung hin, daß Hunde den Menschen beobachten und Informationen aus dessen Verhalten beziehen. Hunde könnten dazu bestimmt sein, menschliches Verhalten zu kopieren.« Für eine daran anknüpfende Studie änderten die Ungarn die Utensilien ein wenig. Sie verwendeten zwar neuerlich den V-förmigen Zaun, doch diesmal gab es in den beiden Seitenteilen Türen, die je nach Bedarf geöffnet oder verschlossen werden konnten. Im ersten Durchgang mußten mit den vorherigen Zaunexperimenten nicht vertraute Hunde das Problem im Alleingang bewältigen, wobei die Türen bei einem Test offenstanden und für einen zweiten zugeklappt wurden. Ergebnis: Bei geöffneten Türchen hatte kaum ein Hund Probleme, das Ziel zu erreichen. Alle Tiere kletterten flugs hindurch. Anschließend, als dieser Weg nicht mehr zur Verfügung stand und die Hunde den Zaun wieder umrunden mußten, fiel die Leistung merklich schwächer aus.

Dann betrat auch diesmal ein menschlicher »Demonstrator« die Szene. Er zeigte den Hunden wie beim ersten Experiment, wie man den Zaun umgeht, um an die Spielsachen zu gelangen. Der entscheidende Unterschied bestand nun jedoch darin, daß bei manchen dieser Versuche die Türen offenblieben. Die Tiere hätten die Umwege der Menschen in diesen Fällen also gar nicht nachahmen müssen, sondern es sich leichter machen und die Abkürzung wählen können. Doch genau dies taten die meisten nicht: Sie verzichteten auf die kürzere Route und imitierten stets das Verhalten des »Demonstrators«.

Allgemeiner ausgedrückt: Hunde scheinen selbst dann die Handlungsweise des Menschen zu kopieren, wenn ihnen daraus Nachteile entstehen.

Folgen Hunde dem Menschen demnach blindlings und ohne Rücksicht auf die damit verbundene Mühe? Lassen sie sich, trivial formuliert, jeden Unsinn einreden? Hatte man damit einen Beleg gefunden, daß Hunde zwar sprichwörtlich treu und anhänglich sind, aber letztlich doch ein wenig dumm?

Ádám Miklósi und seine Kollegen halten eine andere Erklärung für plausibel, die in Grundzügen schon Harry Frank, der amerikanische Pionier der Hundeforschung, vor gut 20 Jahren formuliert hatte: Frank hatte damals die These aufgestellt, der Mensch fungiere als »Mediator« für den Hund – gleichsam als soziale Brücke in die komplexe menschliche Welt. Der Eintritt in die Gesellschaft des Menschen war für den Hund damit verbunden, sich in dessen Welt zurechtfinden zu müssen und sich den Gepflogenheiten einer fremden Kultur unterzuordnen. Und dabei handelt es sich um ein hochkomplexes Umfeld, dessen Gesetzmäßigkeiten für ein Hundegehirn nicht nachvollziehbar sind und das auch viele Gefahren birgt. Deshalb ist es sinnvoll, sich im Zweifelsfall an den Menschen zu halten, den Herrscher über all die Technik und die Errungenschaften seiner Kunstwelt – selbst wenn dies Verzicht auf Eigeninitiative und mitunter ein paar Umwege bedeutet. Insofern könne, resümierten die Forscher, »unter bestimmten Umständen durch soziales Lernen auch scheinbar unvorteilhafte oder unpassende Information weitergegeben werden«.

Überdies kamen sie nicht umhin, neuerlich auf das historische Erbe des Hundes zu verweisen: »Dessen nächster Verwandter, der Wolf, ist ein hochgradig sozialer Jäger, dessen gut organisierte soziale Hierarchie die Fähigkeit voraussetzt, anderen Rudelmitgliedern zu folgen. Domestizierte Hunde dürften diese Fähigkeiten behalten und auf ihre menschlichen Gefährten ausgedehnt haben.« Der Übertritt in die menschliche Gesellschaft hätte gleichsam eine »Umorientierung« erfordert – verbunden mit einer Anpassung an menschliches Verhalten: »Aus dieser Sicht wäre es für Hunde unpassend, sich nicht wie Menschen zu verhalten.«

Bei ihren Beobachtungen, wie Hunde den Routen des Menschen bei der Umgehung des Zauns folgten, hatten die Forscher zunächst lediglich notiert, daß die Tiere das Verhalten ihrer Besitzer »kopierten«. Sie wollten aber noch genauer wissen, was das eigentlich bedeutet. Imitiert der Hund geradezu mechanisch eine bestimmte Bewegung? Oder ahmt er vielmehr ein Prinzip nach? Dies käme eher dem »Verständnis« nahe, daß eine Handlung, wie auch immer sie ausgeführt wird, zu einem konkreten Ziel führt. Außerdem wollten die Experten überprüfen, ob auch dann Lerneffekte eintreten, wenn die Hunde für ihre Aktionen nicht belohnt werden – also kein Spielzeug bekommen. Dies ist ein wichtiges Indiz, um zu erfahren, ob »echtes« soziales Lernen vorliegt: Denn daß Hunde mit Belohnungen zu allen möglichen Leistungen angespornt werden können, wäre noch keine sonderliche Überraschung.

Mit einem simplen Zaun kamen die Forscher diesmal nicht aus. Statt dessen konstruierten sie eine Box aus grünem Plastik, 40 mal 40 Zentimeter Seitenlänge, 15 Zentimeter Höhe. Der Deckel der Kiste konnte geöffnet werden, um einen Ball hineinzulegen, blieb aber während der Experimente verschlossen. An einer Seite wurde ein 25 Zentimeter langer Holzgriff befestigt, der bewirkte, daß der Ball durch ein Loch auf der anderen Seite herausrollen konnte. Allerdings hätte man den Ball auch auf andere Weise ins Freie befördern können: zum Beispiel, indem man die Box umstieß und so lange daran hantierte, bis das Spielzeug durch das Loch rutschte (siehe Graphik 17, Seite 222).

87 Hunde verschiedenster Rassen nahmen an der Studie teil. Die Hundebesitzer, eingeteilt in fünf Gruppen, fungierten als »Demonstratoren«. Jede Gruppe zeigte ihren Haus-

Graphik 17 Die Box mit dem Ball
Die Skizze zeigt die Kiste, aus der die Hunde den Ball herausbekommen sollten: Auf einer Seite befand sich ein Hebel, und wenn man auf diesen drückte, rollte der Ball durch eine Öffnung auf der anderen Seite der Kiste.

tieren eine andere Möglichkeit, wie man sich an der Kiste zu schaffen machen konnte: Eine Gruppe drückte den Griff herunter, eine weitere berührte ihn nur sanft mit einem Finger, die nächste tippte bloß auf den Deckel. Außerdem wurde ein Szenario eingeplant, bei dem die Menschen die Kiste gar nicht anfaßten. Statt dessen ließen sie ihre Hunde in der Nähe der Box mit dem Ball spielen – und vermittelten dadurch lediglich Information über ein mögliches Ergebnis einer Manipulation der Kiste.

Die Wissenschaftler stoppten die Zeit, welche die Hunde brauchten, um den Ball zu finden. Sie zeichneten auf, welchen Teil der Kiste sie zuerst anstießen. Sie zählten die Berührungen am Griff, am Deckel und an den Seiten. Sie registrierten, wie oft die Hunde tatsächlich den Griff drückten und in welcher Richtung – von links nach rechts oder umgekehrt.

So konnte man zunächst beobachten, wie die Hunde auf welche Demonstration reagierten. Bald kristallisierten sich zwei Extreme heraus: In jener Gruppe, in der die Besitzer den Hebel betätigten und daraufhin gleich der Ball zum Vorschein kam, ahmte eine deutliche Mehrheit der Hunde dieses Verhalten nach. Es gab keinen Hund, der gar nicht am Griff herumprobierte. Umkehrt drückte vor allem dann kaum ein Hund den Holzgriff, wenn sein Besitzer die Kiste überhaupt nicht berührte. Dies bestätigte die Erkenntnis aus den vorherigen Studien: Hunde beobachten den Menschen sehr genau und lernen daraus, eine bestimmte Handlung auszuführen.

Allerdings: Wenn die Besitzer in einem Fall den Griff berührten und in einer anderen Situation die Kiste gar nicht anfaßten – hätten die Hunde dann nicht einfach dem Geruch folgen können, den die Menschen durch Berührung des Henkels mit der Hand hinterließen? Konnten sie nicht, weil die Forscher solch berüchtigte »versteckte Hinweise« einkalkulierten: Vor dem Start des Experiments hatten die Menschen aus allen Gruppen den Griff für 30 Sekunden umfaßt. »Wir schließen daraus, daß eine gewisse Form sozialer Übertragung die wahrscheinlichste Erklärung für die beobachteten Effekte bietet«, so die Forscher. Sie glaubten also an echte Lerneffekte.

Bemerkenswert war des weiteren, daß sich die Hunde in allen Situationen mit annähernd gleichem Eifer bemühten, das Problem zu lösen, und zwar unabhängig vom erwartbaren Erfolg: auch dann, wenn bei der Demonstration durch die Menschen gar kein Ball aus der Kiste rollte, was mehrfach vorkam. In diesen Fällen konnten die Hunde mit dem Imitieren des Menschen also keine Belohnung in Verbindung bringen. »Von einer richtigen Belohnung kann nicht gesprochen werden«, meinten die Forscher. Es sei ein »interessanter Punkt, daß die sichtbare Anwesenheit einer Verstärkung keine größere Rolle zu spielen scheint«. Hunde zeigen demnach auch dann eine hohe Begabung, von ihren Herrchen zu lernen, wenn sie dafür nicht unmittelbar belohnt werden. Mit alten Erklärungsmodellen, die Verhalten als bloße Reaktion auf konkrete Reize deuteten, lassen sich diese Beobachtungen nicht in Einklang bringen.

Schließlich analysierten die Wissenschaftler, wie die Hunde versuchten, an den Ball zu gelangen. Sie stellten fest, daß die Tiere keineswegs bloß die Handbewegungen der Menschen nachahmten: Die Menschen drückten den Griff von links nach rechts oder umgekehrt. Die Richtung wurde jeweils per Münzwurf entschieden. Die Hunde kopierten die Richtung nicht, ahmten also die Bewegungsmuster keineswegs sklavisch nach. Auch benutzten die Menschen naturgemäß die Hände zur Betätigung des Hebels, die Hunde dagegen nicht ihre Pfoten, sondern mehrheitlich die Schnauze. Die Forscher faßten zusammen: Für dieses Verhalten könne pure »Imitation als mögliche Erklärung ausgeschlossen werden«. Vielmehr »schien die Drückbewegung einen signifikanten Effekt« zu haben. Insofern sei »das Verhalten der Hunde unabhängig von jenem der Besitzer« und »das Ergebnis eines Verständnisses, daß eine Handlung am Griff zu dessen Verschiebung führt«.

Jetzt mag eingewendet werden, daß diese Resultate den Experimenten der Psychologin Britta Osthaus widersprechen, wonach Hunde technische Apparate überhaupt nicht verstehen und ihnen logische Schlüsse ziemlich fremd sind. Und nun sollten sie plötzlich einen Hebelmechanismus kapieren? Es gibt allerdings einen entscheidenden Unterschied zwischen den beiden Versuchen: Beim einen hätten sie mittels eigener »Kombinationsgabe« physikalische Gegebenheiten durchschauen müssen. Nun dagegen konnten sie sich auf den Menschen als »Vermittler« zwischen purer Technik und darauf abgestimmter Handlungsweise verlassen – was neuerlich die Besonderheit der hündischen Klugheit unterstreicht: Hunde mögen miserable Logiker sein, doch sie bewähren sich hervorragend in der Disziplin, von einer anderen Spezies, dem Menschen als wichtigster Bezugsperson, zu lernen.

Im Prinzip, so die Budapester Forscher, ist diese Begabung auch leicht erklärbar. Es kommt zu einer Informationsübertragung, die den Hund menschenähnliches Verhalten annehmen läßt, weil ihm dies sehr praktische Vorteile bringt: »Da die meisten Hunde ihr ganzes Leben in menschlichem Umfeld verbringen, könnte das Aufnehmen sozial vermittelter Information einen besonderen Stellenwert haben. Wir denken, daß das Lernen durch Beobachtung in großem Ausmaß zur erfolgreichen Integration des Hundes in die menschliche Familie beiträgt.« Dieses »heterospezifische« Lernen habe beim Hund wohl »die Chancen gesteigert, im menschlichen Umfeld zu überleben«.

Hunde mit Persönlichkeit

Vier der ungarischen Forscher, darunter Ádám Miklósi und Vilmos Csányi, benutzten den Zaun auch gleich zur Untersuchung einer völlig anderen Frage: Sind verschiedene Hunderassen unterschiedlich geschickt bei der Bewältigung des Umwegs? Dieses Thema wurde bisher in diesem Buch fast gänzlich ausgespart. Stets war von »den Hunden« die Rede, und es wurde beschrieben, was »der Hund« versteht oder nicht. Viele Hundebesitzer mögen dies für ein Manko halten, wird doch ständig darüber debattiert, welche Rassen für bestimmte Aufgaben am besten geeignet oder welche Züchtungen besonders mutig, feige, angriffslustig, folgsam oder gelehrig sind. Und auch viele Hundebücher widmen den Eigenheiten der Rassen breiten Raum – und bieten eine Fülle von Ratschlägen, welche Rasse für welchen Besitzertypus angeblich am passendsten ist.

Fachleute wie Miklósi oder Osthaus sind bei solchen Klassifizierungen äußerst zurückhaltend. Denn einerseits stellt sich in Studien ziemlich regelmäßig heraus, daß sich zumindest im Hinblick auf das soziale Zusammenspiel mit dem Menschen kaum Unterschiede eruieren lassen. Andererseits werden die vielfach behaupteten Charaktermerkmale einzelner Rassen mitunter für recht fragwürdige Schlußfolgerungen mißbraucht – etwa zur Determinierung vermeintlich »gefährlicher« Rassen, was aus wissenschaftlicher Sicht jeder Grundlage entbehrt: Ebensowenig wie »Kampfhunde« oder »Problemhunde« gibt es per se »ungefährliche« oder »gute« Rassen.

Was dagegen sehr wohl auf einer faktischen Basis beruht, ist der Umstand, daß Hunden Grundeigenschaften zugeordnet werden können, die je nach Rasse mehr oder minder ausgeprägt sein können. Man weiß zum Beispiel, daß Retriever im Schnitt weniger empfindlich gegenüber Knallgeräuschen sind als Schäferhunde – einfach deshalb, weil Retriever vielfach für die Jagd eingesetzt werden und im Verlauf ihrer Züchtungsgeschichte darauf getrimmt wurden, bei Gewehrschüssen nicht gleich die Flucht zu ergreifen.

Die mit Abstand größte Untersuchung typisch hündischer Eigenschaften führten die schwedischen Verhaltensforscher Kenth Svartberg und Björn Forkman durch. Sie werteten Testprotokolle von 15 329 Hunden aus 164 Rassen aus. Die Daten stammten von Standardtests, die über einen Zeitraum von fünf Jahren in mehr als 200 verschiedenen Hundeklubs und Testzentren gesammelt worden waren. Die Überprüfungen selbst, welche die Grundlage für die statistischen Analysen der beiden Ethologen bildeten, bestanden aus einer Vielzahl von Situationen, in denen das Benehmen der Hunde aufgezeichnet wurde. Kontakte mit Fremden wurden ebenso beobachtet wie das Verhalten bei Seilziehspielen und die Reaktion auf Gewehrschüsse. Man konfrontierte die Hunde mit potentiellen Angstauslösern wie lautem metallischem Scheppern und einem menschlichen Dummy, der vor den Tieren plötzlich emporschnellte. In einer Situation hüllten sich die Tester in weiße Leintücher und spukten vor den Hunden als »Geister« umher. Was würden die Hunde in solch bizarren Szenen tun? In Panik verfallen? Die Geister attackieren? Oder das Schauspiel gleichmütig über sich ergehen lassen?

Svartberg und Forkman ackerten sich durch einen gewaltigen Wust an Protokollen aus ganz Schweden und destillierten aus den Daten mehrere fundamentale Verhaltensweisen, die ihrer Ansicht nach sämtliche Hunde miteinander teilen. Sie nannten sie »Persönlichkeitsmerkmale« des Hundes. Sie definierten fünf davon: Spielfreude, Neugier und Angstlosigkeit, Jagdinstinkt, Sozialverhalten sowie Aggressivität. Außerdem identifizierten sie ein übergeordnetes Persönlichkeitsmerkmal, in dem alle anderen außer Aggression zusammenfließen. Dieser Faktor entspreche dem sogenannten »Shyness-Boldness-Continuum«, einer allgemeinen Tendenz zu Schüchternheit oder Wagemut.

Diese Eigenschaften, so die Forscher, würden mit wenigen Ausnahmen »generell für den Hund als Spezies« gelten. Primäres Ziel war also auch bei dieser Analyse nicht, einzelne Hunderassen nach Verhaltensmustern zu kategorisieren, sondern ein generelles Raster zu entwerfen, das die bestimmenden Eigenschaften des Hundes enthält. In dieser ethologischen Matrix können allerdings die grundsätzlich allen Hunden gemeinsamen Parameter je nach Rasse oder Rassengruppe variieren.

So verglich Svartberg bei weiteren Analysen Deutsche Schäferhunde mit einem bestimmten Typus Belgischer Schäfer und bemerkte, daß die Deutschen Schäfer insgesamt verwegener waren. Besondere Scheuheit mußte er indes Pinschern und Rhodesian Ridgebacks attestieren. Mitunter als »primitiv« bezeichnete Hunderassen wie Basenjis wiederum zeigten vergleichsweise wenig Spielfreude. Svartberg verglich auch die einzelnen Persönlichkeitsmerkmale untereinander. Er kam zum Ergebnis, daß Spieltrieb, Jagdinstinkt und Sozialverhalten sehr robuste Eigenschaften zu sein scheinen, die sich äußeren Umständen weitgehend widersetzen. Demgegenüber dürften Aggressivität und Neugierde durch Erfahrung und Gewöhnung an bestimmte Situationen beeinflußbar sein – erstere sinkt üblicherweise mit der Zeit, während Furchtlosigkeit und Neugier zumeist steigen. Schließlich ergänzte Svartberg seine Analysen durch eine praktische Komponente: Er stellte den ermittelten Charaktereigenschaften Pendants gegenüber, die auch für den durchschnittlichen Hundebesitzer Bedeutung haben. So lasse sich zum Beispiel der Faktor »Jagdinstinkt« im alltäglichen Umgang mit Hunden am ehesten mit Interesse am Spiel und an Sozialkontakten übersetzen – und nicht etwa mit echten räuberischen Ambitionen.

Vorwiegend sind solche Klassifizierungen sinnvoll, um sie etwa bei der Auswahl von Arbeitshunden zu berücksichtigen. Beispielsweise geht eine Neigung zu eher mutigem Verhalten üblicherweise mit einem hohen Maß an Trainierbarkeit einher, was bei der Ausbildung von Hunden für den Polizei- oder Rettungseinsatz wichtig ist. Forscher wie Ádám Miklósi verfolgen dagegen prinzipiell andere Zielsetzungen: Ihnen geht es um die Grundlagen des Verhaltens gegenüber dem Menschen – um jene soziale Basisausstattung, die im Haustier Hund längst verankert war, bevor es überhaupt gezielte Rassenzucht gab. Dennoch entschlossen sich die Ungarn, die bereits erprobten Testsituationen zum Anlaß zu nehmen, um potentiell doch vorhandene Unterschiede auszuloten. »Obwohl die populäre Hundeliteratur Hunderassen häufig mit bestimmten Verhaltensformen und mentalen Fähigkeiten verbindet, gibt es sehr wenige vergleichende Studien über Rassenunterschiede«, argumentierten die Forscher.

Im konkreten Fall ging es um die Frage, ob verschiedene Hunderassen gleich geschickt darin sind, vom Menschen zu lernen. Die Aufgabe war exakt dieselbe wie beim früheren Experiment: Die Hunde mußten einen Zaun umgehen, um an das Spielzeug auf der anderen Seite zu gelangen. Auch diesmal sollten sie das Problem zuerst allein bewältigen, und anschließend halfen ihnen Menschen als »Demonstratoren«. Die Forscher teilten die Hunde dabei in drei Kategorien von Rassen ein: in Jagdhunde wie Airdaleterrier und Magyar Vizsla, in Arbeits- und Gebrauchshunde wie Belgische Schäfer und Rottweiler sowie in Hütehunde, zu denen etwa der Bordercollie zählt.

Das Ergebnis bestätigte frühere Beobachtungen fast zur Gänze: Die drei Rassengruppen umgingen den Zaun annähernd gleich schnell und mit ähnlicher Geschicklichkeit. Auch bewiesen alle Hunde – unabhängig von Rasse und Alter – eine ziemlich gleiche Begabung, die Menschen im Umrunden des Zauns nachzuahmen. Die Forscher fanden eine einzige Auffälligkeit: Die Hütehunde blickten häufiger zum Menschen als andere Rassen. Die Fähigkeit, vom Menschen zu lernen, sei aber grundsätzlich unabhängig von Rasse und Alter, folgerten die Experten.

In einem speziellen Fall konstatierten die Forscher allerdings doch auffällige Unterschiede zwischen Hunderassen – nämlich dann, wenn der Mensch markante Verhaltensweisen abrupt änderte. Dieser Wechsel bestand in der Art und Weise, auf Hunde zuzugehen: entweder in freundlicher oder in unangenehmer, bedrohlicher Manier. Die ungarischen Experten führten die Versuche in einem Park in der Nähe einer Bupadester Hundeschule durch. Der jeweilige Hundebesitzer hielt sein Haustier an der Leine und befahl ihm, sich hinzusetzen oder in die Wiese zu legen. Eine der Forscherinnen, Judit Vas, übernahm die Rolle der Person, welche die unterschiedlichen Stimmungslagen zu spielen hatte.

Vas stand zunächst etwa fünf Meter vom Hund entfernt, begann dann, sich ihm zu nähern. In der »freundlichen« Situation rief sie ihn beim Namen, machte in gemächlichem Tempo ein paar Schritte auf ihn zu, redete mit ruhiger Stimme auf ihn ein. Schließlich, wenn Vas den Hund erreicht hatte, ließ sie ihm ein paar Streicheleinheiten zuteil werden. Wie kaum anders zu erwarten, gefiel auch den meisten Hunden diese Art der Annäherung, und sie suchten ihrerseits nach Kontakt, wedelten mit dem Schwanz und ließen sich bereitwillig streicheln.

Die »bedrohliche« Situation bestand dagegen darin, daß Vas betont langsam und mit leicht nach vorn gebeugtem Oberkörper auf den jeweiligen Hund zuging, nur alle vier Sekunden einen Schritt machte. Sie starrte den Tieren dabei eindringlich in die Augen und gab keinen Ton von sich. Ebenfalls wenig überraschend, daß die Hunde dabei eher zurückwichen, den Blick abwendeten oder ihr Unbehagen durch lautes Bellen äußerten. Allerdings reagierten nicht alle so: Es gab auch Hunde, die sich von den Drohgebärden der jungen Forscherin wenig beeindrucken ließen: Diese Phlegmatiker blieben einfach liegen, ignorierten Vas' Stimmungswandel oder blickten sie sogar trotzdem freudig an.

Weil die Wissenschaftler keine Belege dafür ausmachen konnten, daß dies mit dem Geschlecht oder dem Alter der Hunde zusammenhängen könnte, fragten sie sich, ob Rassenunterschiede als Ursache in Betracht kämen. Sie teilten die Tiere deshalb in drei Gruppen ein: in Schlittenhunde wie Huskies und Malamuts, in Retriever wie die Rassen Golden Retriever und Labrador sowie in Belgische Schäfer. Dann wiederholte das Forscherteam die Testprozedur. Während sich kaum Abweichungen zwischen den Gruppen zeigten, wenn Vas unbeschwert und freundlich auf die Hunde zuschritt, ließen sich deutliche Unterschiede feststellen, sobald ihr Verhalten in gespielte Bedrohlichkeit umschlug. Bei den Schäfern fiel zum Beispiel auf, daß sie eher als die anderen Rassen auf Distanz gingen und Schutz bei ihren Besitzern suchten. Auch bellten sie öfter und heftiger und zeigten keinerlei Anstalten, trotz Vas' merkwürdigen Benehmens Kontakt zu ihr anzubahnen. Demgegenüber ließen Huskies und Retriever die Einschüchterungsversuche recht gleichmütig über sich ergehen – oder freuten sich sogar dann, wenn ihnen die Forscherin wenig einladend entgegenkam. Bei Schlittenhunden und Retrievern schien damit das Verlangen viel weniger ausgeprägt zu sein, die Gegenwart eines bedrohlich wirkenden Menschen zu vermeiden. Sie zeigten stets konstantes – nämlich gleichbleibend freundliches – Verhalten.

Die Studie könnte jedenfalls erklären, warum Hunde in Alltagssituationen sehr unterschiedlich gegenüber fremden Menschen reagieren, nämlich abhängig davon, wie diese den Tieren gegenübertreten. Und es scheint auch dokumentiert zu sein, daß der Mensch das Verhalten von Hunden in wesentlichem Ausmaß beeinflussen kann: Wenn er Bedrohung signalisiert, muß er zumindest bei einigen Gruppen von Hunden damit rechnen, Rückzug oder sogar Aggression zu provozieren. Und diese Verhaltensformen werden, davon sind die Ethologen überzeugt, nicht durch einzelne Gesten oder Gebärden ausgelöst, sondern zumeist durch ein ganzes Bündel davon. Entscheidend ist vermutlich die Kombination aus Blicken, Körperhaltung, Bewegungsverlauf und Geruchsbotschaften. Gerade weil Hunde hochentwickelte Fähigkeiten besitzen, menschliches Verhalten präzise zu deuten, haben sie wohl auch eine feine Wahrnehmung für Signale der Bedrohung – wobei jedoch nur manche Rassen in gleicher Weise antworten, während andere selbst furchteinflößend wirkende Menschen tolerieren, ohne dabei abweisend zu reagieren oder sich auf eine Konfrontation einzulassen.

Judit Vas und ihre Forscherkollegen halten diese Rassenunterschiede für ein Resultat der Züchtungsgeschichte: Schäferhunde seien ursprünglich vor allem als Hüte- und Wachhunde eingesetzt worden, und eine probate Reaktion auf auch sehr dezente Verhaltensänderungen anderer sei da wohl ausdrücklich erwünscht gewesen – ganz anders als etwa bei Retrievern, die immer schon hinsichtlich stabiler Stimmungslage und eines niedrigen Aggressionsniveaus ausgewählt worden seien.

Dieser Ausflug in die Analyse von Konsequenzen der jüngeren Hundezüchtung war allerdings eher eine Ausnahme in der Arbeit der ungarischen Forscher. Zumeist bleiben sie ihren traditionellen Interessenfeldern treu und untersuchen eben Phänomene wie Anhänglichkeit, Aufmerksamkeit, Imitation, soziale Lernfähigkeit. Bald sollte sich herausstellen, daß der Hund den Menschen, ganz im Wortsinn, nicht nur nachahmt, sondern dessen Verhalten zum Teil auch vorwegnimmt, also vorausschauend agiert. Experten nennen dies »soziale Antizipation«: Ein Tier weiß dank bisheriger Erfahrungen oder Erlebnisse, welche Handlungen der Mensch setzen will, stellt sich präventiv darauf ein und vollzieht »komplementäre Aktionen«, die die Handlungen seines menschlichen Gefährten vorab zu ergänzen scheinen.

Teamarbeit

Eines Tages machte Vilmos Csányi seiner Mitarbeiterin Enikő Kubinyi einen Vorschlag. Sie möge, wenn sie mit ihrem Vizsla vom Spaziergang zurückkehre, nicht sofort die übliche Route nach Hause nehmen, sondern zumindest ein paar im Grunde sinnlose Meter Umweg einlegen, beispielsweise zusätzlich eine Treppe hoch- und wieder heruntersteigen und dann erst zur Haustür gehen. Kubinyi tat pflichtbewußt, wie ihr geheißen, während Csányi, laut eigener Aussage ganz der zerstreute Professor, das Experiment binnen kürzester Zeit vergaß. Doch drei Monate respektive 180 Spaziergänge später berichtete ihm Kubinyi über das Ergebnis, und Csányi fand es interessant genug, um eine breiter angelegte Studie zu starten.

Acht Hundebesitzer, die mittels Aushang an der Universität angeworben wurden, mußten dafür das gleiche tun wie zuvor Kubinyi: Sie sollten zwar die tägliche Runde mit ihren Hunden gehen, doch vor der Heimkehr einen 16 bis 20 Meter langen Umweg einplanen: zum Beispiel vor der Haustür plötzlich nach links abbiegen, völlig unmotiviert ein Stück weitergehen, gleich wieder umkehren und dann erst den Spaziergang beenden. Die Hundebesitzer wurden angewiesen, das Verhalten ihrer Tiere aufzuzeichnen. Einmal wöchentlich wurden die Notizen von den Forschern geprüft. Nach ebenfalls 180 Touren machten sie sich an die Datenauswertung. Dabei konzentrierten sie sich vor allem auf den Vergleich der ersten sowie der letzten 30 Spaziergänge, um herauszufinden, in welcher Weise die Hunde mit der Zeit auf den Umweg reagierten. Die Wissenschaftler konnten die Tiere schließlich in drei Kategorien einteilen: in »Folger«, die ihren Besitzern brav auf der neuen Route nachtrotteten, in »Begleiter«, die etwa in gleicher Höhe mit Herrchen Schritt hielten, und in »Übernehmer«, die den neuen Weg bald selbständig einschlugen und gerne vor ihren Besitzern herliefen. Außerdem gab es zwei Hunde, die schlicht verweigerten: Die eigensinnigen Kerle machten den Umweg einfach gar nicht mit und warteten vor dem Eingang, bis ihre Herrchen die scheinbar nutzlosen Meter zurückgelegt hatten und die Tür aufschlossen.

Interessant war jedoch vor allem, daß vier Hunde, also die Hälfte der Stichprobe, im Verlauf der Testreihe eine deutliche Verhaltensänderung zeigten: Sie gingen nicht mehr bloß hinterher, sondern entwickelten sich allmählich zu »Übernehmern«. Ein Hund namens Boskó lief bei den letzten 30 Ausgängen fast immer seinem Herrchen voraus, während er bei den ersten 30 meist hinter oder neben ihm geblieben war. Die Forscher interpretierten dies als »Verhaltenssychronisation«: Die »Übernehmer« paßten ihr Verhalten gezielt dem des Menschen an.

Man könnte auch sagen: Hunde imitieren den Menschen nicht nur, sie kooperieren auch mit ihm.

Eine Studie untermauerte die Bereitschaft zur Kooperation besonders eindrucksvoll – und enthüllte, wieviel tiefer diese Fähigkeit von Natur aus im Hund verwurzelt zu sein scheint, als man gemeinhin annehmen würde. Die ungarischen Wissenschaftler stellten der Arbeit zunächst eine Definition des Begriffs »Kooperation« voran: »Individuen agieren zusammen, um ein gemeinsames Ziel zu erreichen.« Zutaten kooperativen Verhaltens sind zum Beispiel Gleichzeitigkeit von Handlungen, deren räumliche Koordinierung sowie der Faktor Kongruenz, womit die Ähnlichkeit durchgeführter Aktionen gemeint ist. Freilich muß nicht jede Kooperation all diese Ingredienzien aufweisen: Wenn Menschen Feuer machen möchten, besteht die Arbeitsteilung darin, daß einer Holz sammelt, während ein anderer etwa die Feuerstelle vorbereitet – eine Ähnlichkeit der Handlungen liegt in diesem Fall nicht vor, obwohl sie alle dem gleichen Ziel dienen. Außerdem, so schränken die Wissenschaftler gleich ein: Die Frage möglicher Intentionen, also »absichtsvollen« Agierens, werde dezidiert ausgeklammert.

Dennoch kommen zahlreiche Formen von Kooperation von Mensch und Hund in Betracht: Die Jagd könnte ebenso als Unterfangen angesehen werden, bei dem Aufgaben auf beide Partner verteilt werden, wie der Einsatz von Rettungs- oder Drogenspürhunden. Die Ungarn entschieden sich für eine andere – als besonders anspruchsvoll geltende – Variante von Kooperation, die viele Menschen immer wieder verblüfft: die Tätigkeit von Blindenhunden. Zumeist wird angenommen, daß ausschließlich intensivstes, hartes Trainig der Grund ist, warum diese Hunde ihre blinden Besitzer zielsicher über Straßen und durch Menschenmassen in Bahnhöfen oder Einkaufszentren geleiten, vor Ampeln haltmachen, in Aufzüge finden, Hindernissen ausweichen und wissen, in welche U-Bahn man ein- und wo man wieder aussteigt. Kurz, man denkt, Blindenhunde sind einfach perfekt abgerichtet, und nur dies sei das Geheimnis ihrer beachtlichen Leistungen. Ein konventioneller Hund dagegen, so der Umkehrschluß, würde dies niemals zustande bringen.

Doch untersucht wurde die Frage, wie Hunde sehbehinderte Menschen tatsächlich durchs Leben führen, bislang nicht. Ein Team der ungarischen Forscher wollte diesem Phänomen deshalb auf den Grund gehen: Wie kooperieren Blindenhunde eigentlich mit ihren Besitzern?

Die Experten verglichen ungarische mit britischen Blindenhunden. Denn zwischen den beiden Ländern bestehen erhebliche Unterschiede in der Ausbildung. Die Forscher engagierten einen Kameramann und begleiteten blinde und stark sehbehinderte Menschen auf ihren Wegen mit den Hunden. Beobachtet wurde, wie die Paare Hindernissen auswichen, Treppen stiegen, wann sie langsamer wurden oder das Tempo steigerten. Besonderes Augenmerk wurde zudem darauf gelegt, von wem die Initiative für welche Aktion ausging – vom Hund oder vom Menschen. Üblicherweise wird vorausgesetzt, daß die speziell auf die Führung behinderter Personen gedrillten Tiere dank ihrer Schulung den Weg bestimmen, fast wie eine Art biologisches Navigationssystem.

Doch genau dies war nicht der Fall, wie die Wissenschaftler bemerkten: Anders als erwartet, ergänzten Mensch und Hund einander bei der Bewältigung des Großstadtdschungels. Manche Manöver wurden dabei eher von den Tieren initiiert, manche vorzugsweise von den Menschen: Während letztere etwa meist den Anstoß zum Starten, Stoppen oder Drehen gaben, waren die Hunde vorzugsweise für das Umgehen von Hindernissen zuständig. Die Forscher erklärten: »Lange Zeit wurde angenommen, daß Blindenhunde bloße Reiz-Reaktions-Werkzeuge sind, die in bestimmten Situationen spezielle Aktionen setzen sollen.« Dieser Überzeugung zufolge wäre das Können »dieser Hunde im Regelfall auf Konditionierung beschränkt, die beste Leitung gewährleisten soll. Doch die Studien zeigten, daß das Führen einer blinden Person eine fundamental kooperative Aufgabe ist, bei der beide Individuen eine wichtige Rolle spielen.«

Besonders interessant fanden die Forscher, daß es nur eine marginale Rolle spielte, ob Hunde in Ungarn oder England ausgebildet worden waren: Trotz der verschiedenen Trainingsmethoden verhielten sich die Tiere sehr ähnlich, wenn sie ihre Besitzer durch die Stadt leiteten.

Dies brachte die Wissenschaftler auf einen weiteren Gedanken, den sie ebenfalls im Rahmen eines Experiments überprüften. Diesmal verglichen sie Blindenhunde mit gewöhnlichen Haustieren. Sie wollten wissen: Wie würden sich diese »Laien« im Gegensatz zu den »Profis« unter den Hunden anstellen, wenn sie plötzlich ihre Besitzer führen sollten?

Die Ungarn schufen für diese Studie einen Parcours aus künstlichen Barrieren: Sie errichteten unter anderem Stufen, Ziegelreihen, ein Tor und eine Leiter aus Plastik und leichtem Holz. Nachdem Hunde und Herrchen mit dem Hürdenlauf vertraut gemacht worden waren, startete das Experiment: Den Menschen wurden die Augen verbunden, dann sollten sie gemeinsam mit ihren Hunden die Hindernisse bewältigen. Als Fehler wurde gewertet, wenn die beiden gegen eines der Objekte liefen oder komplett vom Kurs abkamen.

Das Ergebnis dieses Versuchs war auch für die Wissenschaftler überraschend, denn die Unterschiede zu den professionell trainierten Hunden waren weitaus geringer, als man vermuten würde: Zwar machten die echten Blindenhunde weniger Fehler und geleiteten ihre Besitzer schneller durch den Hindernisparcours – doch generell erwiesen sich auch die völlig ungeschulten Haustiere als recht zuverlässige Blindenführer.

Anscheinend muß man dem Hund gewisse Dinge nicht mehr gesondert beibringen, weil sie schlicht und einfach von vornherein in ihm vorhanden sind: zum Beispiel die Bereitschaft und Fähigkeit zur Kooperation mit dem Menschen und zur Abstimmung des eigenen Verhaltens auf das seine – wobei Handlungen quasi in beiderseitigem »Einvernehmen« durchgeführt werden, wie die Tatsache zeigte, daß beide Partner Initiativen zu bestimmten Aktionen setzten. Man braucht den Hund demnach nicht speziell darauf zu trimmen, den Menschen kooperativ zu unterstützen, weil er dies einfach von Natur aus tut, weil er gewissermaßen auf Teamarbeit mit dem Menschen gepolt ist. Training kann Leistungen naturgemäß verbessern und perfektionieren, doch die Ursache oder Voraussetzung für dieses Verhalten ist es ganz offensichtlich nicht.

Die Forscher in Budapest leiteten daraus eine für die Beziehung von Mensch und Hund wesentliche Vermutung ab:

»Die Basisfähigkeit, zu kooperieren, hat eine erbliche Grundlage, da auch unerfahrene Hunde bewiesen, daß sie führen konnten. Wir glauben, daß der Erfolg beim Führungshundetraining in großem Ausmaß auf der angeborenen kooperativen Fähigkeit des Hundes fußt.« Die Teambildung scheint damit schlicht ein prinzipielles Wesensmerkmal des Hundes zu sein.

Übertragen auf alltägliche Situationen, könnten diese Erkenntnisse zum Teil auch die oft bemerkenswerte Harmonie zwischen Mensch und Hund erhellen: Warum bleiben viele Hunde von selbst an der Kreuzug stehen, obwohl ihnen das nicht extra antrainiert wurde? Wieso weichen gar nicht so wenige Hunde Laternenpfählen aus, umgehen sie auf der richtigen Seite und verhindern dadurch, daß man sich mit der Leine verheddert? Vielleicht tatsächlich deshalb, weil sie den Menschen beobachten, von ihm lernen, sich ihm anpassen und mit ihm kooperieren. Und vielleicht beruht all dies viel weniger auf gezielten Lektionen, als man gemeinhin vermuten möchte. Viele dieser Verhaltensmuster dürften eher »automatisch« entstehen, mit der Zeit gleichsam reifen – und die artüberschreitenden Partner sind immer besser aufeinander eingespielt.

Wie sich diese Synchronisation entwickelt, wurde ebenfalls in einer Studie untersucht. Die Ungarn benutzten dazu eine Software, die vom isländischen Unternehmen PatternVision vertrieben wird. Dieses Softwarepaket namens »Theme« erlaubt es, mit Hilfe spezieller Algorithmen komplexe Verhaltensabläufe zu analysieren und die zeitliche Struktur immer wiederkehrender Handlungen herauszufiltern. Das Ergebnis sind typische Handlungsmuster, sogenannte »T-Patterns«. Derart lassen sich unter anderem bestimmende Elemente von Kooperationen unter die Lupe nehmen – beispielsweise das Zusammenspiel einer Fußballmannschaft. Dabei wurde gezeigt, daß Teams, bei denen ein sehr strukturiertes Spielverhalten in bezug auf solche T-Patterns festgestellt wurde, von professionellen Trainern auch als bessere Spieler eingestuft wurden.

Die Ethologen in Budapest wollten mit der »Theme«-Software ermitteln, ob sich auch bei der Kooperation von Menschen und Hunden markante Muster ergeben. Dazu mußten sich sieben Hundebesitzer mit ihren Tieren einer merkwürdig klingenden Aufgabe stellen: Mensch und Hund sollten gemeinsam einen Turm bauen.

Es gab 24 Spielzeugbausteine in acht Größen und in verschiedenen Farben. Sinn der Übung war, die Bauklötze von einer Stelle in einem Raum zu einer anderen zu transportieren, um dort den Turm errichten zu können. Dabei schufen die Forscher drei aufeinanderfolgende Situationen: Zuerst trug der Hundebesitzer die Bausteine selbst von einem Punkt zum andern, während der Hund zusah. Dann durfte der Mensch den Hund ermuntern, ihn zu unterstützen – also ebenfalls ein Klötzchen aufzuklauben und am Zielort wieder abzusetzen. In der dritten Episode durfte der Besitzer selbst nichts mehr anfassen: Statt dessen sollte er den Hund dazu motivieren, durchs Zimmer zu laufen und einen Baustein nach dem anderen zu holen. Die Analyse dieser Situationen mit der Computersoftware sollte verraten, wie sich die Kooperation gestaltete.

Tatsächlich konnten Handlungsmuster identifiziert werden, die immer wiederkehrten und noch dazu mit der Zeit an Komplexität gewannen. Ein Beispiel für eine solche Handlungseinheit: Der Hund nimmt mit dem Maul einen Baustein auf. Die digitale Technik erlaubte die Ermittlung von im Schnitt 218 solcher Aktivitäten im Verlauf des Turmbaus, wobei 83 Prozent davon interaktiv waren – also ein Zusammenwirken von Mensch und Hund repräsentierten.

Die Auswertung zeige, so die Forscher, »daß während der kooperativen Interaktionen eine gegenseitige Abhängigkeit zwischen Hunden und Menschen besteht, was bedeutet, daß sich ihr Verhalten in hochgradig komplexen T-Patterns organisiert«. Dabei würden sich viele zielorientierte – auf die örtliche Verlegung der Bausteine ausgerichtete – Aktionen spontan zu solchen T-Patterns formen: Aus losen, zunächst gewissermaßen probeweise ausgeführten Handlungen wurden mit der Zeit geübtere, geschmeidigere, gleichsam ritualisierte Tätigkeiten, die einer Art Rhythmus folgten. Es werde, befanden die Forscher, eine »Zweiweg-Kommunikation in Gang gesetzt, und dieser Austausch hält über eine Serie von Aktionen an. Diese Tendenz zu gemeinsamer Koordination deutet darauf hin, daß die Bildung von T-Patterns zur erfolgreichen Erfüllung einer Aufgabe beiträgt.« Man könne angesichts dieser Daten jedenfalls durchaus davon ausgehen, »daß Hunde eine natürliche Neigung besitzen, ihr Verhalten in einer Art und Weise zu organisieren, die kompatibel mit dem Verhalten ihrer menschlichen Partner ist«.

Die Wissenschaftler spannen den Gedanken noch weiter: Um ein harmonisches, funktionierendes Zusammenspiel zu gewährleisten, müsse naturgemäß »jede Partei bereit sein, Information bereitzustellen und solche des jeweils anderen zu akzeptieren«. Doch wie machen die beiden das eigentlich? Wie gelingt es Hunden, sich mit dem Menschen auszutauschen, Informationen von ihm zu beziehen, diese zu deuten und angemessen darauf zu reagieren? Kurz: Auf welche Weise kommuniziert der Hund mit dem Menschen?

Inzwischen konnte man vor allem eine spezielle Form der Kommunikation sehr ausführlich studieren, und es liegen solide Daten darüber vor, daß Hunde in dieser Disziplin wahre Meister sind – und selbst Primaten wie Schimpansen darin eindeutig übertreffen, was den Schluß zuläßt: Der Hund versteht Dinge, die sonst nur der Mensch begreift.

Fast ein Mensch

Man nehme zum Beispiel: zwei Blumentöpfe aus Plastik, braun, 15 Zentimeter hoch, 15 Zentimeter Durchmesser. Man stelle sie in einem Abstand von einem Meter auf und lege sie mit Stoff aus, damit das Geräusch eines hineinfallenden Gegenstands gedämpft werde. Man plaziere heimlich ein Stück Wurst in einem der beiden Behältnisse, stelle sich selbst in die Mitte zwischen die Blumentöpfe und setze einen Hund in ungefähr zwei Meter Distanz davor. Dann hebe man eine Hand und deute auf den Topf, in welchem das Futter versteckt ist. Gleichzeitig wende man auch Kopf und Blick dorthin.

Was passiert, sobald der Hund nach dem Futter suchen darf, hat in den vergangenen Jahren für einiges Aufsehen in der Fachwelt gesorgt und selbst die üblicherweise nüchtern denkenden Wissenschaftler zu ziemlich enthusiastischen Kommentaren verleitet: »Hat der Hund menschenähnliche soziale Fähigkeiten?« betitelten Brian Hare und Michael Tomasello vom Leipziger Max-Planck-Institut für evolutionäre Anthropologie im September 2005 eine Zusammenschau dieser Studien. »Der Hund kann Dinge, von denen man bisher angenommen hat, das ist es, was den Menschen ausmacht«, sagt Juliane Kaminski, eine Kollegin von Hare und Tomasello. Und das britische Wissenschaftsmagazin *New Scientist* widmete dem Thema gleich eine Titelgeschichte und textete: »almost human« – »beinahe menschlich«.

Eine der ersten dieser Studien, welche die Fachwelt bis heute faszinieren, erschien 1998. Hare beobachtete damals jene beiden Hunde, mit denen er auch das Phänomen Aufmerksamkeit untersuchte: seine eigene Mischlingshündin Daisy und einen zwölfjährigen Labrador namens Oreo. Hare pflanzte einen der Hunde mitten ins Zimmer und stellte ein paar Gefäße rund um ihn auf, wobei nur in einem davon Hundekekse versteckt waren. Dann nahm er verschiedene

Körperstellungen ein, um Oreo oder Daisy anzuzeigen, in welchem Topf sich die Kekse befanden: In einem Fall deutete er mit dem Finger auf den korrekten Behälter und ließ zugleich Kopf und Blick permanent zwischen Topf und Hund hin und her wandern. Ein anderes Signal bestand darin, daß Hare auf die Zeigegeste mit der Hand verzichtete und nur mit Kopf und Augen auf das richtige Gefäß verwies.

Des weiteren spielte er verschiedene Varianten des Zeigens durch, um das Verständnis der Geste zu erschweren: Wenn sich etwa der gefüllte Topf links von ihm befand, benutzte er nicht die linke Hand, sondern die rechte, und deutete damit quer über seinen Körper nach links. Ein andermal fiel der Hinweis noch dezenter aus: Hare behielt die Hand vor seinem Körper und zeigte bloß mit dem Finger in die richtige Richtung. Dann ließ er die Zeigegesten überhaupt weg und beabsichtigte, den Hunden den Weg dadurch zu weisen, daß er lediglich auf den korrekten Behälter blickte. Eine Steigerungsstufe bestand schließlich darin, daß er den Topf ebenfalls mit den Augen anvisierte, zugleich jedoch einen Schritt in die entgegengesetzte Richtung machte – sich also vom Zielobjekt entfernte. In einer anderen Studie kehrte er dies in gewisser Weise um: Er stellte sich näher zum Topf, in dem sich das Futter befand, und informierte den Hund derart durch seine Körperposition.

Im Lauf der Jahre wurde in den verschiedensten Untersuchungen eine Vielzahl von Abwandlungen solcher Gesten ausprobiert (siehe Graphik 18, Seite 243). Ein Team der ungarischen Forscher um Ádám Miklósi und Vilmos Csányi ließ sich fast ein Dutzend Spielarten einfallen. Die Basisversion bestand stets im »normalen« Zeigen: Man stand in der Mitte zwischen zwei Blumentöpfen, hob eine Hand, zeigte auf eines der beiden Objekte, ließ sie anschließend wieder sinken. Beim »umgekehrten Zeigen« dagegen war der Arm bereits ausgestreckt, wenn der Hund hinschauen durfte, und

Graphik 18 Die Zeigegesten
Grundsätzlich geht es bei diesen Experimenten darum, daß ein Forscher auf einen von zwei Behältern deutet, in dem sich Futter befindet. Dabei kommen mehrere Formen des Zeigens zum Einsatz: einfaches Zeigen, indem man die Hand hebt und wieder sinken läßt (A); die Hand ist bereits ausgestreckt und wird dann wieder zum Körper geführt (B); Zeigen mit einem Stock (C, D); der Ellbogen ist erhoben, der Finger weist jedoch in die Gegenrichtung (E); Zeigen mit dem Ellbogen (F); Zeigegeste quer über den Körper (G); die Hand bleibt beim Zeigen mit Hand und Finger vor dem Körper (H).

dieser sah nur, wie der Mensch den Arm wieder zum Körper führte. Beim »elbow pointing« wurde statt des Fingers der Ellbogen benutzt. »Long cross pointing« hieß, daß der Arm quer über den Körper gehalten und, wie bei Hare, die rechte Hand nach links wies. »Elbow cross pointing« war besonders hinterhältig und bedeutete, den Ellbogen zu heben, mit dem Finger aber in die entgegengesetzte Richtung zu deuten. Und beim »far pointing« stand der Forscher näher beim leeren Topf und zeigte auf den weiter entfernten, in dem sich das Futter befand. Außerdem verwendeten die Wissenschaftler in einigen Situationen einen Stock und deuteten damit auf die Blumentöpfe.

Freilich waren nicht alle diese teils verwirrenden Gesten für die Hunde gleich gut verständlich. Mit dem Stock beispielsweise konnten sie nicht viel anfangen – vermutlich, weil damit im täglichen Leben kaum auf etwas gedeutet wird. Und die Version »elbow cross pointing«, bei der erhobener Ellbogen und Zeigefinger in entgegengesetzte Richtungen wiesen, schien schlicht zu kompliziert zu sein.

Dennoch belegen die vielen inzwischen zu diesem Thema durchgeführten Studien einen Umstand sehr klar: Hunde sind ganz eindeutig in der Lage, menschliche Gesten des Zeigens zu verstehen und völlig korrekt zu interpretieren. Sie schaffen es, zwischen der Fingerspitze und einem Gegenstand, auf den diese weist, eine Verbindung herzustellen und daraus die Information abzuleiten, daß ihnen der Mensch etwas mitteilen möchte – eben zum Beispiel, wo ein Stück Wurst versteckt ist. Und das ist eindeutig eine Form der Kommunikation: Ein Individuum lenkt die Aufmerksamkeit eines anderen Individuums auf einen Ort, ein Objekt oder ein Geschehen, und das andere weiß, was damit gemeint ist. Die beiden Individuen teilen ihre Aufmerksamkeit mit Hilfe kommunikativer Signale.

Hare und seine Kollegen urteilten: »Es besteht kein Zweifel, daß Hunde und Menschen lernen können, effektiv miteinander zu kommunizieren.« Miklósi und seine Kollegen meinten: »Hunde zeigen sehr verläßliche Reaktionen auf menschliche Zeigegesten. Wir würden nachdrücklich argumentieren, daß Hunde in der Lage sind, menschliches Zeigen als hinweisende Geste aufzufassen.«

Die Vielzahl der Studien zu dieser Form von Kommunikation verrät inzwischen auch einige Details darüber, wie Hunde welche Botschaften verstehen. Man weiß, daß der ausgestreckte Arm ein besonders wichtiges Signal sein dürfte; daß die Bewegung des Arms dagegen eine untergeordnete Rolle spielt; daß Hand und Zeigefinger von hoher Bedeutung sind; daß Hunde der Körperposition des Menschen – also etwa seiner Nähe zu einem bestimmten Ort – je nach Situation unterschiedliche Bedeutung beimessen, sie vor allem dann als Hinweis verwenden, wenn sonst gar keine Gesten vermittelt werden; daß die Zeigegeste gegenüber dem Informationswert der Körperposition jedoch zumeist überwiegt, wenn sie eindeutig genug ist: Wenn also der Mensch nahe an einem Behälter steht und auf den entfernteren deutet, laufen Hunde üblicherweise zum letzteren, was darauf schließen läßt, daß Zeigen ein sehr starkes Signal für Hunde ist und daß sie sich bis zu einem gewissen Grad auch von widersprüchlichen Informationen nicht irritieren lassen. Allerdings bewegen sie sich dann eher zum falschen Topf, wenn sich der Mensch näher bei diesem Behälter befindet und zugleich eine sehr dezente oder schwierige Zeigegeste wählt.

Überdies weiß man, daß, wieder einmal, die Rasse keinen Einfluß auf die Leistung hat; daß auch Übung offenbar nicht von Relevanz ist: Oreo hatte einiges Training im Aufspüren von Objekten, Daisy hingegen war diesbezüglich völlig unerfahren. Dennoch, so Hare, seien beide »ziemlich gleich gut darin, Zeigen und Blickrichtung des Menschen zu nutzen«.

Außerdem ist mittlerweile evident, daß Hunde Fingerzeige nicht nur verstehen, sondern auch in hohem Maß auf die Zuverlässigkeit dieser Hinweise vertrauen, sich darauf verlassen, daß ihnen der Mensch quasi die »Wahrheit« sagt. Und zwar bis zu einem gewissen Grad sogar dann, wenn die Geste der eigenen Wahrnehmung widerspricht. Die Ungarn überprüften dies, indem sie eine Gruppe von Hunden mit einander zuwiderlaufenden Informationen versorgten. In Konflikt gebracht wurden in diesem Fall kommunikative Gesten des Menschen und der sprichwörtlich phänomenale Geruchssinn des Hundes. Welcher Quelle würden die Hunde Glauben schenken?

Für das Experiment wurden neuerlich die beiden braunen Blumentöpfe aus dem Regal geholt. Hatten die Forscher bei den vorherigen Untersuchungen peinlich genau darauf geachtet, daß keinerlei olfaktorische Einflüsse die Ergebnisse verzerren konnten, waren diesmal Geruchsbotschaften ausdrücklich erwünscht: Die Hunde sollten vor die Situation gestellt werden, sich zwischen zwei Hinweisen entscheiden zu müssen. Als Belohnung wurde deshalb intensiv duftende ungarische Salami verwendet. Beim ersten Test gab es die Qual der Wahl noch nicht: In einem Topf lag die Wurst, der andere war leer. Die Forscher mischten sich nicht ein und ließen die Hunde den Happen einfach erschnüffeln.

Bei Test Nummer zwei war zusätzlich einer der Forscher involviert. Er zeigte jedoch auf den leeren Behälter, so daß die Hunde diese Information gegen Geruchshinweise abwägen mußten. Erstaunlicherweise liefen die meisten zum leeren Topf, weshalb die Experten feststellten: »Der olfaktorische Hinweis war nicht genug, um die Tendenz zu überwiegen, menschlichen Gesten zu folgen. Im Falle widersprüchlicher Hinweise bevorzugen es Hunde, sich auf kommunikative Signale des Menschen zu verlassen.« Die Wissenschaftler gaben der Studie den Titel: »Wenn Hunde ihre Nase zu verlieren scheinen«. Womit freilich gemeint war, daß ihre Bereitschaft, dem Menschen zu vertrauen, derart ausgeprägt sein dürfte, daß sie sogar ihr ausgezeichnetes Riechvermögen mißachten.

Erst wenn die Diskrepanz zwischen eigenen Sinneseindrücken und Hinweisen des Menschen zu kraß ausfiel, ließen sich die Hunde nicht mehr in die Irre leiten: Sobald sie zusätzlich beobachten konnten, wie die Salami in den Topf gelegt wurde – bei den vorherigen Versuchen war den Hunden beim Verstecken der Salami die Sicht versperrt worden – und demnach in der Lage waren, den richtigen Ort zu sehen und zugleich zu erriechen, ignorierten sie den auf den falschen Behälter weisenden Zeigefinger. In den Worten der Forscher: »Wenn sie sehen können, wo das Futter deponiert wurde, zögern sie eher, in die falsche Richtung zu gehen, in welche der Mensch deutet.«

Abgesehen von dieser speziellen Situation, in der es gewissermaßen zwei zu eins gegen die verwirrenden Signale des Menschen stand, konstatierten die Wissenschaftler: »Zeigegesten sind eine der verläßlichsten Informationsquellen für Hunde. Ein ähnlicher Trend konnte bis zu einem gewissen Ausmaß unter Kleinkindern beobachtet werden. Kinder in diesem Alter – und Hunde allgemein – hängen in hohem Maß von jener Information ab, die von den Eltern respektive den Menschen vermittelt wird.« Die Forscher gelangten zur »Annahme, daß sich beim Hund Verhaltensmerkmale ausgeprägt haben, die mit denen des Menschen vergleichbar sind«. Man könne sicherlich davon ausgehen, daß Hunde »in der Lage sind, absichtlich eine Kommunikation mit ihren Besitzern einzugehen«.

Detailerhebungen liegen heute jedoch nicht nur zu den verschiedenen Formen von Zeigegesten vor, sondern auch zur noch dezenteren Variante kommunikativer Hinweise: zur Bedeutung der Blickrichtung. Brian Hare und Michael Tomasello hatten diesen Faktor in ihrer Studie an Daisy und Oreo gemeinsam mit den Fingerzeigen untersucht. Sie hatten herausgefunden, daß es entscheidend war, ob dem Hund nur die Orientierung der Augen als Informationsquelle zur Verfügung stand oder ob zugleich der ganze Kopf in eine bestimmte Richtung deutete. Im zweiten Fall verstanden die

Hunde die Botschaft vorzüglich. Der Blick allein genügte indes kaum – stellt also für eine Mehrheit der Hunde ein anscheinend zu schwaches Signal dar. Allerdings merkten die Forscher um Hare und Tomasello dezidert an, daß dies tatsächlich ein »sehr subtiler Hinweis« sei und daß selbst menschliche Kinder bis zu einem Alter von etwa 18 Monaten Probleme damit hätten.

Gerade weil die Kommunikation mit den Augen eine besonders feine und typisch menschliche Mitteilungsform ist, befaßten sich die ungarischen Forscher in einer separaten Studie mit der Frage, welche Blicke Hunde tatsächlich verstehen – daß der Augenkontakt eine Schlüsselfunktion für die Verständigung von Mensch und Hund hat und daß Hunde mit den Augen auch ihre Aufmerksamkeit bevorzugt auf den menschlichen Gefährten richten, konnte ja bereits eindrucksvoll unter Beweis gestellt werden. Doch nun sollte zusätzlich zwischen Nuancen von Blicken unterschieden werden.

Dazu wurde eine Versuchsanordnung gewählt, die ursprünglich für Tests an Schimpansen entwickelt worden war. Denn ein Ziel war, die beiden Tierarten auch miteinander vergleichen zu können. Es gab drei Arten von Hinweisen auf Futter, das in einem der üblichen zwei Blumentöpfe versteckt war: Bei Version eins wandte einer der Forscher seinen Kopf zum gefüllten Behälter und richtete auch seinen Blick exakt dorthin. Version zwei war fast identisch, jedoch mit dem feinen, aber entscheidenden Unterschied, daß die Augen nicht den Blumentopf selbst fixierten, sondern irgendeine Stelle am Plafond des Zimmers – der Forscher blickte also über das Ziel hinaus. Seine Kopfhaltung war indes dieselbe. In der dritten Situation hielt er den Kopf ruhig und fixierte bloß den Topf.

Die 14 Hunde dieser Studie steuerten bei Version eins zielsicher auf den Futterbehälter zu, während sie mit den beiden anderen Hinweisen wenig anfangen konnten: Da lag ihre

Leistung bloß bei der Zufallswahrscheinlichkeit. Als einst Schimpansen vor der gleichen Aufgabe standen, fiel das Resultat anders aus: Sie verstanden zwei der Hinweise gleich gut. Ob die Menschen nun den Futtertopf direkt anblickten oder darüber hinweg – in beiden Fällen war ihnen ziemlich klar, zu welchem Behälter sie dirigiert werden sollten.

Ein Indiz dafür, daß Schimpansen Blicke des Menschen präziser lesen als Hunde? Ganz im Gegenteil, glauben die Budapester Ethologen: Während die Primaten den hauchfeinen, aber nach humanen Maßstäben wichtigen Unterschied zwischen den beiden Zielrichtungen des Blicks offenbar nicht wahrnehmen, scheint den Hunden völlig klar gewesen zu sein, daß es nicht die gleiche Bedeutung hat, ob jemand auf einen Gegenstand schaut oder darüber hinweg. Erst mit zunehmender Zahl der Versuche folgten auch die Hunde diesem – eigentlich »unkorrekten« – Hinweis, was wohl neuerlich ihre Lernbereitschaft unterstreicht.

Die dritte Situation, in der bloß die Augen auf den Topf gerichtet waren, der Kopf jedoch nicht, war im übrigen weder für Hunde noch für Schimpansen einleuchtend. Dies deckte sich auch mit Hares Beobachtungen an Oreo und Daisy.

Die Ungarn sind jedenfalls sicher, daß Hunde menschliche Gesten auf einem »höheren Niveau« erfassen. Die Leistungen der Hunde seien, anders als jene der Schimpansen, mit denen von etwa dreijährigen Kindern vergleichbar: »Insgesamt scheint es, daß das Verhalten der Hunde in der Testsituation jenem von Kindern ähnelt.«

Erstaunlich genug, könnte man meinen, daß Hunde in dieser Hinsicht überhaupt an den nächsten Verwandten des Menschen, den Schimpansen, heranreichen. Noch verblüffender ist aber sicherlich, daß sie bestimmte und typisch menschliche Formen kommunikativen Austauschs sogar noch besser verstehen. Inzwischen wurde eine Vielzahl von Varianten des Zeigens und Blickens an Primaten getestet. Die Studien sind zwar oft nur schwer vergleichbar, weil diverse Forschergruppen unterschiedliche Szenarien entwickelten und mitunter sehr individuelle Gesten verwendeten – denn zumeist arbeiteten sie unabhängig voneinander, verfolgten jeweils eigene Ziele und hatten ursprünglich häufig auch nicht die Absicht, ihre Arbeiten mit denen der Kollegen abzugleichen, weshalb auch die heute verfügbaren Daten nicht immer konsistent sind. Doch einige Erkenntnisse lassen sich trotzdem daraus ableiten.

Markante Unterschiede im Verständnis von Zeigegesten und Blickhinweisen fallen vor allem dann auf, wenn man diese Signale in zwei Kategorien einteilt: Die eine kann im wesentlichen mit der Fähigkeit beschrieben werden, den Blicken anderer zu folgen. Die zweite besteht in der – in den vorherigen Studien untersuchten – Kompetenz, sich von einem anderen durch Fingerzeige und mitunter zudem durch die Blickrichtung darüber informieren zu lassen, an welcher von zwei oder mehreren möglichen Stellen sich Futter oder ein bestimmter Gegenstand befindet. In der Fachsprache wird dies »object choice task« genannt.

Man weiß heute, daß viele Primaten die erste Fähigkeit bravourös beherrschen, solange eben nicht eine Wahl zwischen mehreren möglichen Zielorten gefragt ist: Sie folgen sehr zuverlässig dem Blick von Artgenossen und auch jenem eines Menschen. Bei Schimpansen wurde dies längst bewiesen, und auch Makaken oder Rhesusaffen wurden diesbezüglich positiv getestet. Letztere folgen Blicken vielfach ab dem sechsten Lebensmonat. Menschliche Kinder würden ebenfalls im Alter von sechs Monaten beginnen, in dieselbe Richtung zu blicken wie andere Menschen, berichtet der in Schottland arbeitende Primatenforscher Juan-Carlos Gómez in einem Überblicksartikel solcher Studien. Ein rudimentäres Erkennen und Unterscheiden von Blicken sei allerdings schon bei

Neugeborenen feststellbar – etwa in bezug darauf, ob der Blick auf sie oder in eine andere Richtung gewandt ist. Ganz anders fällt die Leistung von Primaten bei der Aufgabe »object choice« aus: Während sie Blicken mehr oder minder problemlos folgen können, so Gómez, »finden sie es unerwartet schwer, Blicke als Hinweis auf versteckte Objekte zu nutzen. Die meisten Primaten versagen, wenn sie Blicke oder sogar Zeigegesten dazu gebrauchen sollen.« Zum Vergleich erwähnt Gómez auch in diesem Kontext, daß Kinder derartige Probleme ungefähr ab dem dritten Lebensjahr lösen. Dann spannt Gómez den Bogen zu Hunden: »Im Gegensatz zu Primaten bewähren sich Hunde exzellent in solchen Situationen.« Sehr genau und verläßlich würden sie dem Blick und dem Zeigefinger des Menschen folgen.

Freilich konnten die Forscher bei den Primaten – ähnlich wie bei Hunden – im Lauf der Jahre viele Nuancen bezüglich der Leistung und der Reaktion feststellen. So schien Schimpansen durchaus einzuleuchten, was der Mensch ihnen mit dem Zeigefinger mitteilen wollte, wenn Fingerspitze und angezeigtes Objekt nicht mehr als 20 Zentimeter voneinander entfernt waren. Bei größeren Distanzen ließ sie ihr Können jedoch fast immer im Stich – anders als Hunde, denen es offenbar mehrheitlich gelingt, auch über größere Strecken eine Art »virtuelle« Verbindung zwischen dem Finger und dem damit indizierten Gegenstand herzustellen. Weiterhin wurden bei bestimmten Zeigegesten unterschiedliche Leistungsniveaus bei Rhesusaffen und Kapuzineräffchen eruiert. Und mit besonders komplexen Gesten wie dem bereits beschriebenen »elbow cross pointing« waren Schimpansen und Hunde gleichermaßen überfordert.

Trotz aller Feinheiten ergebe sich unterm Strich ein ziemlich klares Bild in bezug auf das Verständnis von Zeigegesten, faßten Hare und drei seiner Kollegen in einem Thesenpapier zu diesem Thema zusammen: »Seltsamerweise schneiden Schimpansen und andere Primaten bei diesen Aufgaben armselig ab, und jene, die letztlich gute Leistungen erbringen, benötigen üblicherweise Dutzende Versuche oder noch mehr, um das zu lernen.« Ganz im Gegensatz zu Hunden: »Viele Hunde sind dabei sehr begabt, und es konnten in den Experimenten keine Lerneffekte beobachtet werden.« Soll heißen: Auch dieses Können ist beim Hund offenbar von vornherein gegeben, und man muß sie ihm nicht eigens anlernen. Überdies seien diese Fähigkeiten bei Hunden »flexibler und möglicherweise menschenähnlicher als bei anderen Tieren, die näher mit dem Menschen verwandt sind, wie Schimpansen und Bonobos«.

Nun drängt sich naturgemäß die Frage auf: Warum verstehen gerade Hunde gewisse Formen menschlicher Kommunikation so viel besser?

Warum sie einander verstehen

Daß sich die Forscher derart intensiv mit diesen Fragen befassen, hat einen guten Grund. Denn daß Tiere solche Begabungen überhaupt besitzen, ist eine eher junge Erkenntnis. Noch vor rund einem Jahrzehnt habe man gedacht, so Juan-Carlos Gómez, sie gehörten zu den rein menschlichen Eigenschaften. Seit geraumer Zeit werden nun die verschiedensten Erklärungsmodelle für die auf diesem Gebiet herausragenden Leistungen von Hunden diskutiert.

Ein Ansatz geht von folgender Überlegung aus: Einem anderen Lebewesen einen Tip zu geben, wo zum Beispiel Futter versteckt liegt, ist prinzipiell eine altruistische Handlung. Der »Informant« selbst hat nichts davon, sondern verhilft einem anderen zu einem Vorteil. Im Umkehrschluß könnte man annehmen, daß nur solche Individuen derartige Hinweise verstehen, die auch selbst eine gewisse altruistische

Veranlagung haben. Allgemeiner gesagt: Der Knackpunkt ist die Bereitschaft zur Kooperation. Daß Hunde in hohem Ausmaß auch und vor allem mit einer im Grunde fremden Art, dem Menschen, kooperieren, konnte mittlerweile zur Genüge gezeigt werden. Schimpansen dagegen sind grundsätzlich kompetitiv veranlagt und vorwiegend auf den eigenen Vorteil bedacht. Im Oktober 2005 wurde eine Studie über 18 dieser Tiere aus Texas und Louisiana veröffentlicht, die bei Experimenten darüber entscheiden konnten, ob sie das erhaltene Futter selbst fraßen oder auch ihren Artgenossen davon abgaben. Die Forscher von der University of California gelangten zum Ergebnis, daß Schimpansen Empathie und Besorgnis über das leibliche Wohl von Artgenossen weitgehend fremd sei. Einen Widerspruch zu dem Umstand, daß viele Primaten den Blicken anderer folgen, stellt dies nicht dar: Denn im Gegensatz zur auf Kooperation fußenden Bereitwilligkeit, andere auf eine Futterstelle hinzuweisen, kann dabei durchaus die egoistische Eigenschaft zum Tragen kommen, jemanden zu beobachten oder sogar zu kontrollieren – damit einem selbst bloß nichts entgeht, was womöglich von Vorteil sein könnte.

Allerdings hat die Theorie der Gegenpole Kooperation versus Konkurrenz einen Haken: Denn Wölfe sind ebenfalls äußerst kooperative Tiere. Müßten sie dann Signale menschlicher Kommunikation nicht ebenso gut verstehen wie Hunde? Die inzwischen zahlreichen Vergleiche zwischen Wölfen und Hunden zeigen jedoch, daß genau dies nicht der Fall ist: Die Haustiere sind ihren wilden Verwandten in dieser Disziplin bei weitem überlegen. Umgekehrt zeigte eine Studie an einem Seehund, daß sogar dieser durchaus gewisse Kompetenz im Verständnis von Zeigegesten bewies. Und Seehunde gelten nicht gerade als sonderlich kooperativ gesinnte Zeitgenossen. »Zur Zeit sieht es danach aus, daß das Erfassen von Zeigegesten nicht durch einen einzigen Faktor erklärt werden kann«, konstatierten Ádám Miklósi und seine Kollegin Krisztina Soproni in einem 2005 erschienenen Vergleich solcher Kommunikationsformen bei verschiedenen Tierarten.

Die Leipziger Verhaltensforscher um Brian Hare und Michael Tomasello stellten in einem ebenfalls 2005 publizierten Thesenpapier drei mögliche Theorien zur Diskussion – von denen sie allerdings zwei alsbald wieder ausschlossen.

Der erste Erklärungsansatz ging von einer gemeinsamen Sozialisation von Mensch und Hund aus: Das permanente gesellschaftliche Zusammenleben würde Hunde »kultivieren« und allmählich immer empfänglicher für humane Formen kommunikativen Ausdrucks machen. Die ungewöhnlichen kognitiven Fähigkeiten würden dieser Annahme zufolge im Verlauf eines Hundelebens entstehen, weil der Hund durch den engen Kontakt mit »seinen« Menschen immer besser begreift, in welcher Weise sich diese ihm mitteilen.

Tatsächlich konnten Indizien gefunden werden, welche dieses Modell zu stützen schienen. In einer ihrer eigenen Studien war den Leipzigern ein beachtlicher Unterschied aufgefallen. Ziel des Experiments war ebenfalls die Frage gewesen, wie gut Hunde Hinweise auf verstecktes Futter verstehen. In diesem Fall hatten jedoch nicht nur Menschen die Informationen geliefert, sondern auch Hunde: Man wollte überprüfen, ob Artgenossen einander ebenfalls mit Tips versorgen. Die Botschaften von Hund zu Hund wurden dadurch vermittelt, daß ein Tier näher am gefüllten als am leeren Behälter stand oder daß es Körper und Blick auf den Topf mit dem Futter richtete – was dadurch bewerkstelligt wurde, daß der »Informanten«-Hund das Verstecken des Futters hatte beobachten können und bloß durch die Leine daran gehindert wurde, es sich selbst zu schnappen. Ein zweiter Hund konnte sich dann an Körperposition oder Blickrichtung seines Artgenossen orientieren.

Die Forscher bemerkten bei der Auswertung des Experiments, daß ein erst sechs Monate alter Hund ausschließlich in der Lage war, sich an seine Hundefreunde zu halten, während die beiden ältesten Tiere in dieser Studie nur mit Hinweisen der Menschen zurecht kamen. Ein Beweis dafür, daß die Fähigkeit, mit Menschen zu kommunizieren, im Lauf der Jahre heranreift?

Argumente für diese These könnten auf den ersten Blick auch Beobachtungen von anderen Tierarten liefern: beispielsweise der Umstand, daß Primaten, die intensiven Kontakt mit Menschen haben, auch mehr mit menschlichen Gesten anfangen als solche ohne derartige Vorgeschichte. Und auch bei Delphinen konnte herausgefunden werden, daß sie gewissen Signalen des Menschen folgen – freilich handelte es sich um Tiere, die von ihren menschlichen Betreuern permanent umsorgt worden waren.

Insgesamt sprechen jedoch zu viele Fakten gegen die These der »Kultivierung«. Abgesehen von den drei Hunden in der frühen Studie von Hare deuten alle Daten darauf hin, daß das Alter eben keine Rolle zu spielen scheint: Heute weiß man zum Beispiel, daß selbst Welpen, die erst wenige Wochen alt sind und praktisch gerade erst die Augen aufgemacht haben, genau verstehen dürften, was ihnen der Mensch mit seinem Zeigefinger mitteilen möchte. »Bei Welpen scheint das genauso gut zu klappen«, berichtet Juliane Kaminski über eine solche Studie an gerade mal sechs Wochen alten Tieren. Und wie auch in anderen Bereichen zeigten Vergleiche zwischen Hunden und mit größter Sorgfalt sozialisierten Wölfen, daß letztere trotz engster Kontakte mit Menschen in dieser Hinsicht nie das Niveau ihrer domestizierten Verwandten erreichen.

Hypothese Nummer zwei kommt aus demselben Grund nicht in Frage: Man könnte zwar angesichts der prinzipiell hohen Sozialkompetenz von Hunden und Wölfen zur Annahme gelangen, daß auch Wölfe entsprechende kommunikative Talente besitzen müßten. Schließlich leben sie in bestens organisierten Rudeln und beherrschen eine diffizile Aufgabenteilung, die etwa bei der Jagd praktiziert wird. In Hunden könnten diese Fähigkeiten schlicht fortleben, wenn auch auf den menschlichen Partner fokussiert. Dieser Gedankenkette zufolge wäre der Hund gewissermaßen ein »Wolf im Hundepelz«, wie es Hare und seine Kollegen formulieren, und die Grundlagen dafür müßten schon im Wolf schlummern. Doch wieder sprechen genau jene Vergleichsstudien, in denen Hunde und Wölfe mit Zeigegesten konfrontiert wurden, gegen diese Erklärung.

Wie man es auch dreht und wendet: Hunde verstehen, was ihnen der Mensch mit seinen typischen Ausdrucksweisen, mit seiner Mimik und Gestik, sagen möchte, während Schimpansen und Wölfe eindeutig Übersetzungsschwierigkeiten haben – erstere trotz ihrer engen Verwandtschaft zum Menschen, letztere trotz beinahe genetischer Identität mit dem Hund und trotz prinzipiell exzellenter sozialer Veranlagung (siehe Graphik 19, Seite 257).

Auf eine simple Formel gebracht: Zwei biologisch verschiedenere Arten sind einander in bezug auf gemeinsame Formen der Kommunikation und hinsichtlich ihrer Möglichkeiten, sich miteinander zu »unterhalten«, ähnlicher als zwei näher verwandte; Mensch und Hund harmonieren besser als Mensch und Schimpanse sowie, in gewissen Belangen jedenfalls, als Hund und Wolf.

Warum?

Die dritte Theorie, die Hare und Tomasello in ihrem Thesenpapier präsentierten, bestand in einem Erklärungsansatz, der bereits für verschiedenste Phänomene der Beziehung von Hund und Mensch herangezogen wurde – als wahrscheinliche Ursache für die mit Kleinkindern vergleichbare Anhänglich-

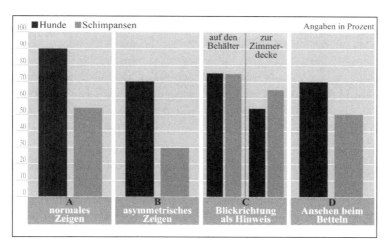

Graphik 19 Hunde und Primaten im Vergleich
Die Graphiken stellen Ergebnisse von Studien mit Zeigegesten an Hunden und Schimpansen gegenüber. Die Leiste am linken Rand der Graphiken gibt die jeweiligen Erfolgsraten in Prozent an, stellt also dar, in wieviel Prozent der Versuche die Tiere zum Beispiel bei ihrer Wahl eines von zwei möglichen Futterbehältern richtig lagen. Hier werden vier Arten von Studien miteinander verglichen:
Graphik A: Der Forscher steht in der Mitte zwischen zwei Behältern und deutet auf den mit Futter gefüllten.
Graphik B: Der Forscher steht näher beim leeren Behälter und zeigt auf den gefüllten.
Graphik C: Hier geht es um die Bedeutung der Blickrichtung: links die Ergebnisse, wenn der Forscher direkt auf den gefüllten Behälter sieht; rechts die Resultate, wenn er darüber hinwegblickt. Man könnte meinen, hier hätten die Schimpansen besser abgeschnitten. Doch das Gegenteil ist der Fall: Sie merken den feinen Unterschied zwischen den Blickrichtungen offenbar nicht und verhalten sich bei beiden Experimenten annähernd gleich. Hunde dagegen registrieren dies sehr genau und verstehen den Blick des Forschers vor allem dann als Hinweis, wenn er direkt auf den Behälter sieht.
Graphik D: Dies sind Ergebnisse von »Bettelexperimenten«: Wenn Hunde beim Betteln um Futter zwischen zwei Personen wählen können, von denen nur eine sie ansieht, so wählen sie mehrheitlich diese. Für Schimpansen spielt die unterschiedliche Aufmerksamkeit des Menschen anscheinend keine Rolle.

keit und die enorme Aufmerksamkeit ebenso wie als möglicher Grund für die besonderen kognitiven Talente im sozialen Bereich und sogar als denkbarer Hintergrund für Änderungen spezieller Gehirnareale: Nach Ausschluß anderer Hypothesen, so Hare und Tomasello, bleibe die Variante, »daß die sozialen Fähigkeiten während des Prozesses der Domestikation entstanden, das heißt, in den Tausenden Jahren, in denen unsere beiden Spezies nun schon zusammenleben«.

Der Anschluß des Hundes an die humane Gesellschaft, sein Wechsel in die ökologische Nische des Menschen, verbunden mit genetischem Wandel, hätte demnach soziale Kompetenzen begünstigt und ausgeprägt, die auf ein perfektes Verständnis von Mensch und Hund und eine möglichst effiziente Kommunikation der beiden abgestimmt sind. Nahezu alle vorliegenden Studienergebnisse, bekräftigten die Leipziger Forscher ihre Überzeugung, »bestätigen die Wahrscheinlichkeit, daß sich die ungewöhnliche Fähigkeit des Hundes, soziale und kommunikative Verhaltensweisen des Menschen zu verstehen, im Zuge der Domestikation entwickelte«. Das einzigartige Beispiel dieser artübergreifenden Partnerschaft symbolisiere sogar eine »konvergente« Evolution: Mensch und Hund hätten einander ergänzt, nach und nach hätten sich bei den beiden ähnliche, der möglichst reibungslosen Koexistenz dienende Verhaltensmerkmale gebildet. In seinem neuen »Lebensraum«, der Welt des Menschen, hätte der Hund diese Fähigkeiten auch gebraucht, »um mit dem Menschen so bequem wie möglich interagieren zu können«. Er hat sich also im Lauf der Zeit schlicht zu seinem eigenen Vorteil angepaßt und entsprechenden Profit daraus gezogen. Was uns heute oft so erstaunt, wenn wir beobachten, wie gut uns Hunde zu verstehen scheinen und wie sehr sie ihr Benehmen nach dem unseren ausrichten, ist dieser Ansicht zufolge ein durchaus logischer und notwendiger Lernprozeß.

Die ungarischen Verhaltensforscher um Ádám Miklósi, die sonst häufig auf die Bedeutung der Domestikation verweisen, sind in diesem Kontext ein wenig zögerlicher – und stellen zumindest in Frage, ob die Domestizierung als alleinige Erklärung für das besondere Kommunikationstalent des Hundes ausreicht. Denn zum einen könne nicht ignoriert werden, daß nichtdomestizierte Tiere wie Delphine und Seehunde – wenn auch nur nach einigem Training – ebenfalls ein gewisses Verständnis von Zeigegesten hätten. Zum anderen gebe es selbst unter Haustieren erhebliche Unterschiede in bezug auf die Auffassungsgabe solcher Signale. Während zum Beispiel bei Ziegen bereits festgestellt wurde, daß sie Blicken und bis zu einem bestimmten Grad auch Fingerzeigen zu verstecktem Futter folgen, fällt die Leistung von Pferden bei denselben Aufgaben ziemlich kläglich aus.

Verwundern mag in dem Zusammenhang, daß bisher zwar alle möglichen Tiere mit Hunden verglichen wurden – bloß eines nicht, nämlich der zweite wichtige Hausgenosse des Menschen: die Katze, die aktuellen Schätzungen zufolge seit 8000 bis 10 000 Jahren an dessen Seite lebt. Im April 2004 beispielsweise berichteten französische Forscher vom Fund des Skeletts einer Wildkatze in einem Grab auf Zypern. Die Gebeine lagen nur 40 Zentimeter von jenen eines Menschen enfernt. Das jungsteinzeitliche Dorf, in dem die Grabstätte entdeckt wurde, war vor rund 10 000 Jahren bewohnt. Es sei erstaunlich, schrieben die Budapester in einer 2005 publizierten Studie, doch es gebe tatsächlich keine einzige Untersuchung, die Hunde und Katzen direkt gegenüberstelle. Die Bemerkung bildete zugleich den Auftakt zum ersten Versuch, dieses Manko zu beheben: Fünf der ungarischen Forscher ermittelten in zwei Experimenten, wie gut Hunde im Vergleich zu Katzen mit Menschen kommunizieren.

Für den ersten Teil der Studie wählten Miklósi und seine Kollegen den klassischen »object choice task«: Sie konfrontierten Hunde und Katzen mit verschiedenen Zeigegesten, um ihnen derart den Weg zu einem von zwei Behältern zu weisen, wobei wie immer in nur einem davon Futter versteckt war. Sie fanden heraus, daß Katzen die Hinweise dann am besten verstanden, wenn die Distanz zwischen Fingerspitze und Gefäß nicht größer war als 20 Zentimeter. Sie taten sich dagegen schwerer, wenn die Entfernung 70 oder 80 Zentimeter betrug. Bei Hunden spielte dieser Abstand keine Rolle. Außerdem genügten den Hunden kurze, flüchtige Gesten, während Katzen längere und deutlichere Botschaften brauchten. Dennoch: Signifikant im wissenschaftlichen Sinne waren die Leistungsunterschiede nicht.

Anders fiel das Ergebnis im zweiten Teil der Studie aus. Dafür inszenierten die Forscher eine Situation, welche sie schon für einen ihrer Vergleiche von Hunden mit in menschlicher Obhut aufgewachsenen Wölfen benutzt hatten und die auf der Frage basierte: Wie verhalten sich verschiedene Tierarten, wenn sie mit einem unlösbaren Problem konfrontiert werden? Dabei geht es zwar nicht unmittelbar um die Aufnahme kommunikativer Nachrichten, aber um eine Grundvoraussetzung dafür – um das Anbahnen von Kommunikation, gleichsam um die Bereitschaft und das Vermögen, die eigenen Antennen auf Empfang auszurichten. Zur Erinnerung: Bei Wölfen, egal wie innig ihr Kontakt zum Menschen gewesen war, hatte sich gezeigt, daß sie fast unablässig probierten, das Problem zu lösen. Hunde indes hatten ihre eigenen Bemühungen rasch eingestellt, sich zum Menschen umgedreht und ihn einfach angestarrt, als wollten sie ihm sagen: »Mach das für mich.«

Nun wollte Miklósi wissen, wie Katzen unter solchen Bedingungen reagieren. Die Forscher legten Futter in eine Butterdose und banden diese mit einer Schnur an einem kleinen Hocker fest. Nachdem die Katzen kapiert hatten, wie man sich die Happen aus der Dose krallt, wurde ihnen, wie einst

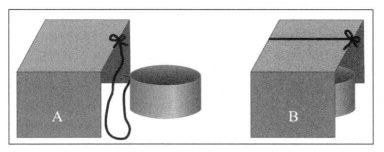

Graphik 20   Das Katzenexperiment
Die unlösbare Aufgabe für Katzen: In einer Butterdose, die mit einer Schnur an einen Hocker gebunden wurde, deponierten die Forscher Futter (A). Dann wurde die Dose so unter dem Hocker festgezurrt, daß die Katzen nicht daran gelangen konnten (B).

den Wölfen, in einem zweiten Schritt unmöglich gemacht, heranzukommen: Die Dose wurde mit der Schnur so unter dem Hocker festgezurrt, daß alle Anstrengungen vergeblich waren (siehe Graphik 20). Da eine Gruppe von Hunden ebenfalls mit dieser Aufgabe konfrontiert wurde, konnten die Experten das Verhalten der beiden Tierarten im direkten Vergleich beobachten.

Bei den Hunden gab es keine Überraschung: Sie mühten sich nicht lange ab, sondern blickten bald und ausdauernd zu ihren Besitzern, ließen den Blick zwischen diesen und dem unzugänglichen Behälter wandern und vermittelten derart recht unmißverständlich, was sie von ihren Herrchen erwarteten. Bei den Katzen fielen diese Aufforderungen deutlich dezenter aus. Wie die Wölfe versuchten sie über längere Phasen, das Problem zunächst selbst zu lösen, blickten später und für kürzere Perioden auf ihre Halter. Während die Hunde zudem ihre Hilfegesuche vorzugsweise an ihre jeweiligen Besitzer adressierten, unterschieden die Katzen kaum zwischen ihren Besitzern und einem ebenfalls im Raum anwesenden Wissenschaftler. Wieder einmal zeigte sich: Hunde stechen dadurch hervor, daß sie ihre Aufmerksamkeit, ihre Bemühungen um Kontakt und Beistand rasch und selektiv an bestimmte Menschen richten.

Nun hat man also Vergleichsdaten über die beiden wichtigsten Begleiter des Menschen vorliegen; beide sind früh domestizierte Tiere, die ihr Leben zumeist im menschlichen Haushalt verbringen; und doch scheinen sie sich zumindest in gewissen Belangen hinsichtlich ihrer Beziehung zum Menschen zu unterscheiden. Was mag die Ursache sein? Vielleicht der Umstand, daß viele Katzenbesitzer anders mit ihren Haustieren umgehen als Hundehalter? Daß es nach traditioneller Meinung »Katzentypen« gibt, die gerade Wert auf die »eigenständige Persönlichkeit«, den »eigensinnigen Charakter« von Katzen legen, während »Hundetypen« die bedingungslose Treue und Zuneigung von Hunden schätzen? Und daß diese divergierende Haltung der jeweiligen Tierliebhaber auf lange Sicht auch das Wesen ihrer vierbeinigen Genossen prägt? Miklósi und seine Kollegen versuchten freilich, mögliche Auswirkungen solcher Persönlichkeitsunterschiede in Grenzen zu halten, indem sie in ihre Studie Tierhalter einbezogen, die sowohl Hunde als auch Katzen besaßen.

Oder erklärt der Faktor Domestikation allein – obwohl kaum ein Wissenschafter dessen hohen Einfluß in Zweifel zieht – doch noch nicht alles? Womöglich kommt es nicht nur darauf an, daß man ein Tier domestiziert, sondern sehr wohl auch darauf, welches man wählt. Die Debatte entspann sich bereits am Beispiel der zahmen Füchse in Sibirien: Genügt es, irgendeinem Lebewesen die Nähe der menschlichen Gesellschaft zu gestatten, und Anpassung und »Kultivierung« stellen sich mit der Zeit, wie beiläufig, ganz von selbst ein? Oder hat es einen guten Grund, daß ausgerechnet Mensch und Wolf zum Team wurden, weil ihre Sozialsysteme grundsätzlich harmonierten und sozusagen nur noch der Feinschliff, ein artübergreifendes Nachjustieren, nötig war? Was die Unterschiede zwischen Hunden und Katzen betrifft, wäre dies nicht ganz unlogisch: Die Vorfahren der Hauskatze, in der Sprache der Biologen *Felis catus*, sind tendenziell einsame, auf sich selbst angewiesene Jäger – im Gegensatz zum hochsozialen Rudeltier Wolf.

Einig sind sich die Ethologen in Budapest und Leipzig jedenfalls darin, daß weitere Studien erforderlich sind, um dieses Thema zu vertiefen – und um auch andere Rätsel zu lösen: So wird zur Zeit diskutiert, auf welchem kognitiven Niveau Hunde Blicke und Zeigegesten verarbeiten. Diese Frage stellte sich schon im Zusammenhang mit der hohen Aufmerksamkeit des Hundes gegenüber dem Menschen, und bei der Interpretation kommunikativer Botschaften tritt sie neuerlich auf: Handelt es sich um ein »echtes«, abstraktes Verständnis, ähnlich jenem des Menschen, oder registriert der Hund nicht mehr als ein bloßes Signal in Form einer Handbewegung, das ihn einfach und eher mechanisch dazu verleitet, sich in eine bestimmte Richtung zu wenden? So könnte man mit ausgestrecktem Zeigefinger auf einen Gegenstand deuten und derart den Blick auf diesen lenken wollen. Doch genau dieselbe Handhaltung – erhobene Hand mit ausgestrecktem Zeigefinger – könnte man einnehmen, wenn man lediglich auf die Uhr sieht. »Einer Geste zu folgen heißt noch nicht, daß echtes Verständnis vorliegt und Intentionen richtig interpretiert werden«, sagt die Leipziger Forscherin Juliane Kaminski. »Intention ist eben etwas sehr Menschliches.« Der Umstand, daß Hunde nicht nur in immer gleicher Weise ausgeführte Gesten verstehen, sondern auch mit abgewandelten und für sie neuen Formen vielfach zurechtkommen, deute allerdings zumindest auf ein gewisses generelles Grundverständnis hin. »Es gibt schon Anzeichen dafür, daß es über bloße Hinweise hinausgeht«, meint Kaminski.

Dennoch: Sicher weiß man vorläufig vor allem, daß Hunde verstehen, was ihnen der Mensch mit seinen Händen und seinen Augen mitteilen will; daß sie dabei Schimpansen eindeutig überlegen sind; daß ihre Fähigkeiten jene von Wölfen klar übersteigen; daß schon Welpen diese Gabe besitzen und sie nicht erst erlernen müssen.

Und noch eines weiß man mittlerweile: daß die Kommunikation zwischen Mensch und Hund keine Einbahnstraße ist. Hunde können Nachrichten des Menschen nicht nur empfangen, sondern ihm ihrerseits welche zukommen lassen – und auch der Mensch begreift, was sein Hund ihm sagen will. Die beiden benutzen offensichtlich in beide Richtungen funktionierende, kompatible Formen der Verständigung. Es seien, wie es die Wissenschaftler ausdrücken, »Verhaltensanalogien zwischen Menschen und Hunden entstanden«.

Die ungarischen Forscher suchten zehn Hundebesitzer zu Hause auf. Sie wiesen die Leute an, ihren Tieren drei Tage lang aus braunen Plastikgefäßen zu fressen zu geben. Die Hunde sollten sich an die Behälter gewöhnen und diese mit Futter in Verbindung bringen. Am eigentlichen Experiment waren zwei Personen beteiligt: der Hundehalter und ein »Verstekker«. Diese Rolle übernahm ein Bekannter des jeweiligen Hundehalters oder ein Familienmitglied. Der Test lief in drei Etappen ab: Zu Beginn befand sich der Hund mit seinem Besitzer, der in einem Buch las, in einem Zimmer der Wohnung. Nach einer Minute verließ der Besitzer den Raum, und der »Versteckuer« trat ein. Er zeigte dem Hund ein Stück Futter, legte es in einen braunen Topf und stellte diesen, für den Hund selbst unerreichbar, auf ein Bücherregal. Zwei andere Behälter, die jedoch leer waren, deponierte er ebenfalls an verschiedenen Orten im Regal. Danach endete der Auftritt des »Versteckers«, und der Besitzer kehrte zurück – ahnungslos, in welchem der drei Töpfe das Futter wohl sein könnte.

Genau darüber sollte ihn sein Hund informieren.

Was die Wissenschaftler herausfinden wollten, war, »welche Verhaltensstrategien die Hunde bei der Kommunikation anwenden«. Jedenfalls mußten sie, um ans Futter zu gelangen, »geeignete Signale aussenden, und die Menschen mußten in der Lage sein, diese Botschaften zu verstehen«. Die Hunde benutzten mehrere Strategien: Sie leckten sich das Maul und begannen mit intensivem Schnüffeln, sobald der Besitzer im Zimmer war. Sie bellten abwechselnd den Besitzer und den Topf an. Sie blickten wechselweise auf ihren Besitzer und auf den Behälter. Die Forscher hielten fest: »Wir glauben, daß Hunde sowohl Signale verwenden, um Aufmerksamkeit zu erregen, als auch solche, um eine Richtung anzuzeigen.«

Letztlich gelang es sämtlichen Besitzern, die Nachrichten ihrer Hunde richtig zu interpretieren, und alle Besitzer lokalisierten den Behälter mit dem Futter, wurden also von ihren Tieren zuverlässig instruiert. »Unsere Ergebnisse zeigen«, folgerten die Wissenschaftler, »daß Hunde in der Lage sind, ihren Besitzern den Ort mitzuteilen, an dem Futter versteckt ist.« Die Experten glauben an ein durchaus komplexes System der Benachrichtung: Darauf deute die gezielt eingesetzte Choreographie aus Bellen, Blicken und Blickwechseln hin. Der Erwerb dieser »höheren Kommunikationsfähigkeit« im Zuge der gemeinsamen Geschichte mit dem menschlichen Partner, argumentierten die Ungarn, ermögliche dem Hund heute einen »Informationsaustausch mit dem Menschen«. Und dies sei eindeutig ein Selektionsvorteil – eine effiziente Strategie für ein komfortables Leben in der humanen Gesellschaft.

Weitere Studien zeigen, daß der Hund darüber hinaus sogar ein meisterliches Verständnis für die ureigenste Form menschlicher Kommunikation haben dürfte: für die Sprache.

Der Sprachführer

Fast alle Hundebesitzer beteuern, daß ihre Hunde aufs Wort hören und genau verstehen, was man zu ihnen sagt. Doch wie weit reicht das Sprachtalent des Hundes wirklich? Erste Studien zeigen: Die Konversation scheint zu klappen.

Die Geschichte begann mit einer medizinischen Komplikation. Bordercollie »Rico«, im Dezember 1994 zur Welt gekommen, war neun Monate alt, als er sich einer Schulteroperation unterziehen mußte. Gut drei Monate lang durfte seine Besitzerin, die Deutsche Susanne Baus, Rico kaum Bewegung gönnen und mußte ihn stets an der Leine führen. Für Bordercollies kommt dies einer Tortur gleich: Sie gelten als agil, arbeitswillig und gelehrig und werden häufig als Hüte- oder Rettungshunde eingesetzt. Ständige Unterforderung läuft ihrer Natur völlig zuwider und kann mitunter in Aggressivität münden.

Als Ausgleich zur eingeschränkten körperlichen Betätigung sorgte Baus für geistige Aktivität: Sie ersann ein Spiel. Sie wählte drei Gegenstände aus, nannte sie in Ricos Gegenwart mehrfach beim Namen und plazierte sie an verschiedenen Stellen der Wohnung. Dann fragte sie zum Beispiel: »Rico, wo ist der Schlumpf?« Rico hatte rasch kapiert, was seine Besitzerin von ihm wollte, und trabte los. Wenn er tatsächlich den Schlumpf anschleppte, gab es eine Belohnung.

Bald kannte Rico auch den Schneemann, die Stoffraupe, den Nikolaus, das Pony, den Waschbären, das Küken, den Drachen, das Kotelett aus Plastik. Mit der Zeit merkte er sich immer mehr Namen: Baus zeigte ihm eine Spielzeugfigur nach der anderen, und zumeist genügte es, zwei- oder dreimal zu sagen, wie sie hieß, damit Rico den Namen behielt. Nach zehn Jahren Training hätte er theoretisch einen ganzen Spielzeugladen sortieren können: Da kannte er rund 260 Figuren und Stofftiere. Und er war zu diesem Zeitpunkt bereits ein Medienstar – ähnlich wie knapp 80 Jahre zuvor sein amerikanischer Artgenosse »Fellow«, von dem berichtet worden war, daß er ebenfalls Hunderte Begriffe verstünde.

Juliane Kaminski sah Rico bei *Wetten, daß ...?*. Die Verhaltensforscherin am Leipziger Max-Planck-Institut für evolutionäre Anthropologie war zunächst davon überzeugt, daß das Fernsehpublikum hinters Licht geführt wurde und daß der Hund heimlich Hinweise von seiner Besitzerin bekam. Denn Kaminski hielt es für ausgeschlossen, daß sich selbst bekanntermaßen kluge Tiere wie Bordercollies eine derart goße Zahl an Begriffen merken können. Kaminski und ihre Kollegin Julia Fischer schlugen Susanne Baus vor, Ricos Fähigkeiten unter den strengen Bedingungen eines wissenschaftlichen Experiments zu prüfen. Baus war einverstanden.

Die Wissenschaftler packten 200 Spielsachen zusammen und ordneten sie zu Grüppchen von jeweils zehn Stück. Dann verteilten sie die Gegenstände eines dieser Sets im Zimmer und erstellten eine Liste ihrer Bezeichnungen in willkürlicher Reihenfolge. Baus mußte die Namen aufsagen – allerdings aus dem Nebenraum: Um zu verhindern, daß sie dem Hund Geheimbotschaften zukommen lassen könnte, wurde sie räumlich von ihm getrennt. Als Rico die Spielsachen einsammelte, konnte er weder seine Besitzerin noch die Forscher sehen, mußte sich also tatsächlich einzig auf die gesprochenen Bezeichnungen der Objekte verlassen. Er blamierte sein Frauchen nicht: Bis auf wenige Ausnahmen brachte er immer die korrekten Gegenstände. So traf er beispielsweise bei einer Testreihe in 37 von 40 Fällen ins Schwarze.

Soweit konnte erst einmal bestätigt werden, daß Rico wirklich über ein fabelhaftes Gedächtnis verfügt, eindeutig ein Verständnis für Wörter besitzt und eine erstaunliche Vielzahl von Begriffen auseinanderhalten kann. Doch die Wissenschaftler gaben sich damit noch nicht zufrieden. In einem zweiten Experiment erhöhten sie den Anspruch: Sie führten zehn völlig neue Objekte ein, die Rico noch nie gesehen hatte und deren Namen er folglich auch nicht kannte. Sie vermischten die neuen Spielsachen mit jenen, mit denen Rico bereits vertraut war. Dann starteten sie den Test erneut, wobei sie pro Durchgang immer nur eines der neuen Dinge unter eine Auswahl der alten schummelten. Zuerst schickten sie den Hund zu ein paar bekannten Gegenständen, danach konfrontierten sie ihn mit einem neuen, ihm unbekannten Namen. Und tatsächlich apportierte er in sieben von zehn Fällen das gewünschte Spielzeug, obwohl er dessen Bezeichnung noch nie gehört hatte.

Nun war die große Frage: Wie war das möglich? Wie konnte Rico wissen, was er bringen sollte? Kaminski und Fischer glauben, daß Rico über eine Begabung verfügt, von der traditionell angenommen wurde, daß nur Menschen sie besitzen, weil sie nach gängiger Vorstellung ursächlich an den Erwerb von Sprache gebunden ist. Diese Fähigkeit wird »fast mapping« genannt, zu deutsch »schnelles Zuordnen«. Das Gehirn muß dabei im Ausschlußverfahren arbeiten, und zwar am Beispiel von Ricos Aufgabe etwa in Form folgender Gedankenkette: »Der soeben genannte Begriff paßt zu keinem Spielzeug, das ich schon kenne, also bleibt nur noch die Möglichkeit, daß ich jenes Objekt holen soll, das mir neu ist.«

Das jedoch ist genau die Methode, mit der auch Kinder ihren Wortschatz bilden, die sich ab dem zweiten Lebensjahr rund zehn Wörter pro Tag aneignen: Sie erfassen die Bedeutung neuer Dinge nicht nur direkt und nicht ausschließlich durch explizite Erläuterungen, sondern auch indirekt durch »fast mapping«. Allmählich speichert das Gedächtnis immer mehr Wörter, und auf diese Weise wächst das Repertoire an bekannten Begriffen – auch ohne gezieltes Pauken.

Und nun zeigte sich, daß ein Hundegehirn offensichtlich nach genau demselben Prinzip funktionieren kann. Vier Wochen, nachdem Rico die neuen Spielsachen zum ersten Mal gesehen hatte, überprüften die Forscher, ob er sich deren Namen gemerkt hatte – und stellten fest, daß er die Hälfte davon eindeutig wiedererkannte. Diese Gedächtnisleistung sei zwar nicht perfekt, urteilten Fischer und Kaminski, entspreche aber immerhin dem Niveau eines dreijährigen Kindes.

Mit Konditionierung und bloßer Dressur ist Ricos Talent nicht erklärbar. Daß er nach dem Ausschlußverfahren vorgehe, so die Expertinnen, zeuge von einer »eigenständigen Transferleistung und kann als einsichtiges Verhalten bezeichnet werden«. Das Ergebnis der Studie, die 2004 im Fachblatt *Science* erschien, macht es laut Kaminski außerdem erforderlich, einstige Annahmen über die Auffassung von Sprache grundsätzlich zu überdenken: Lange sei man sicher gewesen, ein Individuum müsse Sprache erst einmal selbst produzieren können, um auch ein Verständnis dafür aufzubringen. Das Rico-Experiment deute indes darauf hin, daß dies womöglich gar nicht zutreffe – und daß es sich vielleicht keineswegs um eine exklusiv menschliche Fähigkeit handle, sondern um eine, die weiter in der Tierwelt verbreitet ist als bisher vermutet.

Nun wäre es theoretisch denkbar, daß es sich bei Rico um einen Einzelfall, um ein unter Hunden singuläres Talent handelt. Oder sollten womöglich alle Hunde eine solche Sprachbegabung besitzen, und man müßte sie nur aktivieren und fördern, wie Susanne Baus dies tat? Kaminski kann darauf nur aufgrund ihrer persönlichen Erfahrungen antworten:

»Es gibt schon auch andere Hunde, die ähnliches können«, berichtet Kaminski. »Aber es waren bisher immer nur Bordercollies. Wir haben sonst noch keine Rasse gefunden, die das könnte.«

Was Rico zuwege bringt, mag besonders eindrucksvoll sein – für menschliche Sprache grundsätzlich empfänglich zu sein setzt allerdings nicht gleich die präzise Identifizierung von mehr als 200 Begriffen inklusive Erkennung fremder Wörter nach dem Ausschlußprinzip voraus. Vermutlich würden auch nicht einmal die überschwenglichsten Hundebesitzer behaupten, ein mit Rico vergleichbares Sprachgenie im Haushalt zu haben. Dennoch sind praktisch alle davon überzeugt, daß Hunde sehr sensibel auf Sprache reagieren; daß Hunde buchstäblich »aufs Wort hören«; daß man mit ihnen »reden« kann; daß sie »wissen«, was der Mensch ihnen sagen will.

Doch wie überprüft man diese Annahmen nach wissenschaftlichen Kriterien? Hunde kann man naturgemäß nicht fragen, welche Äußerungen des Menschen sie verstehen und welche Bedeutung diese für sie haben. Vorläufig ist die Zahl der Studien, die auf die Untersuchung der Sprachkommunikation zwischen Mensch und Hund abzielen, relativ begrenzt, und Rico darf in zweifacher Hinsicht als Ausnahme gelten: zum einen aufgrund seiner außergewöhnlichen Begabung und speziellen Vorgeschichte, zum anderen aufgrund des für heutige Verhältnisse eher unüblichen Umstands, daß es sich um Experimente mit einem einzelnen Tier handelt – und somit nicht um für die Spezies Hund repräsentative Daten.

Dennoch gibt es einige Versuche, die verbale Verständigung zwischen Mensch und Hund zu erforschen. Einige dieser Studien zielen auf den Umstand ab, daß Hunde zunächst Erfahrung mit der Sprache benötigen, um ein Verständnis dafür entwickeln zu können. Diese Arbeiten setzen sozusagen am oberen Ende der Leine an und erörtern die Frage: Was reden Menschen eigentlich mit ihren Hunden?

Das Hundelexikon

Bekanntlich haben Menschen eine mitunter wundersame Neigung, sich mit allem möglichen zu unterhalten: nicht nur mit Hunden, Hamstern und Wellensittichen, sondern sogar mit Computern oder Autos, die sie vorzugsweise beschimpfen, wenn diese streiken. Die Konversation mit Haustieren erinnert oft an die Art und Weise, wie Mütter auf Kleinkinder einreden. Mit Vorliebe werden lediglich einzelne Wörter oder Satzbrocken benutzt, die aus selten mehr als fünf Begriffen bestehen. Und diese »Babysprache« ist in hohem Maß repetitiv: Die Äußerungen oder zumindest Teile davon werden ständig wiederholt, was etwa in Form von wortschleifenartig reproduzierten »Ja-wo-isser-denn«-Monologen geläufig ist.

Von dieser Alltagserfahrung gingen Robert W. Mitchell und Elizabeth Edmonson von der Eastern Kentucky University aus, als sie beschlossen, die Konversation von Menschen mit ihren Hunden zu studieren. Sie zeichneten nicht nur auf, was Hundebesitzer von sich geben, sondern wollten außerdem ein nur auf den ersten Blick banales Phänomen ergründen: Warum reden Menschen überhaupt mit Hunden?

Mitchell und Edmonson filmten mit einer Videokamera 23 Hundebesitzer beim Spiel mit ihren Tieren und werteten anschließend aus, was gesprochen worden war. Insgesamt registrierten sie mehr als 9000 Wörter – wobei immer wieder dieselben vorkamen, sich die Unterhaltung also tatsächlich als sehr repetitiv erwies. Die acht häufigsten Wörter, darunter »komm«, »hier« sowie der Name des jeweiligen Hundes, machten 53 Prozent der gesamten Konversation aus.

»Komm« war mit 13 Prozent das beliebteste Wort überhaupt. Wiederholungen wurden außerdem zumeist in dichter Abfolge ausgesprochen: Fast 43 Prozent der erfaßten Sätze oder Satzfragmente enthielten zumindest Teile der jeweils vorangegangenen Äußerung. Etwa: »Wo ist der Ball? Na, wo ist denn jetzt der Ball? Wo hast du jetzt den Ball gelassen?«

Aufschlußreich war aber vor allem, daß sich die Aussprüche in mehrere qualitative Kategorien einteilen ließen – und diese verrieten, was wohl keinem Hundebesitzer bewußt ist, wenn er seinen Hund gerade wieder mit einem Wortschwall überschüttet: nämlich das, was die Menschen mit ihren Sprüchen insgeheim wirklich bezwecken. Die prominenteste Gruppe enthielt, noch nicht sonderlich überraschend, Anweisungen verschiedenster Art. Dazu zählten jedoch auch Bemerkungen, welche die Forscher »als Fragen verkleidete Imperative« nannten: Der Mensch stellt dem Hund zwar eine Frage, in Wahrheit ist darin aber ein Befehl versteckt. Ein Beispiel dafür wäre: »Gibst du mir jetzt den Ball?« Die zweithäufigste Kategorie beinhaltete verbale Versuche, die Aufmerksamkeit des Hundes zu erregen (meist durch Rufen des Namens des Hundes), gefolgt von Feststellungen (»gut gemacht«; »du willst ja gar nicht spielen«) und echten Fragen.

Aber schon die Tatsache, daß all die Äußerungen bemerkenswert repetitiv waren, hielten Mitchell und Edmonson für erhellend: Diese Form der Konversation resultiere wohl aus der Hoffnung, das Tier werde letztlich die verbal permanent verstärkte Erwartungshaltung des Menschen erfüllen: den Ball bringen, ihn ablegen, Tauziehen spielen. Hauptsächlich verberge sich dahinter der Wunsch, das Tier zu kontrollieren, wie auch die vielen Befehle, »verkleideten« Imperative und Bemühungen um Aufmerksamkeit nahelegen würden.

Mitunter, wenn auch seltener, betrafen die Wörter vermutete Wünsche, Wahrnehmungen, Gedanken und Gefühle des Hundes. Deren Verbalisierung durch den Menschen stellt wahrscheinlich einen Versuch dar, sich in den vierbeinigen Partner hineinzuversetzen und dessen Bedürfnisse vorwegzunehmen (»jetzt bleibst du stehen?«; »du willst noch nicht nach Hause gehen?«). Mangels direkter Kommunikationsmöglichkeit käme es beim Menschen zur ständigen Bekräftigung eigener Annahmen durch Wiederholung, quasi zur Imagination eines Zwiegesprächs, in dem der Mensch automatisch beide Rollen einnimmt: Er redet sich also buchstäblich ein, daß er erkennt, was das Tier will, und erteilt sich gleich selbst die Bestätigung. Mitchell und Edmonson bezeichneten dies »Kreation des Gefühls einer effektiven Unterhaltung«. Bei der Kommunikation mit Kleinkindern seien sehr ähnliche Mechanismen zu beobachten.

Freilich wiesen die amerikanischen Wissenschaftler auch darauf hin, daß der kommunikative Austausch mit Hunden keineswegs nur eine Einbahnstraße ist: Haustiere »antworten« dem Menschen sehr wohl – wenn auch in Form von Handlungen, die sie setzen. Andere Untersuchungen befassen sich deshalb nicht nur damit, wie Menschen mit Hunden sprechen, sondern auch mit der Frage: Was kommt beim Hund an?

Die ungarischen Verhaltensforscher in Budapest wählten dazu einen Zugang, der jenem von Mitchell und Edmonson im Ansatz nicht unähnlich war. Sie wandten sich ebenfalls an die Hundebesitzer, und zwar mit Hilfe eines speziellen Fragebogens. Die Wissenschaftler suchten nach dem Grundvokabular, nach jenem Basislexikon, das eine Mehrheit der Hundehalter zur Kommunikation mit ihren Tieren benutzt – und sie konnten bald behaupten, daß sich die verbale Verständigung, anders als in einer isolierten Spielepisode, in ihrer Gesamtheit nicht bloß in Babysprache erschöpft.

Péter Pongrácz, Ádám Miklósi und Vilmos Csányi waren sich des prinzipiellen Dilemmas ihres Vorhabens wohl bewußt: Einerseits zweifelt niemand daran, daß Wörter und teils ganze Sätze zentrale Bedeutung für die Beziehung von Mensch und Hund haben, daß Hunde fähig sind, Kommandos zu befolgen und ihr Verhalten nach den Anweisungen ihrer Besitzer zu richten: »Hunde scheinen in der Lage zu sein, Informationen aus komplexen sozialen Situationen abzuleiten, die bei der Interaktion mit ihren menschlichen Gefährten auftreten«, eröffneten die drei Ethologen die Argumentationskette in ihrer Studie. Vielfach herrsche deshalb die Ansicht, »daß Hunde und ihre Besitzer ein perfektes Anschauungsbeispiel zur Untersuchung speziesübergreifender Kommunikation sind«. Für Hunde stellt dies nach Überzeugung der Experten einen »komplexen kognitiven Prozeß« dar, der sie in die Lage versetzt, ihr »Verhalten zu planen«.

Andererseits beruht die Beurteilung, ob der Hund etwas verstanden hat oder nicht, naturgemäß auf der subjektiven Einschätzung des Menschen. Hinzu kämen, so Pongrácz, Miklósi und Csányi, all die Anekdoten von Hundebesitzern zu diesem Thema, was »entsprechend problematisch in bezug auf die Aussagekraft« sei. Deshalb legten die Experten ihrer Arbeit folgende Ausgangsbasis zugrunde: Weil man nicht beweisen könne, in welchem Ausmaß der Hund menschliche Sprache wirklich versteht, wolle man eben erheben, welche Wörter und Sätze zu den von den Besitzern beabsichtigten Reaktionen des Hundes führen. Statt sich also mit dem Versuch, die Perspektive des Hundes einzunehmen, auf unsicheres Terrain zu wagen, wählten die Forscher den Blickwinkel des Menschen. Unter gewissen Voraussetzungen sollte auch diese Methode mehr erbringen als nur persönliche Urteile einzelner Hundeliebhaber. Denn wenn die Zahl der ermittelten Begriffe nur groß genug ist und bei vielen Hundebesitzern diesbezüglich Übereinstimmungen auftreten, müßte ein Muster, eine Systematik der verbalen Mensch-Hund-Kommunikation zutage treten – und es müßten sich die effizientesten und häufigsten Formen der »Unterhaltung« herausfiltern lassen, ein genereller Wortschatz, den Hundebesitzer bevorzugen und den zugleich Hunde der Meinung ihrer Halter zufolge beherrschen.

Die Ungarn befragten 37 Hundebesitzer aus Budapest und einigen Vororten im Alter zwischen 12 und 67 Jahren. Diese hielten insgesamt 40 Hunde, die vier Monate bis 13 Jahre alt waren. Die Breite der Stichprobe sollte unter anderem gewährleisten, potentielle Entwicklungen und Veränderungen der Kommunikation über längere Zeiträume – mit zunehmendem Alter der Menschen wie auch der Hunde – eruieren zu können.

Die Forscher wiesen die Teilnehmer ihrer Studie an, alle Ausdrücke und Sätze aufzuschreiben, die sie zur Kommunikation mit ihren Hunden benutzten. Außerdem sollten sie notieren, in welchen Situationen sie welche Begriffe verwendeten und wie sie die entsprechende Reaktion der Hunde beurteilten: ob diese die Anweisungen jedesmal unabhängig von der jeweiligen Situation befolgten, ob sie die Aktionen zwar zuverlässig, aber kontextabhängig ausführten oder ob sie nur gelegentlich adäquat reagierten.

Bald saßen die Wissenschaftler vor einer Fülle von Wörtern, Sätzen und Halbsätzen und mußten darangehen, Ordnung in die Aufzeichnungen zu bringen. Als sie nachgezählt hatten, stellten sie fest, daß den Hundebesitzern insgesamt 430 verschiedene Begriffe eingefallen waren. 238 davon kamen nur einmal vor, 192 mindestens zweimal. Sie gelangten zur Einschätzung, daß die Leute offenkundig nicht übertrieben und gar zu phänomenale Verstandesleistungen ihrer Tiere angegeben hatten – nicht einmal jene, die besonders viele Begriffe, 70 oder sogar noch mehr, genannt hatten.

Nach der Basisauswertung definierten Pongrácz, Miklósi und Csányi ebenfalls mehrere Kategorien verbaler Kommunikation. Es waren acht, und sie lauteten:

- Einladung oder Aufforderung; etwa »komm her!«.
- Verbot; zum Beispiel »nein!«, »hör auf!«, »ruhig!«.
- Positionsbefehl; Begriffe wie »sitz!«, »auf!«, »Platz!«.
- Objekt- oder personenbezogene Aktionen; beispielsweise »such den Ball!«.
- Erlaubnis: »Na los, schnapp dir den Keks!«, »lauf los!«.
- Informationsvermittlung; etwa wenn ein Bekannter vor der Tür steht: »Schau mal, da kommt Peter!«
- Fragen: »Was willst du?«, »wo ist die Karin?«.
- Singuläre Bemerkungen; ein Beispiel dafür wäre: »Zeig mir deine Augen!«

Somit war erst einmal das Feld sprachlicher Verständigung abgesteckt, und man hatte ein Kompendium jener Wörter und Phrasen vorliegen, eine Art gemeinsamen semantischen Nenner, auf dem die Kommunikation zwischen Mensch und Hund aufbaut. Natürlich sind die meisten Begriffe fast jedem Hundehalter vertraut. Doch nun, in der komprimierten Zusammenschau Hunderter Ausdrücke, konnte man Muster identifizieren und erkennen, daß es offenbar ein gemeinschaftliches Vokabular und gleichsam eine stille Übereinkunft unter einer hohen Zahl von Hundebesitzern bei dessen Benutzung gibt. Denn alle acht Kategorien erwiesen sich als ziemlich gebräuchlich, wobei Verbote, Positionsangaben sowie »objekt- oder personenbezogene Aktionen« am häufigsten verwendet wurden. Aber selbst die seltenste, die Kategorie »Fragen«, kam bei fast drei Vierteln der Hundebesitzer vor.

Außerdem zeigte sich, daß die Kommunikation keineswegs so simpel und starr verläuft, wie man vielleicht vermuten würde: Allein die Zahl der ermittelten Begriffsgruppen würde nahelegen, meinten die Forscher, daß sich der verbale Austausch mit Hunden nicht auf ein rigides Repertoire von Kommandos wie »sitz« oder »Platz« beschränkt – wenngleich es eine Art »Basis-Set« von einzelnen Wörtern für das Zusammenleben mit Hunden gebe, die wohl vorwiegend dazu verwendet würden, die Tiere unter Kontrolle zu halten; doch bei einer Mehrheit der Hundebesitzer reduziere sich die Kommunikation sicherlich nicht auf bloße »Steuerung« des vierbeinigen Begleiters.

Die Ungarn fanden eine Vielzahl von Details, die zusätzlich erhellten, wie Menschen mit ihren Hunden kommunizieren: Es gab keine Unterschiede in bezug auf die Rassen; Eigentümer mit geringerer Bildung benutzten eher einzelne Wörter, Besitzer mit höherer Bildung notierten mehr Drei-Wort-Kombinationen; rund ein Fünftel aller Begriffe waren überdies Synonyme. Mitunter kann demnach mehr als nur ein Begriff dieselbe Reaktion hervorrufen. Dies zeige, folgerten die Wissenschaftler, daß Hundebesitzer keineswegs immer dieselben Wörter benutzen, um ein gewünschtes Verhalten auszulösen, und daß sich die »Konversation« mit Hunden nicht in genormten Phrasen erschöpft.

Diese Erkenntnis läßt darauf schließen, daß sich Hunde der flexibleren menschlichen Kommunikation angepaßt haben dürften. Im Tierreich würden Signale stets in sehr ähnlicher und gleichförmiger Weise ausgesendet, um höchste Empfangs- und Verständnisgarantie zu gewährleisten, erläuterten die Forscher. Die an Synonymen reiche Sprache zwischen Mensch und Hund würde sich dagegen von der zwar unmißverständlichen, dafür aber »lakonischen« Kommunikation unter Tieren deutlich unterscheiden.

Für bemerkenswert hielten die Ethologen des weiteren den Altersvergleich von Hunden wie auch von Menschen. So schienen ältere Hunde sowie Hunde älterer Besitzer auf insgesamt mehr Ausdrücke anzusprechen. Auch reagierten Hunde in höherem Alter eher auf »singuläre« Bemerkungen, die bisher noch nicht fixer Bestandteil der üblichen Kommunikation waren. Um dies an einem Beispiel zu veranschaulichen: Während man bei jungen Hunden, wenn man sie zum Spaziergang auffordert, offenbar eher mit knappen Wörtern wie »komm!« oder »auf!« Gehör findet, verstehen viele reifere Artgenossen auch einen spontan formulierten Satz wie: »Steh mal auf, wir gehen eine Runde um die Häuser.« Und während sich Junghunde tendenziell leichter mit der markanten Aufforderung »Wo ist der Ball?« zur Suche nach dem Spielzeug motivieren lassen, klappt dies bei älteren Kollegen vielleicht auch mit dem komplizierteren Ausspruch: »Los, schau doch mal nach, wo der Ball versteckt ist.«

Im Lauf der Zeit kommen viele Hunde demnach auch mit neuen Ansagen ihrer menschlichen Partner zurecht, selbst wenn diese in längere Wortketten oder ganze Sätze eingebettet sind, aus denen einzelne Signalwörter kaum mehr hervorstechen. Das lasse auf eine »Verschiebung zu einer variableren und sophistizierteren Interaktion mit zunehmendem Alter« schließen, meinten Pongrácz und seine Kollegen. »Diese Beobachtung könnte auf einen Lernprozeß hindeuten, der sich von klassischer Signalkonditionierung unterscheidet.« Allmählich ersetzt also eine breitere, elastischere Auffassungsgabe bis zu einem gewissen Grad Reaktionen auf bloße Reizwörter.

Die kognitiven Mechanismen dahinter sind noch ein Rätsel – auf bewußten und zielgerichteten Anstrengungen der Menschen basieren sie wohl nur bedingt: »Möglicherweise wären nicht einmal die Besitzer selbst in der Lage zu erklären, wie sich ihre Hunde all die Begriffe angeeignet haben«, glaubten die Forscher, die den Bogen neuerlich zu Kleinkindern spannten: Auch deren Spracherwerb beruhe nicht lediglich auf aktivem und vorsätzlichem Lernen, sondern verlaufe vielschichtiger, wobei das Gehirn ganz von allein neue Begriffe mit alten verknüpfe, bestimmten Situationen zuordne und miteinander in Verbindung bringe. Und wieder einmal gaben die Ungarn ihrer Vermutung Ausdruck, daß die mentale Grundausstattung des Hundes sehr wahrscheinlich dazu beitrage, daß in dessen Hirn vergleichbare Mechanismen ablaufen: »Die Fähigkeit zur Bindung und sozialen Anziehung macht es dem Hund leicht, mit dem Menschen zu koexistieren und zu kooperieren.« Die beobachteten Talente könnten dieser Theorie zufolge – wie auch andere verblüffende Phänomene der harmonischen Interaktion zwischen Mensch und Hund – schlichtweg von vornherein im Hund schlummern und müßten nur geweckt und gepflegt werden.

Den Gesamteindruck rundete die Untersuchung der Frage ab, ob die Hunde ihren Besitzern zufolge »immer«, in der »kontextuell geeigneten Situation« oder »gelegentlich« auf die Worte ihrer Herrchen reagieren. Insgesamt meinten die Befragten, daß zu 83 Prozent die ersten beiden Optionen zuträfen und daß ihre Tiere in weniger als einem Fünftel der Fälle nur »gelegentlich« gehorchen. Besondere Bedeutung kam der sperrigen Formulierung »kontextuell geeignete Situation« zu, weil die Hundehalter meinten, diese Variante der Folgsamkeit spiegle zu mehr als 50 Prozent die täglich erlebte Realität wider. Was bedeutet, daß eine Mehrheit der Hunde ihr Verhalten den jeweiligen Gegebenheiten anpaßt – und vor allem dann in befohlener Weise reagiert, wenn es »angemessen«, wenn es »sinnvoll« oder »notwendig« erscheint; daß sich Hunde also gewissermaßen entscheiden, wann etwas »ernst« gemeint ist. Die Wissenschaftler konstatierten, »daß die Kommunikation zwischen Mensch und Hund in hohem Ausmaß situationsabhängig ist«.

Obwohl Pongrácz, Miklósi und Csányi mit ihrer Fragebogenerhebung im Grunde nicht mehr getan haben, als die alltäglichen Gespräche von Menschen mit ihren Hunden zu notieren, verrät deren systematische Ordnung nun einiges über die Prinzipien der Konversation mit den Haustieren: nämlich daß die Kommunikation mit der Zeit ganz offensichtlich wächst und reift, an Vielfalt und Plastizität gewinnt.

Und vor allem die flexible, situationsbedingte Rezeption von Sprache läßt nach Ansicht der Forscher den Schluß zu, daß wohl tatsächlich ein »soziales Verständnis« zwischen Mensch und Hund herrscht.

Auf welchem kognitiven Niveau Hunde Sprache verstehen, interessierte auch Sue McKinley und Robert J. Young. Die beiden gehörten eine Zeitlang einem Team um Daniel S. Mills an, Professor und Leiter der Animal Behaviour, Cognition & Welfare Group an der University of Lincoln. Die britische Forschergruppe führte eine ganze Reihe von Studien durch, die sich mit dem mentalen Horizont des Hundes befaßten – und einige davon widmeten sich speziell der Frage, welche Bedeutung Worte haben.

Die Macht des Wortes

Sue McKinley und Robert J. Young gingen von folgender Überlegung aus: Üblicherweise bringt man Hunden Kommandos oder Bezeichnungen für Gegenstände durch »operante Konditionierung« bei: Wenn der Hund eine Anweisung befolgt oder ein Objekt apportiert, erhält er eine Belohnung. Aus diesem Grund verbindet er vom Menschen genannte Begriffe vordergründig mit Futter – nicht aber unbedingt mit dem Objekt selbst. »Konditionierung sagt deshalb nichts über die kognitiven Fähigkeiten aus«, erläuterten die Forscher. Es gibt jedoch eine zweite Methode, Tieren die

Namen von Gegenständen beizubringen, und diese wurde etwa angewandt, um Papageien diesbezüglich zu schulen: die »Model-Rival-Method«.

Deren Prinzip besteht darin, daß sich zwei Menschen beispielsweise über Spielzeug unterhalten, während das Tier das Gespräch gleichsam als teilnehmender Beobachter verfolgen darf. Eine der beiden Personen wird »Trainer« genannt, der andere »Model-Rival«. Dies deshalb, weil der letztere einerseits ein Modell für das Tier sein soll, ein Vorbild für dessen eigenes Verhalten, zugleich aber auch einen Konkurrenten darstellt – und zwar in bezug auf das Verlangen nach jenen Spielsachen, die Gegenstand der Konversation der beiden Menschen sind.

Der Grundgedanke dieser Art von Training ist, daß das Tier dem Dialog der Menschen zuhört und quasi nebenbei die Bedeutung der Objekte erschließt. Dadurch soll, im Gegensatz zur Konditionierung und zum Lernprozeß mittels Belohnung, ein wirkliches Verständnis gefördert werden. Bei Papageien, so McKinley und Young, seien viele Forscher davon überzeugt, daß sie derart ein tatsächliches Wissen über Gegenstände und über ihr aktives Verlangen danach erlangen. »Die Model-Rival-Technik hat deshalb großes Potential, um die kognitiven Fähigkeiten hochsozialer Tiere wie jene von Hunden zu erforschen«, meinten die Experten.

McKinley und Young probierten die Methode an neun Hunden aus. Sie teilten sechs Plastikspielzeuge in zwei Gruppen ein. Es waren ein Hammer, ein Saxophon, eine Zahnbürste, ein Stiefel, eine Erdbeere und ein Feuerlöscher. Wesentlich war, daß sich die beiden Gruppen farblich unterschieden: In einer gab es nur rote Gegenstände, in der anderen ausschließlich gelbe. Die roten wurden »socks« genannt, die gelben »cross«.

Dann wohnten die Hunde folgendem Dialog zwischen »Trainer« und »Model-Rival« bei:

Trainer: »Kannst du die ›socks‹ sehen?« – Er übergibt dem Model-Rival ein Objekt.

Model-Rival: »Ja, kann ich, danke für die ›socks‹.« – Er gibt das Objekt zurück.

Trainer: »Kannst du mir die ›socks‹ herüberreichen?« – Objekt an Model-Rival.

Model-Rival: »Danke für die tollen ›socks‹.« – Objekt zurück an den Trainer.

Der gesamte Dialog dauerte zwei Minuten, die Hunde durften dabei nur zusehen, die Spielsachen aber nicht berühren. Beim folgenden Test überprüften McKinley und Young, ob die Namen im Gedächtnis der Hunde haften geblieben waren. Außerdem führten sie einen Versuch mit traditioneller Konditionierung durch. Schließlich konnten sie die Methoden miteinander vergleichen und analysieren, welche besser funktionierte, wenn die Hunde dazu aufgefordert wurden, die »socks« zu holen. Ergebnis: »Wir fanden keine signifikanten Unterschiede der Trainingsmethode. Die Resultate zeigen, daß die Model-Rival-Technik dieselbe Effizienz hat wie operante Konditionierung.«

Soll heißen: Das Sprachverständnis von Hunden beschränkt sich bei entsprechender Schulung keineswegs auf die simple Formel: »Hol, was Herrchen dir anschafft, und du kriegst Futter.« Vielmehr sind sie in der Lage, mit konkreten Wörtern Gegenstände aus ihrem Wissen zu verbinden, und lernen als Zeugen sozialen Austauschs von Menschen tatsächlich die Namen von Objekten. Ähnlich wie die über Papageien, glauben die britischen Forscher, könnte auch diese Erkenntnis über Hunde »das Studium der Kognition revolutionieren« – und künftig als zusätzliche, raffiniertere Methode beim praktischen Training zum Einsatz kommen.

Eine andere Studie der Gruppe um Daniel Mills sollte klären, wie präzise das Wortverständnis von Hunden eigentlich ist. Oder anders gesagt: ob Hunden auffällt, wenn Menschen bekannte Wörter absichtlich falsch aussprechen.

Ein dreiköpfiges Team, zu dem auch Mills zählte, benutzte dazu die Kommandos »sit« und »come«. Die Befehle wurden zunächst an sechs Hunden getestet, die Mitarbeitern der University of Lincoln gehörten. Sobald klar war, daß die Tiere grundsätzlich gehorchten, änderten die Forscher die Wörter systematisch ab: Statt »sit« sagten sie »sat«, »sik« oder »chit«. Die Aufforderung »come« ersetzten sie durch »tome«, »ceme« sowie »cofe«. Bei manchen Begriffen wurde also der Beginn modifiziert, bei anderen die Endung. Damit wirklich der pure Effekt der Aussprache gemessen werden konnte, wurden potentielle andere Einflüsse durch Blicke, Gesten oder wechselnden Tonfall ausgeschlossen: Jener Forscher, welcher die Kommandos erteilte, saß regungslos auf einem Stuhl und trug eine dunkle Sonnenbrille. Seine Wörter kamen von einem Tonband, das direkt hinter ihm stand, damit die Hunde die Befehle aus der passenden Richtung hörten.

Es stellte sich heraus, daß der Gehorsam der Hunde je nach Aussprache der Kommandos deutlich variierte: Sie folgten insgesamt weniger, wenn eine Anweisung nicht mehr der gewohnten Originalversion entsprach. Am auffälligsten war dies beim Begriff »chit«, nicht so dramatisch hingegen bei »sik«. Daher dürfte es wichtig sein, vor allem den Beginn eines Wortes deutlich zu formulieren. Man dürfe jedenfalls annehmen, konstatierten die Forscher, daß »die Abänderungen die auditive Kognition der Hunde berührten, wie der Rückgang der Reaktionen zeigt«. Allerdings: Es trat nicht der Fall ein, daß die Hunde auf die verfälschten Kommandos gar nicht reagierten; sie gehorchten mit verminderter Zuverlässigkeit, aber doch einigermaßen. Dies wiederum deute darauf hin, daß sie die »Ähnlichkeiten des Klanges zwischen den normalen und den veränderten Begriffen erkannten«. Das Ohr des Hundes scheint also geschult und sensibel genug für menschliche Sprache zu sein, um dem Tier zu ermöglichen, sich auch unter erschwerten Bedingungen immer noch zusammenzureimen, was gemeint ist.

Häufiger als unkorrekte oder schlampige Aussprache kommt im Alltag sicherlich ein anderer Faktor zum Tragen, welcher der menschlichen Kommunikation mit dem Hund ebenfalls unterschiedliche Bedeutung verleiht: auf welche Art und Weise, in welchem Ton dem Hund etwas befohlen wird.

Dasselbe dreiköpfige Wissenschaftlerteam aus England nahm sich deshalb auch der Frage an, welche Wirkung die emotionale Färbung des Sprachklangs hat. Mills und seine Kollegen wählten dazu ebenfalls die Kommandos »sit« und »come«. Während sie zunächst in neutralem Tonfall gesprochen wurden, gab es in der Folge wieder entscheidende Abänderungen: Mal wurden die Ausdrücke betont fröhlich gerufen, dann mit sehr unangenehmem, ärgerlichem Beiklang, ein drittes Mal als Seufzer – Marke genervter Hundebesitzer, dem allmählich der Geduldsfaden reißt.

Am auffälligsten war, daß die zehn Hunde, die an dieser Studie teilnahmen, nicht einheitlich, nicht als homogene Gruppe auf bestimmte Emotionen in der Stimme besser oder schlechter ansprachen, sondern daß es große Unterschiede zwischen den einzelnen Tieren gab. Man habe keine Beweise gefunden, »daß Hunde konsistent auf Kommandos mit verschiedenem emotionalen Inhalt reagieren«, schrieben die Forscher. Statt dessen sei vermutlich ausschlaggebend, welchen Tonfall der jeweilige Hund aufgrund seiner Lebenserfahrung gewohnt ist und welche Konsequenzen er damit verbindet.

Eine Gemeinsamkeit fanden die Wissenschaftler aber doch: Relativ gleichmäßig rasch und brav folgten sämtliche

Tiere, wenn die Kommandos in neutraler Manier ertönten oder wenn eine fröhliche Stimmung mitschwang. In Verbindung mit den gemeinhin als negativ empfundenen Klangfärbungen wie Ärger gab es keinen solchen Konsens bei den Reaktionen – da überwogen offenbar die individuellen Erfahrungen. Diese Beobachtung, meinten Mills und seine Kollegen, habe »hohe praktische Implikation. Die Ergebnisse könnten dahin gehend interpretiert werden, daß das Verhalten von Hunden bei negativen Emotionen weniger vorhersagbar wird.«

Übersetzt für den Alltagsgebrauch: Wer glaubt, seinen Worten durch drohenden Tonfall mehr Nachdruck und Gewicht verleihen zu können, erreicht womöglich eher das Gegenteil. Wem es indes gelingt, den Zorn über die Unfolgsamkeit oder über eine Missetat seines Hundes hinunterzuschlucken und sich trotzdem zu einem freundlichen Tonfall durchzuringen, hat vielleicht zumindest in gewissen Situationen mehr Erfolg.

Kein Zweifel besteht aufgrund der bisher vorliegenden Studien jedenfalls daran, daß die Sprache des Menschen hohe Bedeutung und großen Einfluß hat, wobei Hunde offenbar in vieler Hinsicht durchaus so feine Antennen für semantische wie auch emotionale Nuancen haben, wie Hundehalter gerne behaupten. Einen weiteren Beleg dafür lieferten wieder einmal die Ethologen in Budapest, die verschiedene Methoden überprüften, mit denen der Hund vom Menschen lernt – und welche Rolle verbale Unterstützung dabei spielt.

Als Testrahmen diente neuerlich jener Aufbau, mit dem schon ergründet worden war, ob Menschen als »Demonstratoren« für Hunde taugen: der V-förmige Zaun, den die Hunde umgehen mußten, um an Spielzeug zu gelangen, das auf der anderer Seite lag. Diesmal zeigte allerdings ein Mensch nicht einfach nur die Route vor, also den Umweg rund um den Zaun zu den auf der Innenseite deponierten Spielsachen.

Zusätzlich wurden weitere Orientierungshilfen angeboten, deren Einfluß auf Leistung und Erfolg der Hunde bei der Bewältigung des Umwegs erforscht werden sollte.

Auf insgesamt fünf verschiedene Hinweise konnten sich die Hunde stützen. Erstens: Ein Forscher umgeht, genau wie bei den früheren Versuchen, den Maschendrahtzaun, wobei der Hund zusehen kann. Zweitens: Ein Forscher umgeht den Zaun, trägt aber außerdem gut sichtbar das »Zielobjekt«, ein Spielzeug, und legt es im Inneren der Barriere ab. Drittens: Wieder schreitet einer der Forscher den Umweg um einen der Zaunflügel ab. In diesem Fall darf der Hund allerdings nicht zusehen. Denn anschließend soll er einzig auf seine Nase angewiesen sein und der Geruchsspur des Menschen folgen. Viertens: Neuerlich umrundet jemand aus dem Testteam den Zaun, doch diesmal spricht er beständig auf den Hund ein und ruft ihm unentwegt ermunternde und seine Aufmerksamkeit erregende Worte zu. Fünftens: Die gleiche Prozedur folgt noch einmal, wobei jedoch verbales Anfeuern und Mitführen des Spielzeugs kombiniert werden.

Das Ergebnis ließ an Eindeutigkeit nichts zu wünschen übrig: »Die effektivste zusätzliche Komponente der Demonstration war das verbale Hervorrufen der Aufmerksamkeit«, notierten die ungarischen Forscher. Das permanente Einreden auf die Hunde hatte demnach am meisten Gewicht – mehr als das bloße Vorführen des Umwegs und mehr als das Herzeigen des Spielzeugs. Es erwies sich sogar als bessere Information als die »Duftmarke« des Menschen, was neuerlich ein Beleg dafür war, daß sich Hunde in manchen Situationen mehr auf soziale und kommunikative Signale ihres menschlichen Gefährten verlassen als auf ihren herausragenden Geruchssinn – und daß Sprache dabei einen ganz besonderen Stellenwert hat.

Die bisherigen – allerdings quantitativ noch recht spärlichen – Arbeiten zeigen jedenfalls, zusammengefaßt und plakativ ausgedrückt: Der Hund muß die menschliche Sprache nicht sprechen können, um sie zu verstehen. Eine Sprache hat er aber trotzdem.

Wenn Hunde sprechen

Sophia Yin ist zweifelsohne ein Kommunikationstalent. Nach ihrem Studium der Veterinärmedizin erkannte die amerikanische Tierärztin, daß mehr Menschen aufgrund von Verhaltensproblemen ihrer Haustiere in die Praxis kamen denn aus medizinischen Erwägungen. Yin richtete den Fokus ihres beruflichen Interesses auf dieses Gebiet und beschloß, ihr Fachwissen breiteren Bevölkerungskreisen in leicht verdaulicher Form zugänglich zu machen. Sie schrieb populärwissenschaftliche Artikel für Zeitungen wie den *San Francisco Chronicle*; sie verfaßte Sachbücher und betreibt einen eigenen Verlag; sie drehte Videofilme zum Thema, unter anderem für das Disney Institute; sie hält Vorträge an der University of California in Davis. Dort führte Yin auch zwei wissenschaftliche Studien durch, die auf ein Phänomen abzielten, das von vielen Hundebesitzern ebenfalls als Verhaltensauffälligkeit angesehen wird: das Bellen. Bis zu 35 Prozent der Hundehalter beklagen Yins Angaben zufolge allzu exzessives Bellen.

Obwohl die Amerikaner mit mehr als 60 Millionen Hunden zusammenleben, stellte Yin fest, gab es bislang gerade eine Handvoll Studien, die sich mit dem Bellen befaßten. Schon gar nicht war eine scheinbar simple Frage umfassend erforscht, die sich Hundefreunde wohl oft stellen, wenn ihr vierbeiniger Gefährte ohne erkennbaren Grund die Haustür, ein beliebiges Auto auf der Straße oder eine imaginäre Stelle in der Landschaft anklafft: Warum bellen Hunde eigentlich? Präziser formuliert: Hat Bellen irgendeine Bedeutung? Wollen Hunde damit etwas Bestimmtes sagen, sich ihrer Umwelt mitteilen? Und sofern dies zutrifft: Passen sie ihre Lautäußerung durch Tonhöhe, Intensität, womöglich durch Anzahl und Rhythmus der Kläffer einer Situation oder einem Bedürfnis an? Verfügen sie damit über ein »Vokabular«, über eine spezielle »Hundesprache«, die sie gezielt einsetzen und variieren? Oder geben sie, ganz im Wortsinn, einfach nur Laut?

Bislang war die vorherrschende Meinung gewesen, daß Bellen keine Funktion hat. Zu oft, zu ausdauernd, zu monoton und zu unabhängig von klar identifizierbaren Anlässen würden Hunde bellen, so die verbreitete Ansicht. Als Beleg dafür dienten Fallberichte wie jener eines Hundes, der sieben Stunden lang permanent Krach schlug – obwohl es meilenweit keinen anderen Hund gab und auch sonst keinerlei Auslöser in Sicht- und Hörweite waren.

Unbestritten ist jedenfalls, daß Hunden eine andere Form der Lautäußerung eigen ist als ihren wilden Verwandten. Wölfe bellen kaum und nur in ganz bestimmten, eindeutigen Situationen – etwa um ihr Revier vor Eindringlingen zu schützen. Ähnlich benehmen sich freilebende Hunde, wie in einigen Regionen Italiens beobachtet wurde: Sie bellten zum Beispiel, wenn eine Konfrontation mit einem fremden Rudel drohte – bis sich eine der beiden Hundemeuten zurückzog, das heißt, damit es nicht tatsächlich zum Kampf kam. Abgesehen von derartigen Situationen setzten sie ihre Stimmorgane jedoch äußerst sparsam ein.

Daß Haushunde, die im menschlichen Umfeld leben, dagegen oftmals fast unentwegt Radau machen, könnte mehrere Ursachen haben. Zum einen sind sie, vor allem in Großstädten, einer weitaus höheren Reizdichte ausgesetzt, weil hier eine Vielzahl von Hunden auf engem Raum lebt und ihr Territorium außerdem häufig von Störungen betroffen ist: durch den Postboten, einen Versicherungsmakler oder einen

Bekannten, der zu Besuch kommt. Weil Hunde überdies die Erfahrung machen, daß sich manche potentiellen Invasoren vom Gebell abschrecken lassen und das Weite suchen, werden die Tiere noch dazu in ihrem Verhalten bestärkt – und bellen angesichts ihres Erfolgs das nächste Mal noch herzhafter.

Zum anderen sind Hunde auf ihren Partner aus dem Primatenreich, den Menschen, angewiesen und müssen sich ihm gegenüber verständlich machen, wenn sie Futter fordern, nach draußen wollen oder Schmerzen haben. Das Bellen könnte also auch dazu dienen, die Aufmerksamkeit des Menschen zu erregen, und auch dabei werden Hunde in ihrer Strategie regelmäßig bestätigt: nämlich jedesmal, wenn der Mensch ihrem Verlangen nachkommt. Mit hoher Wahrscheinlichkeit hat der Mensch diese Kompetenzen von Anfang an aber auch selbst befördert, indem er zum Beispiel jene Tiere auswählte und weiterzüchtete, die eine gewisse Bereitschaft zum Bellen hatten – um derart über ein effizientes Wach- und Meldesystem zu verfügen.

Von diesen grundlegenden Erwägungen ging Sophia Yin aus, als sie überprüfen wollte, ob Bellen eine Funktion hat. Wenn dem so wäre, so der Gedanke, müßten sich Lautäußerungen von Hunden in verschiedene Kategorien einteilen lassen, und diese wiederum müßten konkreten Situationen zuzuordnen sein. Außerdem wollte Yin wissen: Könnten sich auch einzelne Hunde an ihrem Bellen erkennen lassen? Hat jeder Hund seine individuelle »Sprache«, so wie der Mensch?

Mit zehn Hunden, moderner Aufnahmetechnik und spezieller Computersoftware schritt Yin zur Tat. Sie schuf drei Szenarien, in denen Hunde gerne bellen. Erstens: Jemand läutet an der Haustür. Zweitens: Der Hund ist allein in einem Zimmer und verlangt nach seinem Herrchen. Und drittens: Der Hund spielt mit seinem Besitzer. Insgesamt analysierte Yin schließlich 4672 einzelne Beller. Das Programm »Cool-

Edit Pro« wertete dazu eine Reihe akustischer Parameter aus: Frequenz und Amplitude ebenso wie Tonhöhe und Grellheit respektive Rauheit der Laute, deren Dauer sowie die Stillephasen dazwischen. Schließlich mußte ermittelt werden, ob sich aus den Tausenden von Kläffern einheitliche akustische Muster bilden ließen und ob diese zu den drei Situationen paßten.

Dies war tatsächlich der Fall: Zu 60 bis 80 Prozent konnte das Gebell eindeutig danach klassifiziert werden, ob die Hunde einen Störenfried verbellten, sich über ihre Isolation beschwerten oder ihrer Freude am Spielen Ausdruck verliehen. So waren zum Beispiel an einen Eindringling gerichtete Warnsignale auffällig lang, laut, tief und rauh. Beim Spielen dagegen gaben sie höhere, vielfältigere und in gewisser Weise melodiösere Töne von sich. Daß der Prozentsatz der von der Software korrekt identifizierten Laute nicht noch höher ausfiel, mag unter anderem an der anatomischen Vielfalt der Hunde liegen: Winzlinge mit kaum mehr als fünf Kilogramm Körpergewicht waren ebenso unter den Testtieren wie mehr als 35 Kilo schwere Großkaliber – und nicht minder verschieden waren naturgemäß deren Stimmbänder.

Dennoch konnte Yin festhalten: »Diese Studie zeigt, daß Bellen in Subtypen eingeteilt werden kann. Der Zusammenhang zwischen dem Kontext und der Struktur des Bellens deutet darauf hin, daß Hunde Bedeutungsunterschiede zwischen verschiedenen Situationen erkennen und ihr Bellen entsprechend anpassen.« Nach Yins Ansicht hat Bellen also sehr wohl eine konkrete Funktion: Hunde können steuern, wann sie wie bellen, besitzen mithin ein situativ variables »Vokabular«.

Auch Frage Nummer zwei beantwortete Yin positiv: Es sei ziemlich sicher gelungen, anhand von 14 akustischen Parametern ein bestimmtes Bellen dem jeweiligen Verursacher zuzuordnen. Die Untersuchung zeige klar, »daß Hunde anhand ihres Bellens identifiziert werden können«. Ungewiß sei freilich, ob dies nur mit Hightech-Apparaturen möglich sei oder ob auch die eigentlichen Adressaten hündische Botschaften korrekt deuten.

Versteht also der Mensch, was der Hund ihm sagen will? Um eine Antwort darauf zu finden, empfahl Yin, müßte man Hundegebell vom Tonband abspielen und prüfen, ob Menschen die Laute richtig einschätzen können. Dann hätte man eventuell tatsächlich den Beweis für eine funktionierende und speziesübergreifende Kommunikation entdeckt. Genau das hat ein Team der ungarischen Forscher mittlerweile getan.

Sie entschieden sich für Mudis. Die mittelgroßen ungarischen Herdenhütehunde sind wachsam und aufgrund ihres angestammten Verwendungszwecks gewohnt, häufig und ausgedehnt zu bellen. Eine fünfköpfige Forschergruppe aus Budapest zeichnete Bellgeräusche von 19 Mudis in sechs typischen Situationen auf, ähnlich wie es Sophia Yin getan hatte: Ein Fremder betritt den Garten oder macht sich zwei bis drei Minuten an der Wohnungstür zu schaffen; ein Hundetrainer, bewehrt mit einer Schutzbandage am Arm, mimt den Bösen und stachelt den Hund zu zornigem Bellen oder gar zu einer Attacke an; der Besitzer lädt seinen Hund zum Spaziergang ein, indem er zum Beispiel die Leine vom Haken nimmt; der Besitzer bindet die Leine um einen Baum, verschwindet drei bis vier Minuten aus der Sicht des Hundes und läßt sein Tier allein zurück; der Besitzer hält seinem Hund einen Ball oder ein anderes Spielzeug vor der Nase; der Besitzer spielt mit seinem Hund ein übliches Spiel.

Was die Hunde in den einzelnen Episoden an Lauten von sich gaben, bannten die Forscher auf Tonband und bereiteten es mit digitaler Technik speziell auf, so daß es eine Vielzahl von Hörbeispielen gab, die letztlich auf CD gebrannt wurden. Diese Ausschnitte wurden anschließend drei Gruppen von jeweils zwölf Menschen vorgespielt: erstens Besitzern von Mudis, zweitens Haltern anderer Hunde, drittens Personen, die überhaupt keinen Hund besaßen. Jeder Versuchsteilnehmer hörte dabei von jeder Situation drei verschiedene Bellaute und mußte anschließend zwei Fragebögen ausfüllen. In den ersten sollte eingetragen werden, welche Emotion mit dem jeweiligen Kläffer verbunden sein könnte: Zur Auswahl standen Aggression, Angst, Verzweiflung, Spiellust und Fröhlichkeit. Der zweite Fragebogen bestand aus einer Schilderung der sechs einzelnen Episoden, und die Probanden sollten ankreuzen, welche Geräusche ihrer Meinung nach zu welcher Situation gehörten.

Die Testpersonen entpuppten sich als gute und gewissenhafte Zuhörer. »Unsere Resultate zeigen, daß Menschen in der Lage sind, die verschiedenen Situationen allein auf der Basis akustischer Hinweise zu kategorisieren«, folgerten die Wissenschaftler. Sie erkannten den emotionalen Gehalt des jeweiligen Bellens ziemlich eindeutig – wußten also, wann Hunde einen Fremden von der Tür vertreiben wollten, wann sie sich einer feindseligen Gestalt aggressiv entgegenstellten und wann sie zum Spielen aufgelegt waren. »Wir haben Beweise dafür gefunden«, so die ungarischen Ethologen, »daß der emotionale Inhalt, wie er von den Menschen beurteilt wurde, mit den typischen Parametern des entsprechenden Bellens übereinstimmt.« Vor allem die Breite der Datenbasis rechtfertige derartige Behauptungen: Schließlich habe man mehr Hundelaute aus mehr verschiedenen Situationen gesammelt als je zuvor. Die Verhaltensforscher waren deshalb sicher: »Hundegebell hat Bedeutung für die interspezifische Kommunikation von Mensch und Hund.« Zugleich verwiesen sie auf eine vergleichbare Studie mit Katzen. Dabei hatte sich das menschliche Auditorium deutlich schwerer getan, die jeweiligen Emotionen korrekt zu klassifizieren.

Erstaunlich war vor allem ein Detailergebnis der Hundestudie: Es ließen sich kaum Unterschiede zwischen den Personengruppen eruieren: Einerlei, ob die Zuhörer Mudi-Experten waren, andere Rassen hielten oder gar keine Erfahrung mit Hunden hatten – sie alle konnten die Stimmungslagen annähernd gleich gut einschätzen. Was inzwischen eine ganze Reihe von Experimenten an Hunden dargelegt hat, könnte demnach in übertragener Form auch für ihre menschlichen Partner gelten: Der Mensch dürfte sich allmählich ein tiefsitzendes, fundamentales Wissen über Lautäußerungen und insgesamt über das Verhalten des Hundes angeeignet haben.

»Wir glauben, daß es zumindest zwei Schlüsselkriterien gibt, die das Bellen in eine effektive Form der Kommunikation zwischen Hund und Mensch verwandelt haben«, resümierten die Wissenschaftler. »Erstens hat der Domestikationsprozeß zu Hunden geführt, die abhängig vom Menschen sind und sich an ihm orientieren. Zweitens haben die Menschen ihre Hunde danach ausgewählt, daß sie in verläßlicher Weise und in Übereinstimmung mit bestimmten emotionalen Situationen bellen.«

Man darf also getrost behaupten: Hunde, seit mindestens 15 000 Jahren, vermutlich aber seit 20 000 bis 25 000 Jahren ständige Partner des Menschen, haben seit den Anfängen der einzigartigen Beziehung mit großem Erfolg ihre Nische in der humanen Welt besetzt und gelernt, vielfältigste Varianten menschlicher Kommunikation mit teils erstaunlicher Präzision zu verstehen: Sie wecken gezielt die Aufmerksamkeit des Menschen, suchen den Augenkontakt, wissen um die Achtsamkeit ihrer Herrchen, sind fähig, vom Menschen zu lernen und mit ihm zu kooperieren, und verfügen über eine ausgeprägte Auffassungsgabe für Sprache.

Und Menschen, die schon in der Steinzeit die Partnerschaft mit dem Wolf zuließen und ihn in ihrer Gesellschaft schrittweise zu einem zahmen, mit der menschlichen Welt kompatiblen Tier formten, wissen grundsätzlich, welche Emotionen ihnen ihre Hunde vermitteln möchten, was ihnen der Hund »sagen« will – mit seinem Gebell, seinen Blicken, mit seiner Körperhaltung.

Man kann getrost sagen: Die Beziehung beruht auf Gegenseitigkeit.

Sie verstehen einander.

Danksagung

Dieses Buch wäre nicht möglich gewesen ohne die Unterstützung zahlreicher Wissenschaftler auf der ganzen Welt. Nahezu alle Studien, die hier dargestellt sind, wurden von den Forschern selbst übermittelt, und viele Daten wurden in ausführlichen persönlichen Gesprächen erläutert und ergänzt. Das Engagement und die Kooperationsbereitschaft der Experten sind um so bemerkenswerter, als die Hundeforschung zuletzt ständig an Bedeutung gewonnen hat und derzeit einen regelrechten Boom erlebt – welcher auch damit einhergeht, daß die Wissenschaftler eine Vielzahl von Studien abwickeln und deren Ergebnisse in dichter Abfolge publizieren. Dennoch waren sie sofort bereit, ihre Arbeiten zur Verfügung zu stellen und außerdem noch die Texte dieses Buches auf fachliche Korrektheit zu prüfen.

Der ganz besondere Dank gilt Ádám Miklósi von der Eötvös Loránd University in Budapest, der dieses Projekt von Anfang an begleitet, wichtige Anregungen und Impulse geliefert hat und bis zur Fertigstellung eingebunden war.

Die Danksagung richtet sich außerdem speziell an: Ikuma Adachi, Kyoto University; Norbert Benecke, Deutsches Archäologisches Institut, Berlin; Sylvain Fiset, Université de Moncton, Kanada; Harry Frank, University of Michigan-Flint; Brian Hare, Max-Planck-Institut für evolutionäre Anthropologie, Leipzig; Ludwig Huber, Universität Wien; Elena Jazin, Uppsala University; Juliane Kaminski, Max-Planck-Institut für evolutionäre Anthropologie, Leipzig; Daniel S. Mills, University of Lincoln, England; Britta Osthaus, University of Exeter, England; Erich Pucher, Naturhistorisches Museum Wien; Mikhail Sablin, Russische Akademie der Wissenschaften, Sankt Petersburg; Peter Savolainen, Royal Institute of Technology, Schweden; Wolfgang Schleidt, Universität Wien; Kenth Svartberg, Swedish University of Agricultural Sciences; Carles Vilà, Uppsala University; Claus Vogl, Veterinärmedizinische Universität Wien; Sophia Yin, Veterinärmedizinerin, USA.

Zum Nach- und Weiterlesen

Die für dieses Buch verwendete Fach- und populäre Hundeliteratur im Überblick.

Benecke, Norbert: *Der Mensch und seine Haustiere – Die Geschichte einer jahrtausendealten Beziehung*. Stuttgart 1994.

Budiansky, Stephen: *The Truth About Dogs – An Inquiry into the Ancestry, Social Conventions, Mental Habits, and Moral Fiber of Canis familiaris*. New York 2000.

Cavalli-Sforza, Luigi Luca: *Gene, Völker und Sprachen – Die biologischen Grundlagen unserer Zivilisation*. München 2001.

Coppinger, Ray und Lorna: *Hunde – Neue Erkenntnisse über Herkunft, Verhalten und Evolution der Kaniden*. Bernau 2001.

Coren, Stanley: *How Dogs Think – Understanding the Canine Mind*. London 2005.

Csányi, Vilmos: *If Dogs Could Talk – Exploring the Canine Mind*. New York 2005.

Feddersen-Petersen, Dorit Urd: *Hundepsychologie – Sozialverhalten und Wesen, Emotionen und Individualität*. Stuttgart [4]2004.

Lorenz, Konrad: *So kam der Mensch auf den Hund*. München [39]2004.

Oeser, Erhard: *Hund und Mensch – Die Geschichte einer Beziehung*. Darmstadt 2004.

Scott, John Paul, und Fuller, John L.: *Genetics and the Social Behavior of the Dog – The Classic Study*. Chicago 1965.

Zimen, Erik: *Der Hund – Abstammung, Verhalten, Mensch und Hund*. München 1992.

Literaturverzeichnis

Sämtliche wissenschaftlichen Studien, die diesem Buch zugrunde liegen.

Das genetische Geschichtsbuch

Leonard, J. A., Wayne, R. K., Wheeler, J., Valadez, R., Guillén, S., Vilà, C.: »Ancient DNA evidence for old world origin of new world dogs«, in: *Science*, Vol. 298, November 2002.

Lindberg, J., Björnfeldt, S., Saetre, P., Svartberg, K., Seehuus, B., Bakken, M., Vilà, C., Jazin, E.: »Selection for tameness has changed brain gene expression in silver foxes«, in: *Current Biology*, Vol. 15, No. 22, 2005.

Saetre, P., Lindberg, J., Leonard, J. A., Olsson, K., Pettersson, U., Ellegren, H., Bergström, T. F., Vilà, C., Jazin, E.: »From wild wolf to domestic dog: gene expression changes in the brain«, in: *Molecular Brain Research*, Vol. 126, No. 2, 2004.

Savolainen, P., Leitner, T., Wilton, A. N., Matisoo-Smith, E., Lundeberg, J.: »A detailed picture of the origin of the Australian dingo, obtained from the study of mitochondrial DNA«, in: *PNAS*, Vol. 101, No. 33, August 2004.

Savolainen, P., Zhang, Y., Luo, J., Lundeberg, J., Leitner, T.: »Genetic evidence for an East Asian origin of domestic dogs«, in: *Science*, Vol. 298, November 2002.

Vilà, C., Maldonado, J. E., Wayne, R. K.: »Phylogenetic relationships, evolution, and genetic diversity of the domestic dog«, in: *The Journal of Heredity*, No. 90 (1), 1999.

Vilà, C., Savolainen, P., Maldonado, J. E., Amorim, I. R., Rice, J. E., Honeycutt, R. L., Crandall, K. A., Lundeberg, J., Wayne,

R. K.: »Multiple and ancient origins of the domestic dog«, in: *Science*, Vol. 276, Juni 1997.
Vilà, C., Seddon, J., Ellegren, H.: »Genes of domestic mammals augmented by backcrossings with wild ancestors«, in: *Trends in Genetics*, Vol. 21, No. 4, April 2005.
Wayne, R. K.: »Molecular evolution of the dog family«, in: *Trends in Genetics*, Vol. 9, No. 6, Juni 1993.

Die Gefährten

Fladerer, F. A.: *Die Faunareste vom jungpaläolithischen Lagerplatz Krems-Wachtberg, Ausgrabung 1930 – Jagdwild und Tierkörpernutzung an der Donau vor 27 000 Jahren*, Wien 2001.
Hare, B., Plyusnina, I., Ignacio, N., Schepina, O., Stepika, A., Wrangham, R., Trut, L.: »Social cognitive evolution in captive foxes is a correlated by-product of experimental domestication«, in: *Current Biology*, Vol. 15, No. 3, Februar 2005.
Sablin, M. V., Khlopačev, G. A.: »Die ältesten Hunde aus Eliseeviči I (Rußland)«, in: *Archäologisches Korrespondenzblatt* 33, 2003.
Schleidt, W. M., Shalter, M. D.: »Co-evolution of humans and canids – an alternative view of dog domestication: Homo homini lupus?«, in: *Evolution and Cognition*, Vol. 9, No. 1, 2003.

Der Beginn eines Abenteuers

Buytendijk, F. J. J., Fischel, W.: »Über die Reaktion des Hundes auf menschliche Wörter«, in: *Archives de Physiologie*, Tome XIX [keine näheren Angaben verfügbar].
Fischel, W.: »Über das Innenleben der Hunde – eine seelenkundliche Umschau« [keine näheren Angaben verfügbar].
Frank, H.: »Evolution of canine information processing under conditions of natural and artificial selection«, in: *Zeitschrift für Tierpsychologie*, No. 53, 1980.
Frank, H., Frank, M. G.: »Comparative manipulation-test per-

formance in ten-week-old wolves (Canis lupus) and Alaskan malamutes (Canis familiaris): A Piagetian interpretation«, in: *Journal of Comparative Psychology*, Vol. 99, No. 3, 1985.

Frank, H., Frank, M. G.: »Comparison of problem-solving performance in six-week-old wolves and dogs«, in: *Animal Behaviour*, Vol. 30, 1982.

Frank, H., Frank, M. G.: »Information processing in wolves and dogs«, in: *Acta Zoologica Fennica*, No. 171, 1984.

Frank, H., Frank, M. G.: »On the effects of domestication on canine social development and behavior«, in: *Applied Animal Ethology*, Vol. 8, 1982.

Frank, H., Frank, M. G.: »The University of Michigan canine information-processing project (1979–1981)«, in: Frank, H. (Hrsg.), *Man and Wolf*, Dordrecht 1987.

Miklósi, Á., Topál, J., Csányi, V.: »Comparative social cognition: what can dogs teach us?«, in: *Animal Behaviour*, Vol. 67, 2004.

Sarris, E. G.: »Sind wir berechtigt, vom Wortverständnis des Hundes zu sprechen?«, in: *Beiheft zur Zeitschrift für angewandte Psychologie*, Nr. 62, Leipzig 1931.

Topál, J., Miklósi, Á., Csányi, V.: »Dog-human relationship affects problem solving behavior in the dog«, in: *Anthrozoös*, No. 10 (4), 1997.

Warden, C. J., Warner, L. H.: »The sensory capacities and intelligence of dogs, with a report on the ability of the noted dog Fellow to respond to verbal stimuli«, in: *The Quarterly Review of Biology*, Vol. III, No. 1, März 1928.

Die Welt des Hundes

Adachi, I., Kuwahata, H., Fujita, K.: »Dogs recall their owner's face upon hearing the owner's voice«, eingereicht bei *Animal Cognition*, 2005.

Collier-Baker, E., Davis, J. M., Suddendorf, T.: »Do dogs (Canis familiaris) understand invisible displacement?«, in: *Journal of Comparative Psychology*, Vol. 118, No. 4, 2004.

Fiset, S., Beaulieu, C., Landry, F.: »Duration of dogs' (Canis familiaris) working memory in search for disappearing objects«, in: *Animal Cognition*, No. 6 (1), 2003.

Fiset, S., Landry, F., Ouellette, M.: »Egocentric search for disappearing objects in domestic dogs: evidence for a geometric hypothesis of direction«, in: *Animal Cognition*, 2005 [keine näheren Angaben].

Fiset, S., Gagnon, S., Beaulieu, C.: »Spatial encoding of hidden objects in dogs (Canis familiaris)«, in: *Journal of Comparative Psychology*, Vol. 114, No. 4, 2000.

Mills, D. S.: »Cognitive variability in the dog – causes and implications«, in: Veröffentlichung der Animal Behaviour, Cognition and Welfare Group, Department of Biological Sciences, University of Lincoln [keine näheren Angaben].

Osthaus, B., Slater, A. M., Lea, S. E. G.: »Can dogs defy gravity? A comparison with the human infant and a non-human primate«, in: *Developmental Science*, No. 6 (5), 2003.

Osthaus, B., Lea, S. E. G., Slater, A. M.: »Dogs (Canis lupus familiaris) fail to show understanding of means-end connections in a string-pulling task«, in: *Animal Cognition*, No. 8 (1), 2005.

Watson, J. S., Gergely, G., Csányi, V., Tópal, J., Gacsi, M., Sarkozi, Z.: »Distinguishing logic from association in the solution of an invisible displacement task by children (Homo sapiens) and dogs (Canis familiaris): using negation of disjunction«, in: *Journal of Comparative Psychology*, Vol. 115, No. 3, 2001.

West, R. E., Young, R. J.: »Do domestic dogs show any evidence of being able to count?«, in: *Animal Cognition*, No. 5 (3), 2002.

Wahlverwandtschaft

Bräuer, J., Call, J., Tomasello, M.: »Visual perspective taking in dogs (Canis familiaris) in the presence of barriers«, in: *Applied Animal Behaviour Science*, Vol. 88, No. 3/4, Oktober 2004.

Call, J., Bräuer, J., Kaminski, J., Tomasello, M.: »Domestic dogs (Canis familiaris) are sensitive to the attentional state of humans«, in: *Journal of Comparative Psychology*, Vol. 117, No. 3, 2003.
Cooper, J. J., Ashton, C., Bishop, S., West, R., Mills, D. S., Young, R. J.: »Clever hounds: social cognition in the domestic dog (Canis familiaris)«, in: *Applied Animal Behaviour Science*, Vol. 81, No. 3, 2003.
Gácsi, M., Györi, B., Miklósi, Á., Virányi, Z., Kubinyi, E., Topál, J., Csányi, V.: »Species-specific differences and similarities in the behavior of hand-raised dog and wolf pups in social situations with humans«, in: *Developmental Psychobiology*, No. 47, 2005.
Gácsi, M., Miklósi, Á., Varga, O., Topál, J., Csányi, V.: »Are readers of our face readers of our minds? Dogs (Canis familiaris) show situation-dependent recognition of human's attention«, in: *Animal Cognition*, No. 7, 2004.
Gácsi, M., Topál, J., Miklósi, Á., Dóka, A., Csányi, V.: »Attachment behavior of adult dogs (Canis familiaris) living at rescue centers: forming new bonds«, in: *Journal of Comparative Psychology*, Vol. 115, No. 4, 2001.
Horowitz, A.: »Dog minds and dog play«, in: M. Bekoff, (Hrsg.): *Encyclopedia of Animal Behaviour*, Westport 2004.
Miklósi, Á., Kubinyi, E., Topál, J., Gácsi, M., Virányi, Z., Csányi, V.: »A simple reason for a big difference: wolves do not look back at humans, but dogs do«, in: *Current Biology*, Vol. 13, No. 9, April 2003.
Pongrácz, P., Miklósi, Á., Kubinyi, E., Gurobi, K., Topál, J., Csányi, V.: »Social learning in dogs: the effect of a human demonstrator on the performance of dogs in a detour task«, in: *Animal Behaviour*, Vol. 62, No. 6, Dezember 2001.
Schwab, C., Huber, L.: »Obey or not obey? Dogs (Canis familiaris) behave differently to attention states of their owners«, in: *Journal of Comparative Psychology* [im Druck].
Topál, J., Gácsi, M., Miklósi, Á., Virányi, Z., Kubinyi, E., Csányi, V.: »Attachment to humans: a comparative study on hand-

reared wolves and differently socialized dog puppies«, in: *Animal Behaviour*, No. 70, 2005.

Topál, J., Miklósi, Á., Csányi, V., Dóka, A.: »Attachment behavior in dogs (Canis familiaris): a new application of Ainsworth's (1969) strange situation test«, in: *Journal of Comparative Psychology*, Vol. 112, No. 3, 1998.

Virányi, Z., Topál, J., Gácsi, M., Miklósi, Á., Csányi, V.: »Dogs respond appropriately to cues of human's attentional focus«, in: *Behavioural Processes*, No. 66, 2004.

Kopieren, Kooperieren, Kommunizieren

Gómez, J.-C.: »Species comparative studies and cognitive development«, in: *Trends in Cognitive Sciences*, Vol. 9, No. 3, März 2005.

Hare, B., Brown, M., Williamson, C., Tomasello, M.: »The domestication of social cognition in dogs«, in: *Science*, Vol. 298, November 2002.

Hare, B., Call, J., Tomasello, M.: »Communication of food location between human and dog (Canis familiaris)«, in: *Evolution of Communication*, No. 2 (1), 1998.

Hare, B., Tomasello, M.: »Domestic dogs (Canis familiaris) use human and conspecific social cues to locate hidden food«, in: *Journal of Comparative Psychology*, Vol. 113, No. 2, 1999.

Hare, B., Tomasello, M.: »Human-like social skills in dogs?«, in: *Trends in Cognitive Sciences*, Vol. 9, No. 9, September 2005.

Hare, B., Tomasello, M.: »The emotional reactivity hypothesis and cognitive evolution«, in: *Trends in Cognitive Sciences*, Vol. 9, No. 10, Oktober 2005.

Kerepesi, A., Jonsson, G. K., Miklósi, Á., Topál, J., Csányi, V., Magnusson, M. S.: »Detection of temporal patterns in dog-human interaction«, in: *Behavioural Processes*, No. 70, 2005.

Kubinyi, E., Miklósi, Á., Topál, J., Csányi, V.: »Dogs (Canis familiaris) learn from their owners via observation in a manipulation task«, in: *Journal of Comparative Psychology*, Vol. 117, No. 2, 2003.

Kubinyi, E., Miklósi, Á., Topál, J., Csányi, V.: »Social mimetic behaviour and social anticipation in dogs: preliminary results«, in: *Animal Cognition*, No. 6 (1), März 2003.

Miklósi, Á., Polgárdi, R., Topál, J., Csányi, V.: »Intentional behaviour in dog-human communication: an experimental analysis of showing behaviour in the dog«, in: *Animal Cognition*, No. 3, 2000.

Miklósi, Á., Pongrácz, P., Lakatos, G., Topál, J., Csányi, V.: »A comparative study of the use of visual communicative signals in interactions between dogs (Canis familiaris) and humans and cats (Felis catus) and humans«, in: *Journal of Comparative Psychology*, Vol. 119, No. 2, 2005.

Miklósi, Á., Soproni, K.: »A comparative analysis of animals' understanding of the human pointing gesture«, in: *Animal Cognition*, 2005 [keine näheren Angaben].

Miklósi, Á., Topál, J.: »Is there a simple recipe for how to make friends?«, in: *Trends in Cognitive Sciences*, Vol. 9, No. 10, Oktober 2005.

Naderi, Sz., Miklósi, Á., Dóka, A., Csányi, V.: »Co-operative interactions between blind persons and their dogs«, in: *Applied Animal Behaviour Science*, Vol. 74, No. 1, September 2001.

Pongrácz, P., Miklósi, Á., Kubinyi, E., Topál, J., Csányi, V.: »Interaction between individual experience and social learning in dogs«, in: *Animal Behaviour*, No. 65, 2003.

Pongrácz, P., Miklósi, Á., Timár-Geng, K., Csányi, V.: »Preference for copying unambiguous demonstrations in dogs (Canis familiaris)«, in: *Journal of Comparative Psychology*, Vol. 117, No. 3, 2003.

Pongrácz, P., Miklósi, Á., Vida, V., Csányi, V.: »The pet dogs ability for learning from a human demonstrator in a detour task is independent from the breed and age«, in: *Applied Animal Behaviour Science*, Vol. 90, No. 3/4, März 2005.

Soproni, K., Miklósi, Á., Topál, J., Csányi, V.: »Comprehension of human communicative signs in pet dogs (Canis familiaris)«, in: *Journal of Comparative Psychology*, Vol. 115, No. 2, 2001.

Soproni, K., Miklósi, Á., Topál, J., Csányi, V.: »Dog's (Canis familiaris) responsiveness to human pointing gestures«, in: *Journal of Comparative Psychology*, Vol. 116, No. 1, 2002.

Svartberg, K.: »A comparison of behaviour in test and in everyday life: evidence of three consistent boldness-related personality traits in dogs«, in: *Applied Animal Behaviour Science*, Vol. 91, No. 1/2, 2005.

Svartberg, K., Forkman, B.: »Personality traits in the domestic dog (Canis familiaris)«, in: *Applied Animal Behaviour Science*, Vol. 79, No. 2, Oktober 2002.

Svartberg, K., Tapper, I., Temrin, H., Radesäter, T., Thorman, S.: »Consistency of personality traits in dogs«, in: *Animal Behaviour*, Vol. 69, No. 2, Februar 2005.

Szetei, V., Miklósi, Á., Topál, J., Csányi, V.: »When dogs seem to lose their nose: an investigation on the use of visual and olfactory cues in communicative context between dog and owner«, in: *Applied Animal Behaviour Science*, Vol. 83, No. 2, September 2003.

Vas, J., Topál, J., Gácsi, M., Miklósi, Á., Csányi, V.: »A friend or an enemy? Dogs' reaction to an unfamiliar person showing behavioural cues of threat and friendliness at different items«, in: *Applied Animal Behaviour Science*, Vol. 94, No. 1/2, Oktober 2005.

Der Sprachführer

Fukuzawa, M., Mills, D. S., Cooper, J. J.: »More than just a word: non-semantic command variables affect obedience in the domestic dog (Canis familiaris)«, in: *Applied Animal Behaviour Science*, Vol. 91, No. 1/2, Mai 2005.

Fukuzawa, M., Mills, D. S., Cooper, J. J.: »The effect of human command phonetic characteristics on auditory cognition in dogs (Canis familiaris)«, in: *Journal of Comparative Psychology*, Vol. 119, No. 1, 2005.

Kaminski, J., Call, J., Fischer, J.: »Word learning in a domestic dog: evidence for Fast Mapping«, in: *Science*, Vol. 304, Juni 2004.

McKinley, S., Young, R.J.: »The efficacy of the model-rival method when compared with operant conditioning for training domestic dogs to perform a retrieval-selection task«, in: *Applied Animal Behaviour Science*, Vol. 81, No. 4, 2003.

Mills, D. S., Fukuzawa, M., Cooper, J.J.: »The effect of emotional content of verbal commands on the response of dogs«, in: Veröffentlichung der Animal Behaviour, Cognition and Welfare Group, Department of Biological Sciences, University of Lincoln [keine näheren Angaben].

Mitchell, R.W., Edmonson, E.: »Functions of repetitive talk to dogs during play: control, conversation, or planning?«, in: *Society & Animals Journal of Human-Animal Studies*, Vol. 7, No. 1, 1999.

Pongrácz, P., Miklósi, Á., Csányi, V.: »Owner's beliefs on the ability of their pet dogs to understand human verbal communication: a case of social understanding«, in: *Current Psychology of Cognition*, Vol. 20, No. 1/2, 2001.

Pongrácz, P., Miklósi, Á., Timár-Geng, K., Csányi, V.: »Verbal attention getting as a key factor in social learning between dog (Canis familiaris) and human«, in: *Journal of Comparative Psychology*, Vol. 118, No. 4, 2004.

Pongrácz, P., Molnár, C., Miklósi, Á., Csányi, V.: »Human listeners are able to classify dog (Canis familiaris) barks in different situations«, in: *Journal of Comparative Psychology*, Vol. 119, No. 2, 2005.

Yin, S.: »A new perspective on barking in dogs (Canis familiaris)«, in: *Journal of Comparative Psychology*, Vol. 116, No. 2, 2002.

Yin, S., McCowan, B.: »Barking in domestic dogs: context specificity and individual identification«, in: *Animal Behaviour*, Vol. 68, No. 2, August 2004.

Personenregister

Adachi, Ikuma 140–142, 176
Aristoteles 104
Arrian 104

Baus, Susanne 266f., 269
Bekoff, Marc 113
Beljajew, Dmitri 81–83
Benecke, Norbert 62f., 68–71, 73
Bohlken, Herwart 27
Budiansky, Stephen 137
Buffon, Georges Louis Leclerc Graf von 24f.
Buytendijk, Frederik Jacobus Johannes 108–110

Chlopatschew [Khlopačev], Gennadi 58
Collier-Baker, Emma 161–166, 168
Coppinger, Raymond 66f., 74f., 77, 80
Coren, Stanley 143, 145f., 149f.

Csányi, Vilmos 88–90, 100, 120f., 126, 186, 190, 225, 233, 242, 274, 276, 280

Darwin, Charles 26, 74, 86, 104
Davis, Simon 62
Descartes, René 104

Edmonson, Elizabeth 271–273
Einstein, Albert 134

Feddersen-Petersen, Dorit Urd 27, 73, 87f.
Fischel, Werner 107–110, 121
Fischer, Julia 267–269
Fiset, Sylvain 131, 151–159
Forkman, Björn 226f.
Fox, Michael W. 113, 115
Frank, Harry 114–121, 124–126, 220
Fuller, John L. 110–112, 115

Gómez, Juan-Carlos 250–252
Goodall, Jane 94
Griffin, Donald Redfield 106f.
Güldenstädt, Johann Anton 25

Hare, Brian 12, 81–83, 129, 131, 198f., 241–245, 247–249, 251, 2554–256, 258
Herbert, Jacob 96f.
Herre, Wolf 27
Horowitz, Alexandra 212
Huber, Ludwig 214
Hume, David 104

Jasin, Jelena [Jazin, Elena] 21, 50, 53–55

Kaminski, Juliane 12, 18, 129f., 132, 203–205, 213, 241, 255, 263, 267–270
Khlopačev →Chlopatschew
Kubinyi, Enikő 233

Linné, Carl von 23
Lorenz, Konrad 26f., 35, 72, 89, 92, 119
Lubbock, John 99f.

Malebranche, Nicolas 104
McKinley, Sue 280–282
Miklósi, Ádám 9, 11–13, 18, 120f., 124–128, 130, 132f., 165f., 180, 182, 186, 190f., 197f., 214, 220, 225f., 228, 242, 244, 254, 259f., 262, 274, 276, 280
Mills, Daniel S. 131, 140, 210f., 213, 280, 282–284
Mitchell, Robert W. 271–273

Nobis, Günter 62, 69

Oeser, Erhard 99, 102
Osten, Wilhelm von 100
Osthaus, Britta 12, 18, 131f., 136, 168, 170–172, 174, 176–178, 184, 224, 226

Pallas, Peter Simon 25
Pawlow, Iwan 105f.
Pfungst, Oskar 101
Piaget, Jean 159f.
Platon 104
Pongrácz, Péter 274, 276, 278, 280
Pucher, Erich 76–79

Röhrs, Manfred 27
Rosa, Claudia de 7f., 181

Sablin, Michail 58f., 70
Sarris, Emanuel Georg 108
Savolainen, Peter 21, 30, 37–43, 45–47
Schleidt, Wolfgang 92–94
Schwab, Christine 212–214
Scott, John Paul 110–112, 115
Shalter, Mike 92f.
Skinner, Burrhus Frederic 106
Sokrates 65
Soproni, Krisztina 254

Svartberg, Kenth 131, 226–228
Szucsich, Andrea 215f.

Tomasello, Michael 203, 241, 247f., 254, 256, 258
Topál, József 121, 124, 126, 186f., 190, 194

Vas, Judit 230–232
Vilà, Carles 21, 31, 36f., 42–44, 47–49, 60, 86
Virányi, Zsófia 215
Vogl, Claus 43f.

Wale, Jan de 105

Warden, Carl J. 96–98, 102f., 107
Warner, Lucien Hynes 96–98, 102f., 107
Watson, John B. 106
Wayne, Robert K. 31
West, Rebecca 138–140

Xenophon 65

Yin, Sophia 131, 287, 289–291
Young, Robert J. 138–140, 280–282

Zimen, Erik 27, 89, 91

Hinweis zu den Graphikquellen

Animal Behaviour (S. 217, 257), Animal Cognition (S. 173, 175), Anthrozoös (S. 123), Applied Animal Behaviour Science (S. 206, 207), Behavioural Processes (S. 208), Developmental Science (S. 169), Journal of Comparative Psychology (S. 153, 155, 161, 167, 222, 243, 261), David Mech (S. 85), Science, Carles Vilà (S. 33, 34, 41).

PIPER

Trumlers Ratgeber für den Hundefreund

1000 Tips von Eberhard Trumler. 223 Seiten mit 32 Farbabbildungen und zahlreichen Zeichnungen. Serie Piper

Ein Muß für alle Hundefreunde, das auf die wichtigsten Fragen der Hundehaltung praktische Antworten gibt: Das Buch beginnt mit dem Hundekauf, behandelt Fragen wie Gesundheit, Fütterung, Hundeerziehung und vieles mehr. Eberhard Trumler, Zeit seines Lebens leidenschaftlicher Hundeforscher, hat damit einen unentbehrlichen Ratgeber geschrieben.

»Nicht nur praktische Tips, sondern auch eine sehr verständliche Einführung in das Solzialverhalten von Hunden. Wer dann noch nicht kapiert, auf welche Weise man mit diesen Hausgenossen umzugehen hat, dem ist nicht mehr zu helfen.«
Tagesspiegel, Berlin

01/1580/01/R

PIPER

Eberhard Trumler
Hunde ernst genommen

Zum Wesen und Verständnis ihres Verhaltens. Mit einem Vorwort von Irenäus Eibl-Eibesfeldt. 307 Seiten mit 29 Schwarzweißfotos und zahlreichen Zeichnungen.
Serie Piper

Mensch und Hund: Eine der ältesten Symbiosen der Menschheitsgeschichte und doch voller Mißverständnisse. Unter der Domestizierung durch den Menschen veränderten sich Verhalten, körperliche Eigenschaft und Kenntnisse des Hundes. Auch falsch verstandene Tierliebe oder Ehrgeiz führen zu Fehlverhalten bei Hunden. Eberhard Trumler hat mit diesem Buch einen entscheidenden Beitrag zum Verständnis des Hundes vorgelegt. Er konzentriert sich dabei auf die Entwicklung des Verhaltens beim Jungtier und die Hundeerziehung. Erste Voraussetzung für das harmonische Zusammenleben zwischen dem Menschen und seinem vierbeinigen Freund ist ein Gesundes Sozialverhalten beim Hund. So stehen im Mittelpunkt dieses Buches gruppenbildende Verhaltensweisen und wichtige Zusamenhänge der Mensch-Hund-Beziehung.

PIPER

Konrad Lorenz
Eigentlich wollte ich Wildgans werden

Aus meinem Leben. Aus dem Englischen von Wolfgang Schleidt. 160 Seiten mit 11 Zeichnungen und 18 Fotos. Mit Essays von Irenäus Eibl-Eibesfeldt und Wolfgang Schleidt. Serie Piper

Als Kind wollte er zuerst eine Eule sein, dann doch lieber eine Wildgans. Als »Vater der Graugänse« und als Begründer der Vergleichenden Verhaltensforschung wurde er schließlich weltberühmt und einer der einflußreichsten und zugleich umstrittensten Naturwissenschaftler des 20. Jahrhunderts: Konrad Lorenz, geboren 1903 in Wien. Seine Bücher wurden Bestseller, zu einer Autobiographie hinterließ er nur Fragmente. In diesem autobiographischen Text berichtet er über sein Leben, seine Familie und seine Wissenschaft. Irenäus Eibl-Eibesfeldt analysiert die wissenschaftliche Bedeutung des Nobelpreisträgers. Wolfgang Schleidt, ebenfalls Schüler und Mitstreiter von Konrad Lorenz, schreibt über ihn in seiner Zeit und dabei auch über dessen immer wieder kontrovers diskutierte Rolle im Dritten Reich.

PIPER

Konrad Lorenz
Das Jahr der Graugans

184 Seiten mit 147 Farbfotos von Sybille und Klaus Kalas.
Serie Piper

Seit seiner Jugend hat sich Konrad Lorenz, vor hundert Jahren geboren, mit Wildgänsen befaßt. Der große Verhaltensforscher und Nobelpreisträger hat die Graugänse so leidenschaftlich wie kein anderes Tier beobachtet. Über die Lebens- und Verhaltensweisen der Graugänse in ihrer natürlichen Umwelt veröffentlichte er diesen mittlerweile legendären Text- und Bildband: 147 hervorragende Farbfotos aus dem Jahresablauf des Familien- und Gesellschaftslebens der Wildgänse und ein bewegender, anschaulicher Text von Konrad Lorenz.

»Bei dem Wort Verhaltensforschung dürften die meisten an Konrad Lorenz denken, beim Namen Konrad Lorenz an Graugänse ...«
Dieter E. Zimmer, Die Zeit

PIPER

Edward O. Wilson
Der Wert der Vielfalt

Die Bedrohung des Artenreichtums und das Überleben des Menschen. Aus dem Amerikanischen von Thorsten Schmidt. 512 Seiten mit 18 Farbtafeln und 42 Abbildungen. Serie Piper

Für das menschliche Nachdenken über die Vielfalt des Lebens hat der weltberühmte Harvard-Biologe und Ameisenforscher Edward O. Wilson ein unentbehrliches Buch geschrieben. Der Mensch, so Wilson, läuft zur Zeit Gefahr, zur letzten großen Naturkatastrophe zu werden. In seinem Buch zeigt Wilson in verständlicher Sprache und mit einer Fülle plastischer Beispiele, wie die Vielfalt der Arten entstanden ist, warum sie immer wieder von Katastrophen reduziert wurde, warum ihre Erhaltung für den Menschen überlebenswichtig ist und was getan werden muß, um die Artenvielfalt und das ökologische Gleichgewicht zu sichern.

»Wilsons Buch ist der Versuch, die Biologie ökologisch umzuformulieren. Das ist für den Laien aufregend, weil Wilson als großartiger Schilderer Zusammenhänge anschaulich macht, die dem gewöhnlichen Verständnis verborgen bleiben ... Leben ist Vielfalt, und verminderte Vielfalt ist vermindertes, am Ende unwiderruflich verarmtes Leben.«
Frankfurter Allgemeine Zeitung